DIVINE NONFICTION

숨겨진 실화

| 한명철 지음 |

쿰란출판사

프롤로그

15년 연구와 작업의 산물이 출판 과정에 들어가자 비로소 한 시름을 놓았다. 지난 3월 한국 방문 시에 주님은 놀라운 만남들을 예비하셨다. 경이로움과 세밀함에 탄복하며 주님의 강한 손길에 머리를 숙였다. 말씀 사역의 지경이 넓어지면서 더욱 말씀에 집중하게 되었다. 기도와 말씀은 주님 앞에 설 때까지 놓쳐서는 안 될 생명줄임을 새삼 깨달았다.

계시록 주석 출간과 함께 있을 앞으로의 세미나를 위한 자료를 정리하며 적당한 크기의 책으로 다듬어야 할 필요를 느꼈다. 이런 와중에 정식으로 계시록 내용을 요약해 달라는 요청을 받았다. 쉽지 않은 일이기에 부담이 컸다. 그래도 시차와 계속되는 세미나 준비로 몇 주를 보내는 틈틈이 노트북 자판을 두드리기 시작했다.

방대한 분량의 계시록 주석을 요약하는 작업은 결코 만만치 않았다. 책을 새롭게 쓰는 작업 이상의 집중과 몰입을 필요로 하였다. 평신도들도 읽을 수 있도록 용어와 표현에도 약간의 손질을 가해야 했다. 뼈대는 손상시키지 않으면서 살도 발라내고 체형을 밀도 있게 줄여야 했다. 의미 있는 내용이라도 과감히 버려야 했다. 그러면서 모든 내용을 다루어야 했다. 어차피 전문 주석은 필요한 소수에게 유익을 주지만 평신도들로 하여금 읽고 계시록의 내용을 파악하게 하려면 이러한 작업이 불가피했다. 엄청난 작업을 하도록 동기부여를 하고 언제나 진심으로 후원하는 김주경 목사, 김소연 사모 두 분께 특별히 감사를 드린다. 주님의 긍휼 안에서 변치 않는 관계를 더불어 기뻐한다.

계시록은 읽고 묵상을 하면 할수록 그 은혜의 깊이와 진리의 정밀함에 놀란다. 과거의 해석과 현실의 진단, 그리고 미래의 예언을 다룬 내용은 처음부터 마지막까지 감동의 연속이다. 하늘과 땅, 영계와 천계, 그리고 인간세계의 만사가 하나의 거대한 그림으로 의미의 알갱이들을 채색한다. 헝클어진 실타래처럼 불가사의하고 신비로운 묘사가 국외자들에게는 계시록의 메시지를 살짝 가릴 수도 있겠지만 조명 안에서의 계시는 늘 환할 것이다.

주님께서 읽는 이들의 마음에 감동을 주시고 깨달음과 은혜 내리시기를 기도드린다. 드러내야 할 계시록의 말씀들을 읽고 묵상하는 가운데 이 시대를 위한 주님의 메시지가 확연히 드러나기를 소원한다. 또한 쓰임새에 맞도록 활용되기를 기대한다.

2014년 늦여름

캘리포니아의 프리몬트에서

한명철

목차

2부 개봉된 책(12-22장)

V. 넷째 환상: 빛과 어둠의 투쟁(12:1-14:20)

VI. 다섯째 환상: 일곱 대접(15-16장)

VII. 여섯째 환상: 바벨론의 멸망과 그리스도의 승리(17:1-19:21)

개론

저자

요한은 자신을 사도라 밝히지 않고 단지 '종', '선지자'라 언급하여 다양한 해석의 여지를 남겼다. 사도 요한, 장로 요한, 마가 요한, 세례 요한, 다른 요한, 사도 요한의 이름을 차용한 익명의 증인처럼 다양한 이견이 있으나 가장 강력한 증거는 사도 요한의 저작설이다.

저작 시기

요한계시록의 저작 연대는 41년에서 117년까지의 편차를 보이지만 계시록이 박해받는 그리스도인들을 위해 기록되었다는 전통과 내증에 의거하면 도미티아누스 말기(95-96)의 저작설이 가장 신빙성 있다. 이레나이우스가 최초로 이 시기를 주장했다.

시대 상황

2세기를 앞둔 교회는 어려운 상황에 있었다. 세상의 적대 행위는 날로 더해갔고, 신자들은 실생활에서 경제적인 불이익과 신체적인 위협을 당했다. 유대인들까지 이교도들과 합세하여 기독교에 대항했다. 로마는 정치적 근거를 들며 교회에 위협을 가했고, 유대인들은 종교적인 이유로 신자들을 박해했다. 이런 협공으로 교회는 존망의 기로에 놓였다. 교회 지도자들은 안타까웠다. 교회는 생존해야 했고 신자들은 신앙을 지켜야 했다.

로마의 황제숭배는 교회 박해의 분수령이었다. 일부는 믿음을 지키려고 순교했지만, 대다수는 미지근함과 부패한 교훈에 영합하여 주변의 이교 세력에 동화되었다.

안으로는 유대주의자들의 위협과 밖으로 황제숭배의 정책이 신자들의 삶을 위축시켰다. 주님의 깃발을 들고 영적 전쟁의 최전선에서 그들은 고군분투했다. 당장 박해의 태풍이 몰아닥치진 않았지만 강력한 박해의 물결이 서서히 다가오고 있었다. 요한은 높은 곳에서 산 밑의 사람들이 보지 못하는 먹구름을 보았다. 물론 구름 너머 영광의 빛이 찬란한 영원 세계까지 직시했다. 예수의 증인인 요한은 그들의 위로자로 나섰다. 밧모섬의 중노동과 악형도 천상의 빛에 이끌려 악의 패망을 목도한 노종의 위엄에는 어떤 해도 끼치지 못했다.

저작 목적

본서의 목적은 박해에 직면하고 있던 교회를 격려하면서 자기만족에 휘감겨 허영에 들뜬 삶을 살아가던 신자들에게 경종을 울리기 위함이었다. 또한 본서는 그리스도의 교회다운 정체성을 회복시키고 박해와 안일의 두 얼굴로 교회를 파멸하려는 원수의 정체와 그들의 종국적 운명이 어떠한지를 알리기 위해 쓰였다.

수신자

계시록은 소아시아 일곱 교회에 보낸 회람 편지다. 당시 교회는 영적 안일과 나태에 빠져 초기의 열심과 헌신을 잃고 현실에 안주하는 경향이 농후했다. 교회 내부에 파고든 유대주의

자들의 위협은 심각한 수준이었고, 이단들의 준동도 교회 내부의 결속을 와해시키는 암초였다. 그들의 활동은 민첩했고 영향력은 파괴적이었으며 배후는 영적이었고 해악은 치명적이었다. 박해를 극복하고 부흥을 일구었던 교회의 존립마저 위태로워졌다. 적대자들과의 영적 전쟁에서 선봉을 다투던 신자들은 야성미를 잃어갔다.

마지막 사도였던 요한의 밧모 섬 유배로 인해 소아시아 교계는 침체 국면에 있었다. 하나님께서는 유배지의 요한에게 천사를 보내시어 강력한 계시의 말씀을 전해주셨다. 요한의 수신자들에게는 영적인 지침서가 무엇보다 필요했고, 요한의 편지는 그런 소아시아 교회들에게는 낭보였다.

신학

*** 신론**(the Doctrine of God)

계시록의 교리적인 골격은 유일하신 하나님이다. 이 하나님은 '거룩'하고 '진실'하며 심판에서 '공의'롭다. 하나님은 '영원'하고 '전능'하신 창조주다. 그분은 섭리의 주님이요 죽은 자와 산 자를 공의로 심판하시는 심판자다. '사랑'이란 직접적 표현이 드물지만 주님의 아버지라 호칭됨, 이기는 자들의 아버지 되심, 자기 백성 가운데 거하심, 자기를 경외하는 자들에게 보상하심, 성도들을 보호하심 등을 통해 간접적 사랑을 보여준다.

*** 기독론**(Christology)

부활하신 주님의 인격과 역사가 포괄적으로 다루어지고 있다. 1장에서부터 영화로우신 주님은 현세와 내세에 관계된 모든 것들을 통제하시는 주권자이시다. 이기신 어린양으로, 좌우에 날 선 검을 휘두르시는 백마 탄 기사로, 일곱 인과 일곱 나팔과 일곱 대접의 심판을 관장하시는 분으로, 네 생물과 이십사 장로들과 무수한 천사들의 경배를 받으시는 분으로 다양하게 묘사되었다.

계시록은 지상의 예수와 영광을 받으신 그리스도와의 균형을 잘 유지한다. 그것은 '이기신 어린양'의 모습에서 확연히 드러난다. 구원을 시작하고 완성하실 분으로서 주님은 권능 있는 심판자로 보좌의 중심에 계신다. 악한 권세에 의해 심판을 받으셨던 주님이 이제는 세상만민을 심판하신다.

역사적 그리스도: 본서에는 예수라는 인간적인 이름이 자주 명시되었다. 예수 그리스도는 이스라엘인으로 나시고 다윗의 뿌리요 유다 지파의 사자로 12사도를 거느렸으며 예루살렘에서 처형당했으나 하나님의 권세와 능력으로 부활 승천하셨으며 영광중에 재림하신다.

영광의 그리스도: 주님은 "이기사 하나님의 보좌 우편에 서 계신 영광의 어린양"이다. '사람의 아들' 같으신 그분이 전능자 '하나님의 아들'이시다. 그분은 '신실한 증인'으로서 산 자와 죽은 자에 대한 통치권을 지니셨고 전체 교회의 중심이며 만왕의 왕이요 만주의 주로서 심판 권세를 가지셨다.

신성의 그리스도: '산 자'요 '처음과 나중'이며 '알파와 오메가'요 '시작과 끝'이 되신 주님은 '본질적으로 하나님의 아들'로서 거룩하고 진실한 하나님이시다. 그분은 '옛적부터 계신 이'로서 성부와 함께 영광의 보좌에 앉아 경배와 찬양을 받으신다.

* **성령론**(Pneumatology)

계시록의 성령론은 그리 충분치 못하다. 1장 4절에는 삼위일체적인 구조 속에서 언급되며 나머지 부분에서는 '그리스도의 영'과 '하나님의 일곱 영'으로 불렸다. 성령은 요한이 황홀경에 진입할 때 역사했고 일곱 교회에 보내는 그리스도의 메시지에 역사했다.

* **교회론**(Ecclesiology)

2-3장에 일곱 교회가 나타나고 중반부에 우주적 의미의 교회가 잠시 언급되며 후반부에 '음녀/바벨론'과 날카로운 대조를 보이는 '주님의 신부'도 우주적 의미의 교회로 여길 수 있다. 고난 받는 지상 교회들의 원형인 천상 교회는 종말의 때를 보내며 분투하는 믿음의 공동체에게 격려의 메시지를 보낸다. 그것은 모세의 노래, 곧 어린양의 노래에서 발견된다.

교회가 어떤 상황에 처해도 하나님은 펴신 팔과 드신 칼로 원수를 제압하시고 적대자를 징벌하시며 자기 백성을 구원과 해방의 출애굽으로 끌어내신다. 영구한 도성에 이르기까지 광야에 집결한 구속 공동체를 영원한 도성으로 이끄신다. 주님의 교회는 결코 무너지지 않는다. 주는 그리스도라는 고백 위에 세워진 교회의 터는 견고하고 교회의 생명은 영원하다. 일곱 교회는 주님에게 기쁨과 근심의 대상이다. 그것이 칭찬과 경고로 채워진 편지를 써 보내게 했다.

* **구원론**(Soteriology)

1장 5절에는 "죽은 자들 가운데서 먼저 나시고……우리를 사랑하사 그의 피로 우리 죄에서 우리를 해방하시고"란 내용이 나오고 있다. 또한 곳곳에 "죽임을 당하신 어린양"이란 표현이 나오고 있는데 이는 십자가의 피를 통한 구속의 사실을 잘 보여 주는 말이다. 성도는 구속함 받은 자들로서 그리스도의 승리를 통해 온전한 구원에 이르게 될 것이다.

*** 천사론**(Angelology)

성경에서 계시록만큼 천사에 대한 언급이 많은 책은 없다. 계시록에 나타난 천사들은 보좌 앞에서 하나님께 경배하고 세상에 신탁의 말씀을 전달하며 자연계에 영향을 미친다. 인간 살육의 사명과 천상계에서 활동하며 사탄을 결박할 권세를 가졌으나, 하나님에 의해 제어당하는 하나님의 종이다. 계시록은 천사를 통해 요한에게 전달되었다.

*** 마귀론**(Demonology)

계시록의 '마귀'는 '옛 뱀', '용', '사탄'이라고도 불리는 영물로서 '온 천하를 꾀는 자'다. 마귀는 인격적인 존재로서 살인과 거짓말을 일삼는다. 마귀는 장차 공중 권세 잡은 자의 위치에서 땅으로 내어 쫓기며 그 마지막 운명은 무저갱의 천년 결박과 영원한 불못이다.

*** 종말론**(Eschatology)

주님의 재림으로 성취되는 구원의 완성, 사탄의 왕국을 파괴하고 주님의 왕국을 이룩함, 세상 만국의 심판과 악한 자들의 멸망, 신천신지의 도래 등 계시록의 종말론은 온통 미래의 희망적 역사를 지향한다. '천년왕국'은 신구약 전체를 통틀어 이 곳에만 나타나며 계시록의 종말론에서 대단히 중요한 위치를 차지한다. 보다 넓은 의미에서 계시록의 대 주제는 '이후에 마땅히 될 일'이며 전체 내용이 이를 중심으로 엮어졌다.

해석 방법

계시록은 내용의 복잡함과 표현의 난해함 때문에 해석이 어렵다. 일반 평신도들뿐 아니라 설교자와 성경 교사들도 계시록에 대한 접근을 꺼린다. 계시록은 벗겨지고 밝혀지고 해석되어야 할 책이다. 계시록에 등장하는 천상과 지상의 다양한 인물, 상징과 숫자, 예언과 환상은 바른 '해석'을 절실히 요구한다. 요한도 해석 천사의 도움을 받았다. 오늘의 독자가 계시록을 바르게 이해하기 위해서는 반드시 바른 해석의 지평이 열려야 한다. 계시록의 해석은 논란의 여지가 많은 만큼 그 종류도 다양하지만 다섯 가지로 정리할 수 있다.

* **과거주의적 해석**(Preterist method)

이 해석은 계시록이 당시 교회의 구체적이고 역사적인 상황에서 쓰인 것이라고 보는 견해다. 당대의 사람들에게 큰 의미가 있지만 오늘날 신자들에게는 교훈적 의미밖에 없다는 견해다. 이들은 계시록에 묘사된 예언의 대부분이 이미 예루살렘 멸망(70년)과 로마의 멸망(476년)으로 성취되었다고 본다.

강점: 계시록은 시대 상황에 의하여 기록된 측면이 분명히 있다. 그리고 그것들은 소아시아 지역 교회에 대한 박해사와

교회의 상태를 이해하는 데 더할 수 없는 좋은 자료가 된다.

약점: 계시록 후반부에 묘사된 궁극적 승리가 당시에 성취되지 않은 사실을 설명할 길이 없으며 결과적으로 그리스도의 영광스런 재림을 비롯한 세계의 종말을 부정하는 것이 되고 만다.

* **역사주의적 해석**(Historicist method)

계시록을 그리스도의 재림까지 인류 역사 전반에 대한 상징적 예언으로 보는 견해다. 과거주의파와는 달리 소아시아가 아니라 인류사, 특히 서구 역사에 있어 대사건들을 상징한다고 주장한다. 구체적인 예를 들면 '짐승'은 '로마의 교황제도', '거짓 선지자'는 '로마 교회'로 보는 식이다. 중세기 종교개혁을 전후하여 이 해석법은 오랫동안 신교의 견해로 인식되었다.

강점: 세계사에서 종교개혁 같은 특수 상황의 교회에게 투쟁의 실마리를 제공한다. 나아가 세상 역사를 성경 예언의 관점에서 이해할 수 있다.

약점: 과거주의자의 비난을 받는다. 시대의 흐름에 따라 특정 사건이나 특정 인물에 대한 해석이 달라질 뿐 아니라 예언을 적용하는 데 있어서도 다양한 의견이 제시되므로 혼란을 야기시킨다.

* **미래주의적 해석**(Futurist method)

1-3장을 제외한 대부분이 세상의 악에 대한 하나님의 궁극적 승리를 강조하며 미래의 사건을 묘사한 것으로 보는 견해로 온건파와 '세대주의'라 불리는 극단파가 있다. 극단파는 2-3장의

일곱 교회를 교회사의 연속된 일곱 시대로 이해하며, 4장 1절의 “이리로 올라오라”라는 구절을 ‘교회의 휴거’로 본다. 주님의 공중 재림과 지상 재림 사이에 이스라엘의 구원을 위한 7년이 있고 성도는 환난을 통과하지 않는다고 주장한다. 온건파는 이스라엘과 교회간의 구별을 하지 않고 일곱 교회를 세대에 적용하지 않는다. 그럼에도 시대의 종말과 하나님의 구속 목적이 궁극적으로 완성된다는 이해의 측면에서는 극단파와 견해가 같다.

강점: 계시록에는 미래에 대한 예언적인 묘사로 가득 차 있다. 아직 도래하지 않은 하나님의 왕국을 소망으로 바라볼 수 있는 근거를 제공한다.

약점: ‘어디까지 상징을 문자적으로 해석할 수 있는가?’ 하는 해석 적용의 문제가 있고 연대 계산에 빠질 위험이 항상 있다. ‘유대인 중심의 구속과 신약의 이방인 중심의 구속을 어떻게 조화를 시키는가?’ 하는 문제도 있다.

* **이상주의적 해석**(Ideal method)

계시록에는 당시나 미래를 위한 예언적 요소가 전혀 없고 단지 하나님의 왕국과 사탄의 왕국, 빛의 세력과 어둠의 세력 간에 이루어지는 영적이고 우주적인 갈등을 시적 언어에 담은 상징으로 보는 견해다. 계시록은 어느 특정 사건에 대한 언급이라기보다 전체 역사를 통해 흐르는 하나님의 섭리에 대해 어떤 원리를 제시한다는 것이다.

강점: 계시록의 대부분 문학 형태인 상징에 대해 비유적 해석이 강하다(특히 12장의 해석). 또한 현세에서의 선악 간 갈등을 잘 그리고 있다.

약점: 도래할 완성에 대한 역사적 성격이 무시될 뿐만 아니라 계시록 저술 당시의 역사적 정황이 전혀 고려되지 않으며 예언의 특정한 역사적 성취를 부정한다. 그러므로 과거주의파나 미래주의파로부터 공격을 받게 된다.

*** 종합주의적 해석**(Synthetic method)

이 방법은 네 가지 해석 방법의 약점을 보완하고 강점을 살리려는 종합적 방법론이다. 계시록에는 한 가지 방법론만으로 해석할 수 없는 내용들이 많다. 각 환상은 저마다의 메시지를 지니며 전체 환상들과 연관되었다. 예를 들어 일곱 인과 일곱 나팔과 일곱 대접은 다르지만 비슷한 내용을 강화시키는 방향으로 전개된다. 어떤 때는 연대기적으로 사건이 전개되고 다른 때는 연대기와 상관없이 진행되거나 시간을 초월한 영원의 관점에서 진술된다. 내용에 따라 해석 방법을 적절히 활용하는 것이 강점이다.

계시록의 장르

묵시와 예언과 서신의 형태로 이루어져 있다. 묵시문학으로서의 계시록은 유대의 묵시문학과는 구분된다.

*** 묵시주의**

절망적인 현세에서 악의 권세로 인해 의인들이 고난을 당하지만 머잖아 하나님의 개입으로 새롭고 완전한 시대가 열린다. 하나님의 직접 통치로 악은 사라지고 의인이 영원한 즐거움을 누리게 된다는 종말론적인 신앙이다.

*** 묵시문학의 시기**

주전 200년부터 주후 100년 사이 중근동 지역에 성행했던 문학 양식이다. 계시록에는 천상의 보좌 환상, 천상의 환상들, 다양한 상징들과 숫자의 사용은 단연 묵시적이다.

*** 묵시문학의 기원**

후기 헬라주의나 이교 종교 특히 페르시아의 조로아스터교에서 기원되었음을 주장하지만 철저히 유대적이고 기독교적인 현상이다.

*** 묵시문학의 특징**

내용적 성격으로 살펴보면 세상 종말을 다루기에 종말론적(Eschatological)이고 선악의 대결 구조로 이루어져 이원론적(Dualistic)이며 만사가 하나님의 시간표에 따르기에 결정론적(Deterministic)이다. 문학적 성격으로 살펴보면 저자와 수신자를 보호코자 수수께끼 형태를 취해 비교적(Esoteric)이고 언어적 특징은 구전 예언과 달리 환상으로 메시지를 전하기에 상징적(Symbolic)이요, 저자의 특징은 유명인의 이름을 취하기에 익명적(Pseudonymous)이며 자료의 특징은 기존 자료를 변형하거나 재해석하기에 의존적(Dependant)이다.

*** 예언과 묵시**

역사 관점: 예언은 구속사의 관점에서 역사를 이해하나 묵

시는 현세를 종말에 앞선 일종의 서곡으로 보며 도래하지 않은 미래에 초점을 맞춘다. 예언에는 낙관적 요소가 있지만 묵시는 비관적이다.

해석 방법: 예언은 사회, 경제, 정치의 개혁을 통한 하나님의 왕국을 도모하지만 묵시는 현실의 붕괴를 통한 지상낙원을 믿는다. 예언은 인간적 요소를 강조하나 묵시는 신적 행위에 강조점을 둔다.

전달 매체: 예언은 늘 솔직한 용어로 표현되지만 묵시는 풍자적인 언어를 사용한다. 예언은 신탁을, 묵시는 환상의 형태를 취한다. 예언은 언제나 선포되지만(oral), 묵시는 언제나 쓰인다(literary).

강조 복음

계시록은 무수한 상징들과 신비한 환상들 때문에 기존의 책들에 비하여 복음의 메시지를 한눈에 파악하기가 쉽지 않다. 그럼에도 계시록은 선명한 그림으로 열두 개의 복음을 뚜렷하게 제시하고 있다.

* 증거의 복음
* 축복의 복음
* 재림의 복음
* 승리의 복음
* 심판의 복음
* 인내의 복음
* 회개의 복음

* 비밀의 복음
* 생명의 복음
* 아멘의 복음
* 찬양의 복음
* '새' 복음

계시록의 관점

바라보는 관점에 따라 계시록의 내용을 전체적으로 하나부터 일곱까지 스케치할 수 있다.

*** 계시록에는 하나의 주제가 있다.**

계시록에는 오직 단 하나의 주제가 있다. 그것은 요한이 책 제목으로 밝힌 '예수 그리스도의 계시'다. 성경은 계시의 말씀인데 성경의 마지막 책에 유일하게 계시록이란 제목이 붙여졌다. 2세기 이후부터 본서는 요한계시록으로 불려왔지만 분명한 것은 요한의 계시록이 아니라 '예수 그리스도의 계시'다.

계시는 어둡고 감추어진 비밀문서가 아니라 열고 나타내 보일 밝은 책이다. 계시는 해석을 필요로 한다. 요한도 사건과 상징에 대해 알 수 없자 해석 천사의 도움을 받았다. 계시록의 내용을 이해하려면 연구자는 겸허하게 성령의 조명을 구해야 한다. 계시가 주어졌기에 성령의 조명은 필수적이다. 계시를 의미하는 헬라어 '아포칼립시스'(ἀποκάλυψις)는 '덮인 것을 벗긴다', '숨은 것을 드러낸다'는 의미를 담고 있다.

*** 계시록에는 두 개의 구분이 있다.**

계시록은 22장 404절로 이루어졌다. 형식상 계시록은 서신에 속한다. 발신자인 요한과 수신자인 아시아의 일곱 교회가 분명히 표기되어 있고, 서신의 중요 내용들이 일관성 있게 전개되어 있다. 내용적으로 계시록은 예언이다. 예언적 성격은 본 서신의 내용이 비단 당시의 역사적인 일곱 교회만이 아니라 오고 오는 세대에 걸쳐 전 세계의 모든 교회들을 향한 메시지라는 점에서 뚜렷하다. 계시록은 '예언적 서신'에 속한다.

계시록은 구약의 여러 예언서와 구분된다. 환상들, 숫자의 상징적 적용, 해석 천사들의 등장, 구약의 빈번한 인용, 임박한 종말론과 비관적인 분위기, 이원론적 분위기, 우주적이고 영적인 세계의 초월적 경험, 기이한 형상들의 동원, 시간과 공간을 아우르는 신비로운 구원의 역사 등으로 이루어졌다.

계시록은 한 권의 책이다. 그러나 계시의 내용이 보다 감춰지고 드러난 측면에서 둘로 구분된다. 내용상 그리고 편의상 두 부분으로 나눌 수 있다. 전반부(1-11장)는 인봉된 책이며 후반부(12-22장)는 개봉된 책이다.

인봉된 책에는 인자의 모습과 함께 일곱 교회에 보낸 편지로 이루어진 첫째 환상(1:9-3:22), 하나님의 보좌와 일곱 인으로 된 둘째 환상(4:1-8:1), 일곱 나팔의 셋째 환상(8:2-11:19)이 포함되어 있다. 또한 계시록에는 모두 세 개의 막간이 들어 있는데 전반부의 인봉된 책에 '구원의 환상'(7:1-17)인 첫째 막간과 '사역의 환상'(10:1- 11:13)인 둘째 막간이 있다. 전반부의 인봉된 책에는 서론(1:1-8)을 포함, 세 개의 환상과 두 개의 막간이 있다.

개봉된 책에는 빛과 어둠의 투쟁을 담고 있는 넷째 환상(12-

14장), 일곱 대접으로 구성된 다섯째 환상(15-16장), 바벨론의 멸망과 그리스도의 승리를 다루고 있는 여섯째 환상(17-19장), 심판과 갱신의 장면이 묘사된 일곱째 환상(20:1-22:5), 그리고 결론 부분(22:6-21)으로 이루어져 있다. 그리고 전반부의 인봉된 책에 나타난 구원의 환상(7:1-17)인 첫째 막간, 사역의 환상(10:1-11:13)인 둘째 막간에 이어 역시 후반부의 개봉된 책에도 심판의 환상(14:6-20)인 셋째 막간이 수록되어 있다. 계시록의 후반부에는 결론(22:6-21)을 포함, 네 개의 환상과 한 개의 막간이 있다.

처음의 세 환상(1:9-11:19)이 '그리스도의 교회와 이 세상 권세들에 대한 환상'으로 되어 있다면 나중의 네 환상(12:1-22:5)은 '그리스도와 흑암 권세들에 대한 환상'으로 되어 있다.

*** 계시록에는 세 개의 초점이 있다.**

계시록에는 과거, 현재, 미래라는 세 개의 초점이 있다. 영광의 주님은 요한에게 그가 환상 중에 본 것과 이제 있는 일과 장차 될 일을 기록하도록 명령하셨다. 영원이 시간 속에 녹아든 계시의 사건은 이 세 개의 초점으로만 비추어진다.

본 것은 1장 13-20절의 영화로우신 인자 환상과 일곱 별의 비밀과 일곱 금 촛대다.

이제 있는 일은 2-3장에 나타난 교회의 현상들이다.

장차 될 일은 4장 1절부터 22장 5절에 나타난 예언적 계시들이다.

*** 계시록에는 네 개의 실체가 있다.**

계시록에는 무수한 인물들과 실체들과 사건들이 뒤엉켜 있지만 네 개의 실체가 단연 돋보인다. 그리스도, 교회, 적그리스도, 천국이다. 1장에 영화로우신 그리스도가 소개되고, 2-3장에서는 교회가 소개된다. 4-5장은 보좌 장면으로서 21-22장에서 묘사된 천국의 그림자 역할을 한다. 6장과 20장은 교회가 천국에 이르는 과정에서 가로막는 세력인 적그리스도의 세력을 극복하는 과정이 그려졌다.

*** 계시록에는 다섯 개의 환상이 있다.**

콜린스는 참된 메시지를 이루는 '박해'와 '심판'과 '승리'란 기본적 틀을 형성하면서 계시록이 다섯 개의 연속된 환상으로 짜였다고 보았다.

1. 일곱 인(6:1-8:5)
    - A. 박해(6:9-11)
    - B. 심판(6:12-17)
    - C. 승리(7:9-17)
2. 일곱 나팔(8:2-11:19)
    - A. 박해에 대한 암시(8:3-5)
    - B. 심판에 대한 암시(9:15)
    - C. 승리(11:15-19)
3. 일곱 개의 계수되지 않은 환상(12:1-15:4)
    - A. 박해(12:1-13, 특히 13:7-10)
    - B. 심판(14:14-20)
    - C. 승리(15:2-4)

4. 일곱 대접(15:1-16:20)

A. 박해(16:4-7)

B. 심판(16:17-20)

C. 승리(19:1-10)

* 바벨론 부록(17:1-19:10)

5. 일곱 개의 계수되지 않은 환상(19:11-21:8)

A. 박해(20:9)

B. 심판(20:9-15)

C. 승리(21:1-22:5)

*예루살렘 부록(21:9-22:5)

*** 계시록에는 여섯 개의 시리즈가 있다.**

포드는 천상 장면의 전주(4-5장)와 후주(21:5), 후대의 첨가인 1-3장과 22장을 제하면 계시록의 원형이 여섯 개의 시리즈로 이루어졌다고 주장했다.

1. 첫째 시리즈: 6부(sextet)

A. 백마(6:1-2)

B. 홍마(6:3-4)

C. 흑마(6:5-6)

D. 청황마(6:7-8)

E. 제단 아래의 영혼들(6:9-11)

F. 지진(6:12-17)

2. 둘째 시리즈: 6부(sextet)

A. 땅에 불이 붙음(8:7)

B. 바다가 피로 변함(8:8-9)

C. 강과 샘물이 쓰게 됨(8:10-11)

D. 천계가 흐려짐(8:12-13)

E. 메뚜기 떼(9:1-12)

F. 말 탄 자들(9:13-11:14)

3. 셋째 시리즈: 6부(sextet)

A. 아이 가진 여자(12:1-2)

B. 용(12:3-6)

C. 바다에서 나온 짐승(13:11-18)

D. 땅에서 나온 짐승(13:11-18)

E. 어린양과 정절이 있는 자들(14:1-5)

F. 인자 같은 이를 포함한 일곱 천사(14:6-20)

4. 넷째 시리즈: 7부(septet)

A. 땅에 쏟은 대접(16:2)

B. 바다에 쏟은 대접(16:3)

C. 물들에 쏟은 대접(16:4-7)

D. 해에 쏟은 대접(16:8-9)

E. 짐승의 보좌에 쏟은 대접(16:10-11)

F. 유프라테스 강에 쏟은 대접(16:12-16)

G. 공중에 쏟은 대접(16:17-21)

5. 다섯째 시리즈: 6부(sextet)

A. 바벨론 묘사(17:1-6)

B. 바벨론 설명(17:7-18)

C. 바벨론 멸망(18:1-8)

D. 바벨론을 위한 애곡(18:9-20)

E. 바벨론의 마지막 파멸(18:21-24)

F. 바벨론의 패망과 어린양의 결혼을 찬양(19:1-10)

6. 여섯째 시리즈: 6부(sextet)

A. 백마 탄 자(19:11-16)

B. 하나님의 만찬(19:17-18)

C. 두 짐승의 체포(19:19-21)

D. 심연의 천사(20:1-3)

E. 첫 부활(20:4-10)

F. 심판의 장면(20:11-15)

*** 계시록에는 일곱 개의 환상 그룹이 있다.**

서론(1:1-8)과 결론(22:6-21) 외에 구원의 환상(7:1-17), 사역의 환상(10-11장), 심판의 환상(14:6-20)이라는 세 개의 막간을 제외하면 모두 일곱 개의 환상 시리즈로 이루어졌다. 이 책은 이런 틀 속에서 정리될 것이다.

1. 첫째 환상: 인자와 일곱 편지(1:9-3:22)
2. 둘째 환상: 보좌와 일곱 인(4:1-8:1)
3. 셋째 환상: 일곱 나팔(8:2-11:19)
4. 넷째 환상: 빛과 어둠의 투쟁(12:1-14:20)
5. 다섯째 환상: 일곱 대접(15:1-16:21)
6. 여섯째 환상: 바벨론의 멸망과 그리스도의 승리(17:1-19:21)
7. 일곱째 환상: 심판과 갱신(20:1-22:5)

1부 인봉된 책(1-11장)

계시록은 내용상 그리고 편의상 두 부분으로 나눌 수 있다. 전반부(1-11장)는 인봉된 책이며, 후반부(12-22장)는 개봉된 책이다. 굳이 책 제목을 그렇게 잡은 연유를 말하라면 계시록의 전반부에서 일곱 우레를 인봉한 명령(10:4)과 후반부에서 인봉치 말 것을 명한 사실(22:10)에 근거하였다. 인봉된 책에서는 인자의 모습과 함께 일곱 교회에게 보낸 편지로 이루어진 첫째 환상(1:9-3:22), 하나님의 보좌와 일곱 인으로 된 둘째 환상(4:1-8:1), 그리고 일곱 나팔의 셋째 환상(8:2-11:19)이 포함되어 있다. 또한 계시록에는 모두 세 개의 막간이 들어 있는데 전반부의 인봉된 책에 '구원의 환상'(7:1-17)인 첫째 막간과 '사역의 환상'(10:1-11:13)인 둘째 막간이 있다.

I. 서론(1:1-8)

요한계시록은 예수님의 계시록이다. 주님이 계시의 원천이다. 하나님이 주님에게 주신 것을 주님은 천사를 통해 요한에게 알리셨다. 계시록은 신실한 성도들에게 하나님이 결코 침묵하는 존재가 아니며 세상 역사의 주관자이심을 확신시킨다. 영적 지침서로서의 계시록에는 하나님의 백성이 어떻게 처신해야 할지에 대한 권면이 들어 있다.

요한이 보고 들은 환상 중심에는 반드시 주님이 계신다. 그분은 천하만국을 철장으로 다스리는 영광의 주님이다. 성도를 구속하셨고 지금도 보호하시며 장차 영원한 사랑으로 건지신다. 요한은 계시록의 핵심 주제요 저작 동기인 주님의 재림을 생생히 묘사한다. 주님의 재림이 불신자에겐 화와 파멸의 날이지만 성도에게는 영광과 신원의 날이다.

계시의 원천은 하나님이요 주님이 1차 수령자다. 주님은 성부 하나님의 계시 자체다. 창조에서처럼 성부 하나님이 창안하시고, 성자 하나님은 집행하시며, 성령 하나님은 완결하셨다. 계시의 경로는 이렇다. '창안자 성부(하나님): 집행자 성자(하나님): 전달자 천사: 수혜자 요한: 신자들'의 순서가 된다. 계시의 내용은 반드시 '속히 될 일'이다. 이는 계시의 성취가 불가피하며 임박했음을 나타내는 말이다. '속히 될 일'은 장차 일어날 일의 긴박성을 나타내며 요한이 천사를 통해 수령할 계시의 내용이 무엇인지 설명한다. 그 일들은 하나님의 뜻에 따라 이미 정해졌다.

예수 그리스도는 구원자이신 메시아다. 구약 시대에는 제사장과 선지자와 왕이 기름부음을 받았다. 그들은 하나님의 구속사역에서 백성의 대표자(제사장), 하나님의 대리자(왕), 대언자(선지자)였다. 주님은 세 직분을 한 인격 속에 완전히 이루셨다. 생전에는 선지자의 사역을 이루셨다. 부활 이후에는 멜기세덱의 반차를 좇은 영원한 대제사장으로서 중보자의 제사 사역을 이루셨고 그것을 지금도 이루고 계신다.

장차 메시아 왕국에서는 영원한 왕으로 치리하신다. 생전에는 레위 지파의 제사장 직분을 제치고 주님이 대제사장직을 수행할 수 없으셨다. 주님은 이스라엘의 왕이요 유대인의 왕이셨으나 지상에서의 왕권을 주장하지 않으셨다. 다만 선지자의 칭호만은 거절치 않으셨다.

예언의 말씀은 읽고 듣고 지켜야 한다. 때가 가깝기 때문이다. 이 '때'(카이로스: καιρός)는 일반적 시간(크로노스: χρόνος)과 다른 특정한 시간이다. 환난과 고통의 때요 무장과 투장의 때며 승리와 영광의 때다. 이는 환난에 대한 경계의 말씀이요 박해를 당하던 이들에게는 희망이다. 구원은 완성되고 승리도 성취되었다. 영원의 관점에서 초시간적으로 성취된 구원의 역사적 실현은 초읽기에 들어갔다. 사람이 세기를 헤아리고 수천,

수만 년을 계산해도 하나님의 시계는 한순간에 휙 지나간다. 완성과 성취의 역사적 경험은 어떤 단계를 거친다. 초기의 징조는 주님의 승리로 보였다. 하지만 사탄이 최후 발악을 하고 하늘과 땅에서의 싸움은 계속된다. 인자의 오심은 멀지 않다. 계시록의 모든 환상과 징조와 사건과 메시지는 승리자가 세울 깃발을 향한다.

요한은 인사와 송영 부분에서 소아시아의 일곱 교회에게 격식을 갖추어 인사한다. 일곱 교회는 지금의 터키 서부 지역에 현존한 역사적 실체였다. 그것은 당시의 일곱 교회뿐 아니라 '일곱'이 지닌 완전의 의미로 보아 모든 교회를 향한 메시지임을 암시한다. 요한은 인사에서 삼위일체 하나님을 거론한다. 성부 하나님의 능력과 성령 하나님의 격려와 성자 그리스도의 탁월하심을 언급한 이 송영은 계시록이 지닌 메시지의 무게감을 더한다. 짤막한 내용이지만 계시록 전체의 메시지를 잘 요약한다.

계시록 최초의 송영은 신약 전체를 통틀어 주님 한 분에게 바치는 것으로는 유일하다. 송영이 끝나면서 주님의 재림 정경이 언급되고 땅에 거하는 자들이 보일 반응을 실었다. 요한의 예언적 선포는 알파와 오메가요 이제도 있고 전에도 있었고 장차 오실 자인 전능자의 화답으로 인증된다.

서문(1-3절)에서 예언적 서신의 특수성을 그렸다면 인사와 송영(4-8절)에서는 서신의 일반 형식에 송영을 가미했다. 요한은 독자들이 계시록의 신비로운 내용보다 계시를 수여하신 하나님께 시선을 돌리도록 한다. 그래서 그리스도의 십자가와 부활을 통한 구속 사역을 언급한다. 나아가 구속받은 자로서 하나님을 위한 헌신의 삶으로 부름 받았음을 선언한다.

요한은 네 차례에 걸쳐 자신을 밝힌다. 익명의 저자로 남기 원했던 복음서와 달리 계시록에서는 자신을 명백히 밝히는데, 이는 계시록의 성격과 부합된다. 계시문학은 대부분의 경우 저자가 익명인데 요한은 자신을 숨기지 않는다. 요한복음이 사복음서 중에서 제일 마지막에, 요한의 서신서가 유다서를 제외하고는 서신서 중에서 맨 나중에, 그리고 계시록이 성경의 마지막에 위치한 것도 숨거나 뒤로 물러서기 원하는 요한의 성격에 비추어보면 흥미롭다. 주님의 제자나 장로라는 직분을 밝히지 않고 이름만 거론한 것은 그가 당시의 신자들에게 익히 알려진 인물임을 반증한다.

"이제도 계시고 전에도 계시고 장차 오실 이"는 시간에 속박되지 않고 역사하시는 '성부 하나님의 영원성'을 나타낸다. 창조주요 절대자이신 하나님은 시작도 없고 끝도 없다(무시무종 無始無終). 변치도 않고 쇠함도 없다(불변불후 不變不朽). '이제도 계시고'는 계시의 수여자로서, '전에도 계시고'는 계시 자체로서, '장차 오실 이'는 계시의 성취자로서의 그분을 그린다. 보좌 앞에 있는 일곱 영은 성소에 있던 일곱 등불을 연상시킨다. 이사야는 성령을 일곱 명칭으로, 스가랴는 여호와의 '일곱 눈'으로 묘사했다. 일곱 영은 보좌에 앉으신 이로부터 보내진 성령이시다. '보좌'를 지성소의 법궤로, '일곱 영'을 성소의 일곱 등잔으로, '예수 그리스도'를 뜰의 번제단으로 상징할 수 있다.

5-6절은 성자의 직능과 구원 사역에 관해 삼중 언급을 한다. "충성된 증인"은 메시아직과 관련된 선지자로서의 칭호다. 주님은 신실한 증인이셨다. 신실한 증인으로 신실한 증거자가 되

고 결국 신실한 순교자가 되셨다. 주님은 지상 사역을 통해 하나님의 신실한 증거자로 일관하셨고, 이는 아버지께서 아들을 통해 이루신 일들로 증거되었다. 주님의 존재는 충신과 진실로 천명되었다.

"죽은 자들 가운데서 먼저 나시고"는 제사장적 측면에서의 칭호다. 주님은 자신을 제물로 드려 옛사람으로부터 전가된 모든 죄와 저주를 처리하시고 부활로 인해 새사람의 시조를 이루셨다. 주님은 성육신을 통해 '독생자'가 되셨으며 부활을 통해 '먼저 나신 자'가 되셨다. 독생하신 아들로 십자가를 지시고 부활과 함께 장자로 인정되셨다.

"땅의 임금들의 머리"는 왕적 측면에서의 칭호다. 주님은 장차 만국을 다스리실 만왕의 왕, 만주의 주이시다. 주님의 왕권은 하나님께 받은 것이다. 주님은 복종과 겸손으로 우주의 주가 되셨다. 당시 황제숭배의 위협 속에 살던 신자들에게 로마의 황제까지 다스리시는 왕 중 왕 예수의 언급은 실제로 큰 힘이 되었다.

바울은 은혜와 평강의 근원으로서 성부와 성자를 언급했지만 요한은 성령을 더해 삼위일체적이다. '은혜'란 대가 없이 받은 고가의, 값없이 받은 값비싼 하나님의 '총애'다. '평강'이란 신자의 마음에 이룩된 평온한 상태로서 세상이 주는 평강과 질적으로 다른 하늘나라의 능력인 평강이다. 은혜는 구속의 나무에 핀 꽃이요 평강은 열매다.

은혜와 평강의 근거는 지성소의 법궤 위에 거하신 성부, 성소의 일곱 촛대로 묘사된 성령, 회막 안의 번제단에 뿌려진 성자 예수의 보혈에 있다. "충성된 증인으로 죽은 자들 가운데서 먼저 나시고 땅의 임금들의 머리가 되신 주님"이 은혜와 평강을 베푸신다.

하나님은 우리를 사랑하여 아들을 보내셨고 그 아들도 우리를 사랑하셨다. 주님을 통해 우리에게 부어진 사랑은 일시적인 것이 아니라 지속적이다. 과거에도 사랑하셨고 지금도 계속 사랑하시며 앞으로도 변함없이 사랑하신다. 인간의 구원과 연관하여 거룩한 아가페의 사랑과 피의 희생은 불가분리의 관계다.

그래서 사랑의 결정체인 십자가 죽음이 뒤를 잇는다. 우리를 죄에서 건진 해방 사건은 끝났어도 사랑은 끝나지 않았다. 우리의 사랑은 변해도 주님의 사랑은 불변이다. 우리의 사랑은 단절과 쉼과 머뭇거림이 있지만 주님의 사랑은 끊어지지 않고 연속적이며 저돌적이다. 이 사랑은 끊어지지 않는다.

'알파와 오메가', '처음과 나중', '시작과 끝'이 주님 자신에게 적용되었다. 주님 안에서 하나님이 세상을 홀로 통치하신다. 하나님이 역사의 수레바퀴를 움직이신다. 우주 만물은 하나님께서 정하신 법칙을 따라 움직이며 역사의 매 순간마다 하나님의 섭리가 작용한다.

우주와 역사를 다루는 하나님의 손길은 장인과 흡사하다. 하나님은 우주와 역사의 영원한 기원이며 그것들이 지향하는 목표다. 현세를 통치하는 것은 사탄이나 그의 수족이 되어 역사하는 악한 군주들이 아니다. 그들의 배후에도 하나님이 계신다. 하나님만이 만물을 주관하시고 그 필요에 따라 어떤 것은 허용하시고 어떤 것은 금하시는 것이다.

II. 첫째 환상: 인자와 일곱 편지(1:9-3:22)

서문과 인사와 송영을 끝낸 요한은 계시의 원천이신 예수 그리스도의 영광을 소개한다. 그것은 요한의 신학적 통찰의 산물도 아니요 신앙적 경험의 요약도 아니다. 그가 보인 그리스도는 환상 속에 계시된 주님의 모습이다. 요한에게 나타나신 주님은 신비와 영광으로 가득 찼고 산 자이신 그분 앞에서 살아 있는 요한은 실제로 죽은 자 같이 되었다. 생전에 주님 곁에서 주님을 섬기며 말씀을 듣고 지극한 사랑을 받았던 그에게 미처 상상할 수 없던 영광의 모습으로 주님이 임해 오셨을 때 요한의 감격은 대단했을 것이다.

부활하신 주님을 만난 이후로 요한은 사도들과 함께 대위임의 명령을 따라 복음 전파에 힘썼다. 천수를 누렸던 요한은 초기 교회가 당한 박해의 환경을 그 어떤 사도보다 더 확실히 오래 지켜보았다. 자신도 박해의 결과 죄수의 몸이 되었다. 주님의 종 요한은 종다운 종이 되고자 지금 밧모 섬에 있다. 차꼬와 박한 음식과 살벌한 간수들의 괴롭힘만 있는 음습한 환경에 요한이 있다. 낮에는 중노동에 시달리고 밤에는 흉악범들의 저주와 고통의 신음 소리를 들으며 버티던 그다. 기도와 묵상 속에 지내던 요한에게 어느 날 주님께서 친히 찾아오셨다. 하나님의 노예이기를 원했던 요한은 이제 그 하나님을 영 가운데 접촉한다. 지상의 죄수에서 천상의 선견자가 됨으로 이사야, 에스겔, 예레미야와 어깨를 나란히 견줄 만한 예언자가 되었다.

'영화로우신 인자'의 내용은 이렇다. 요한은 자신의 밧모 섬 유형 동기를 '예수의 환난과 나라와 참음에 동참하는 자'라는 표현과 함께 박해를 받는 성도들의 형제라 밝힌다. 그는 말씀 증거 때문에 밧모 섬에 갇혔다. 주의 날에 성령의 감동으로 음성을 듣고 자신이 본 내용을 편지로 써서 아시아의 일곱 교회에 보낼 것을 명령받는다.

요한은 그리스도의 영광을 접하는데 영화로우신 그분의 모습이 상징에 의해 구체적으로 감지된다. 환상과 그리스도의 영광에 압도당한 요한은 거반 죽은 상태에 빠진다. 주님의 위로로 소생한 요한에게 보다 크고 중요한 사명이 주어진다. 요한이 본 환상의 실체가 무엇인지 중요한 상징 두 가지를 해석함으로 독자의 궁금증을 풀어준다. 일곱 별과 일곱 금 촛대의 비밀을 일곱 교회의 사자와 일곱 교회라고 풀어준다.

처음 요한에게 기록 명령을 내린 것은 나팔 소리 같은 음성이었다. 두 번째의 기록 명령은 주님이 주셨다. 기록 명령과 기록할 내용과 기록할 사람이 동일함은 나팔 소리 같은 음성의 주인공이 '예수 그리스도'이심을 의미한다. 요한은 지금 땅에서 환상들을 보지만 이내 '나팔 소리 같은 음성'의 초청으로 하늘로 옮겨진다. 첫 번째의 기록 명령에서 기록할 내용은 요한이 보는 것에 국한되었지만 두 번째 명령에서는 기록할 내용이 보다 구체화되었다.

요한은 자신이 바라본 그리스도의 영광을 정확히 묘사할 뿐 아니라 교회에 예언의 메시지를 보내는 자가 자신임도 밝힌다. 유대 묵시문학의 저자들은 자신들의 묵시 작품이 독자들에게 권위 있게 받아들여지도록 역사상 유명했던 이들의 이름을 내세웠는데 요한은 자신을 분명히 밝혔다. 요한은 독자들처럼 박해의 희생자가 되어 영적으로는 그들과 불가분리의 관계에 있다. 그런 요한이 하나님의 특별하신 섭리 속에 '보는 자'로 선택된 것이다.

일곱 편지(2-3장)는 성경의 다른 서신들에 비해 묵시문학적 특성으로 인해 흥미를 끌지만 해석상의 어려움을 지닌다. 계시록의 해석 방법에 따라 그 의미가 달라지기 때문에 신중하지 않을 수 없다. 매력적이고 호기심을 끌 만한 해석도 일곱 편지가 역사적 정황 속에서 기록되었다는 점을 간과해서는 곤란하다. 어떤 해석 방법을 적용한다 해도 본 편지가 당시의 역사적인 상황에서 교회가 맞닥뜨린 문제들을 해결키 위한 지침서였음은 부인할 수 없다. 다양한 해석이 가능함을 전제하고 열린 마음으로 시도하는 자세가 바람직하다.

1. 영광의 인자(1:9-20)

요한은 계시의 주체, 계시의 전달자, 계시의 성취자로 자신에게 다가오신 주님을 선명히 묘사한다. 요한은 자신이 계시를 받은 장소와 일시가 어디며 언제인지 밝힘으로 첫째 환상의 문을 연다. 주의 날에 요한은 성령의 감동으로 평소에 듣지 못하던 음성을 듣고 영광의 그리스도를 보았다. 환상 속의 그리스도는 요한에게 보고 들은 바를 모두 적어 일곱 교회에 보낼 것을 명령하신다. 일곱 교회에 보낸 편지 내용보다 중요한 것은 주님이다. 그리스도는 계시의 원천이요 환상의 주체적 인물이며 계시의 완결자로서 다시 오실 분이다. 요한은 그리스도의 환상에서부터 나팔, 금 촛대, 옷, 금띠, 양털, 눈, 불꽃, 주석, 물소리, 해, 별, 날 선 검처럼 다양한 상징들과 직면한다.

요한은 지금 밧모 섬에 있다. 요한은 사도로 성도들을 돌보았지만 그들의 형제 됨을 부끄러워하지 않았다. 요한의 형제됨을 증명하는 것이 환난이다. 지금 요한은 말씀 증거 때문에 밧모 섬에 갇혔다. 요한은 한 아버지를 섬기는 형제였기에 그들과 함께 예수의 환난과 나라와 참음에 동참하는 자가 되었다. 요한은 사자 같은 담대함으로 사도적 메신저가 되었지만 동시에 양의 온유함으로 핍박 중에 처한 성도들의 형제도 되었다. 영적 신분의 동일시는 그의 폭넓은 인격에서 비롯되었다. 심각한 박해 환경에 놓인 그들에게 요한이 박해의 희생자라는 사실은 큰 힘과 격려가 되었다.

암벽과 화산 언덕으로 이루어진 밧모는 사방 20km가 채 못 되는 작은 섬이었다. 로마 제국은 이 외딴 섬을 범법자들의 격리 장소로 활용했다. 중범죄자들을 가두는 곳에 하나님의 사도가 갇혔다. 요한은 세상 왕국이 아니라 하나님의 나라와 왕 되신 주님을 위해 싸우다 유배되었다. 흉악한 범죄가 아니라 고귀한 복음을 전파한 까닭에 절해의 고도에 버려졌다. 요한은 로마 당국 편에서 볼 때 백해무익한 예수교의 괴수, 혹세무민하는 사악한 선동자, 황제숭배를 반대하는 이교의 수호자인 암적 존재였고 위험인물이었다. 그러나 세상이 마련한 최악의 환경에서 하나님은 최선의 은혜를 베푸셨다. 저주의 땅 밧모 섬에서 성경의 마지막 책이 기록되자 기독교에는 새로운 여명이 열렸다. 하나님은 원수의 계략을 깨트리시고 사탄의 저주를 복으로 바꾸셨다. 절해고도에서 땅의 친구들은 사라졌지만 하늘의 천사들이 그를 기다렸고, 세상의 영화와 절연되었지만 천국의 영광이 예비되었다. 영광의 주님이 거기 계셨다.

요한은 단단한 차꼬에 매여서 어두운 동굴, 감옥의 딱딱하고 차디찬 바닥에서 잤고 끝없는 중노동에 시달렸다. 형편없는 의복과 부족한 음식과 간수들의 채찍질도 견뎠다. 그럼에도 그의 영혼은 새장을 벗어난 새였고 그물을 벗어난 고기였다. 세상은 그를 가두었지만 영 안에서 그는 자유로웠으며 온 세계를 기도로 품고 환상으로 품고 열정으로 품었다.

육체적으로는 밧모 섬의 죄수였으나 영만은 차꼬에 매이지 않았다. 육체는 외딴 섬에서 고초를 겪었지만 그의 영은 한없이 고양되어 있었다. 외롭고 황막한 곳에서 성도들과의 교제는 단절되었지만 광야의 당아새가 되고 지붕 위의 참새가 되어 시공을 초월한 영적 세계에서 깊은 사귐을 나누며 기도로 영적 사귐을 이어갔다. 몸은 떨어졌지만 마음과 사랑만은 박해 가운데 놓인 형제들과 함께 했다.

요한이 본 '일곱 금 촛대'는 환상의 배경이 성전임을 암시한다. 일곱 금 촛대는 본서에서 교회로 상징되었는데 이는 복음서의 전통과 일치한다. 구약의 성전은 한 곳으로 모여들었으나(구심적), 신약의 교회는 각 지역으로 분산되었다(원심적). 그러나 빛은 하나다. 교회는 등잔 불빛처럼 위탁된 하나님의 말씀을 전달한다. 성도는 세상의 빛이신 주님의 빛을 비추는 반사경이다. 주님의 빛은 해에, 성도의 빛은 달에 비할 수 있다. 금은 존귀함과 신성함과 천상적 기원을 상징한다. 땅에 있는 성도는 존귀하므로(시 16:3) 교회는 하나님 앞에서 금같이 소중하다(출 19:6; 신 7:6; 벧전 2:9). 금은 희소성 때문에 가치 있고(욥 28:19; 사 13:12), 보배롭고(애 4:2), 귀하다(딤후 2:20).

촛대는 동쪽을 향한 성막의 등대보다 오히려 하늘 성전의 그리스도 앞에 위치했을 것이다. 촛대의 중심에 그리스도가 계신다. 그리스도의 빛을 받아 촛대는 빛을 발한다. 교회는 그리스도 앞에 있고 교회 안에 그리스도가 계신다. 주님은 한 교회에 머무시는 법이 없다. 주님은 모든 교회에 동시에 머무시며 모든 교회들 사이에 존재하신다.

이는 세상 끝 날까지 함께 하시겠다던 약속과 두세 사람이 주의 이름으로 모인 곳에 함께 하시리라는 약속의 실현이다. 촛대 사이에 서신 주님의 모습은 교회의 주님 되심을 보여준다. 주님은 교회의 머리요 대제사장으로서 촛대 사이를 거니신다. 영광스러운 교회만이 아니라 문제투성이인 교회 사이를 거니시며 연약한 지체들을 돌보신다.

발에 끌리는 긴 옷은 신성함과 영예로움의 표증이다. 주로 신분이 높은 사람들이 입었고 동방에서 긴 옷은 위엄의 표시였다. 이사야의 환상에도 성전에 가득한 옷자락이 나온다. 과연 누가 '발에 끌리는 옷'을 입었는가? 제사장의 의복도 길었고 왕복도 길었으며 선지자의 옷도 길었다. 제사장과 왕과 선지자가 입었던 긴 옷에서 그리스도의 삼중적 직무를 볼 수 있다. 십자가에서 옷이 죄다 벗겨졌던 주님이 이제 영광의 옷을 두르셨다. 대제사장의 팔꿈치보다 윗부분의 가슴 주변으로 몸을 빙 둘러가며 색과 꽃무늬가 있는 금으로 뒤섞여 짠 금띠는 긴 옷을 느슨하게 싸고 있었다. 고대의 동방에도 높은 관직의 대신들과 왕족이나 귀족들이 띠를 두른 긴 옷을 입었다.

머리의 흰색은 영원성, 영화로움, 성결을 상징한다. 이사야도 흰 눈과 흰 양털을 성결의 상징으로 언급했다. 이는 그리스도의 영원한 선재성과 무죄성, 그리스도의 숭고한 지혜와 지위를 상징한다. 불꽃같은 눈은 사람의 마음을 꿰뚫는 전지의 눈이다. 주님은 마음의 비밀을 아시고 사람의 모든 것들을 감찰하신다. 불꽃같은 눈은 모든 것을 파헤치고 밝히시는 주님의 능력이다. 차가운 가슴에 열정의 불을 지피고 겹겹이 쌓인 마음의 비밀 창고를 여시며 밀봉된 영혼의 핵심을 끄집어내신다. 모든 인간이 처한 상황의 핵심을 꿰뚫는다. 태초의 어둠을 뚫으신 영원한 통찰의 눈은 인간과 역사와 우주를 한눈에 관통하시며 세상과 교회에 대한 그분의 한결같으신 주권을 나타낸다.

'빛난 주석'이 다니엘 10장 6절에는 '빛난 놋'으로, 에스겔 1장 7절에는 '마광한 구리'로 나와 있다. '구리'는 하나님의 불변성과 힘을 상징한다. 빛난 주석 같은 주님의 발은 자기 백성을 돕고 죄를 징벌하기에 안정적이며 신속함을 보여준다. 주님은 촛대(교회) 사이로 다니시며 사탄의 능력을 그 발로 밟으신다. 초림의 주님은 사탄의 머리를 깨뜨릴 때 발꿈치가 상했으나 재림의 주님은 전혀 발꿈치를 상함 없이 사탄을 짓밟으신다.

'많은 물소리 같음'은 에게 해의 바다 물결이 밧모 섬 해안을 강타하는 소리를 연상시킨다. 많은 물소리와 같음은 장엄함과 소리의 큼을 나타낸 표현이다. 참으로 주님의 위엄 있는 말씀은 권세와 능력이 충만하다. 천지에 가득 울려 퍼질 이 소리에 천하 만민이 잠잠할 것이다. 세상의 소요를 그치게 하고 온 우주도 적막에 휩싸이게 만들 것이다. 무덤 속에 누워 있던 모든 자들도 이 소리를 듣고 몸을 일으킬 것이다. 다윗은 여호와의 위엄 있고 능력 있는 소리를 뇌성벽력으로 상징했는데, 요한은 신비롭고 형언할 수 없는 권능의 소리를 '많은 물소리 같은 소리'로 적절하게 표현했다.

오른손은 정의가 충만한 손이며 승리의 손이다. 보호의 손이요 권능의 손이다. 사랑의 손이며 심판의 손이다. 영광의 환상에서는 일곱 별을 '그냥 붙든 정도'였는데 에베소 교회의 사자에게는 더 강하게 붙잡았다. 오른손으로 붙잡은 일곱 별은 일곱 별의 사자다. 하나님은 각 교회에 하나의 별인 사역자를 두셨다. 주님의 권위를 힘입은 그들은 주님의 손에 잡혀 있다. 그들이 주님의 말씀에 성실하면 아무도 그들을 해할 수 없고 그들의 별빛을 막을 수 없다. 신실한 주님의 종에게는 영원한 영광을, 불충한 종에게는 영원한 형벌을 가하시는 공의와 심판의 손이 사역자들을 붙잡으신다.

영광의 주님은 일곱 금 촛대 사이에 다니며 일곱 별을 붙드신다. 교회를 붙드는 것이 아니라 '오른손'으로 자신의 사자를 붙드신다. 주님은 사역자와 일반 회중을 모두 사랑하시며 모든 성도가 동일한 존귀와 유업을 나눈다. 주님은 교회를 위해 사역자를 세우셨다. 지체들을 위해 사역자를 붙들어 사용하신다. 그것은 특권이요 책임이며 사랑이요 사명이다. 별의 직무는 거룩하고 영광스러운 만큼 어렵고 힘들다. 완벽한 신실함, 불굴의 의지, 식지 않는 열정을 요구한다. 주님은 이 땅에 세워진 교회들(금 촛대들)의 머리가 되시고 세우신 사역자들(별들)은 주님의 손 안에 있다. 반짝이는 별뿐만 아니라 희미한 별을 붙드시는 것도 주님의 뜻이다. 별과 별의 영광은 다르다. 땅에서의 광채는 하늘에서의 광채와 다르다. 금 촛대도 주님의 영광이듯 별은 주님의 영광이다. 별이 흔들리면 땅에 떨어지고 별이 떨어지면 주님의 오른손이 텅 빈다. 주님은 촛대를 옮기시지만 별은 옮기지 않으신다.

짧은 단도(마카이라 μάχκιρα)와 구분되는 혀 모양의 장검(롬파이아 ῥομφαία)은 양쪽에 날이 섰다. 에훗이 모압 왕 에글론을 척살할 때 우편 다리의 옷 속에 숨겼던 것이 바로 '좌우에 날 선 칼'이다. 칼의 모습이 혀를 본떴으므로 칼은 하나님의 말씀에 대한 상징도 되지만, 하나님의 말씀인 성령의 검이나 좌우에 날 선 하나님의 말씀은 '마카이라'가 아니라 '롬파이아'다. 이것은 전파하는 말씀의 칼이 아니라 살육하는 말씀의 칼이다. 계시록에서 사용된 검은 모두 심판과 살육에 관계된 긴 칼인 롬파이아다. 짧은 칼인 마카리아가 살육에 사용되는 경우도 있는데 그 때에는 늘 '큰'이란 형용사가 붙는다.

교회는 촛대요 사역자는 별인데 주님의 얼굴은 해와 같다. 주님의 얼굴은 변화산에서 해같이 빛났다. 모세가 시내 산에서 내려올 때 그 얼굴 꺼풀에는 광채가 났다. 하나님은 해요 주님은 '돋는 해'로 찬미되었다. 주님은 세상의 어둠을 몰아내고자 십자가의 터널을 지나 부활의 여명에 이르셨다. 의의 태양이신 주님이 십자가에서 죽임을 당하실 때 지상의 해도 빛을 잃었다. 부활로 인해 주님은 세상에 짙게 깔린 어둠을 완전히 제거하셨다. 주님은 일시적으로 십자가의 어둠을 지나셨지만 이제 세세토록 살아 영원한 생명의 빛을 비추신다. 이제 높임 받으신 주님에게는 영광의 빛만 충만하다. 주 하나님이 친히 비추시기에 천국에는 밤도 없고 등불과 햇빛도 쓸데없다. 요한은 태양보다 더 밝고 빛난 주님의 영광을 단지 '해같이'라 표현할 수밖에 없었다.

'처음이요 나중'은 주님의 신성과 영원성 그리고 하나님의 절대주권을 나타낸다. 주님은 또 다른 마지막이 없는 시작이요 또 다른 시작이 없는 마지막이다. 그분만이 창조자요 구원자며 심판자이시다. 창조는 세상의 처음이지만 하나님은 창조 이전부터 계셨다. 종말은 세상의 끝이지만 하나님은 창조 이후에도 계신다. 인간적 관점에서 시작과 끝으로 묘사했으나 하나님은 시종이 없는 영원 자존자다. '산 자'는 하나님의 또 다른 호칭이다. 구약에서는 '살아계신 하나님', '사시는 하나님', '사신 하나님'으로 불렀다.

요한이 '본 것'은 영화로우신 인자의 모습이요 오른손에 붙들린 일곱 별의 비밀과 일곱 금 촛대(1:20)다. '이제 있는 일'은 2-3장에 나타난 교회의 현상들이다. '장차 될 일'은 4장 1절부터 22장 5절에 나타난 예언적 계시다. 별과 촛대는 어둠이 깃든 곳에 필요하다. 별은 세상을 비추나 촛대는 성소 안을 비춘다. 촛대 자체는 빛이 아니다. 교회는 발광체가 아니라 반사체다. 주님이 유일한 발광체다. 교회는 세상의 빛이신 그리스도를 모신 촛대다.

왜 여섯이나 여덟이 아닌 '일곱 금 촛대'일까? 일곱이 완전수라면 일곱 금 촛대는 모든 교회를 상징하는 것일까? 당시의 역사적 정황 속에서 편지를 받아야 했던 일곱 교회는 특정한 교회이면서 온 세상의 교회를 상징한다.

2. 일곱 편지(2:1-3:22)

요한은 소아시아 지역에 고리처럼 산재한 일곱 교회에게 편지를 썼다. 그것은 주님으로부터 받은 지엄한 명령이었다. 주님은 요한에게 써 보낼 메시지의 내용을 분명하게 보여 주셨다. 요한은 자신이 보고 들은 내용을 가감 없이 기록하여 당시의 박해 중에 고군분투하던 교회들에게 보냈다.

스코필드는 일곱 교회가 교회 탄생 이후부터 전 시대에 걸쳐 나타난 모든 교회를 대표한다고 보았다. 세속 역사 속에 기독교 역사를 일궈나간 모습을 일곱 교회에 적용했고 종말론적 의미에서 미래의 교회 시대를 포함시켰다.

교회	시대	시기	특징적 사건
에베소	사도	100년 이전	니골라 당(유대주의+이교주의): 가룟 유다, 아나니아, 마술사 시몬, 데마, 디오드레베
서머나	박해	100-313	10일: 303-313(디오클레시안 칙령으로부터 콘스탄티누스 칙령 발표까지)
버가모	황제교회	313-590	
두아디라	교황권	590-1517	이세벨: 가톨릭제도 일어남, 특별제사직과 우상숭배 강요
사데	종교개혁	1517-1730	종교개혁: 두아디라에 대한 하나님의 반응
빌라델비아	선교사	1730-1900	개혁 후 경건주의, 청교도, 감리교도, 100년간 대부흥운동(대각성운동)
라오디게아	배역	1900 이후	평신도계급 부상, 설교는 대중 기호에 편승

일곱 교회에 보낸 편지는 저마다 특징이 있는데 내용에 따라

정리하면 다음과 같은 도식으로 비교할 수 있다.

	칭찬 (Praise)	책망 (Reproof)	훈계 (Precept)	약속 (Promise)
에베소	선행, 수고와 인내 악을 미워하고 드러냄	처음 사랑을 버림	회상 (Remember!) 회개(Repent!) 회복(Restore!)	생명나무의 과일
서머나	환난과 궁핍을 견딤	없음	죽도록 충성함	둘째 사망의 면제
버가모	믿음을 굳게 지킴	발람의 교훈 지킴 니골라당의 교훈 지킴	회개하라	감추어진 만나 새 이름 적힌 흰 돌
두아디라	처음보다 나중 나음 사업, 사랑, 믿음, 섬김, 인내	이세벨의 용납 (우상 제물과 행음)	회개하라! 믿음을 굳게 잡으라!	철장권세 새벽별
사데	정결하고 합당한 소수	유명무실의 죽은 자	생각하고 회개하라! 죽게 된 것 굳게 하라!	흰옷 생명책에 녹명됨
빌라델비아	말씀 굳게 지킴 주님을 배반치 않음	없음	가진 것 굳게 잡으라!	성전 기둥이 됨
라오디게아	없음	미지근함 무지함	열심을 내라! 회개하라!	보좌에 함께 앉음

일곱 편지는 구조적인 측면에서도 유사점과 더불어 차이점을 보인다. 일곱 교회에 나타나신 주님의 모습이 다르고 다섯 칭찬과 두 책망(五稱二責), 세 책망과 두 교훈(三責二訓), 여섯 책망과 하나의 칭찬(六責一稱)처럼 구별을 보인다. 앞의 네 교회에

는 선언이 먼저고 이기는 자에 대한 약속이 나중인데 뒤의 세 교회에는 이것이 역순으로 되었다.

	주님 묘사	五稱二責	三責二訓	六責一稱
에베소	7별, 7금촛대 가진 이	칭찬	책망	훈계(회개)
서머나	시작과 끝, 부활의 주	칭찬	책망 없음	훈계(격려)
버가모	양날 선 검 가진 분	칭찬	책망	훈계(회개)
두아디라	불꽃같은 눈의 하나님 아들	칭찬	책망	훈계(회개)
사데	7영, 7별 가진 이	책망	훈계(회개)	칭찬
빌라델비아	다윗의 열쇠 가진 이	칭찬	책망 없음	훈계(격려)
라오디게아	아멘, 증인, 창조의 근본	책망	훈계(격려)	훈계(격려)

	삼선사약(三宣四約)	삼약사선(三約四宣)
에베소	"귀 있는 자……" 선언	이기는 자에 대한 약속
서머나	"귀 있는 자……" 선언	이기는 자에 대한 약속
버가모	"귀 있는 자……" 선언	이기는 자에 대한 약속
두아디라	이기는 자에 대한 약속	"귀 있는 자……" 선언
사데	이기는 자에 대한 약속	"귀 있는 자……" 선언
빌라델비아	이기는 자에 대한 약속	"귀 있는 자……" 선언
라오디게아	이기는 자에 대한 약속	"귀 있는 자……" 선언

세대주의적 관점에서는 일곱 편지를 마태복음 13장의 천국 비유와 비교한다.

마 13장	계 2-3장	이름 뜻	기간	특징
씨 뿌림	에베소	갈망함	오순절-100	교회 탄생, 조직, 전도의 시대
알곡과 가라지	서머나	몰약	네로-300	박해, 원수의 출현시대
겨자씨	버가모	중혼	300-800	급성장, 세속 권력과 밀월 교황권 확립 (중세암흑시대)
누룩	두아디라	계속 제사	800-1517	교리 부패, 교회 타락 (중세암흑)
감추어진 보화	사데	남은 자	개혁시대	교황권 침해 국가교회의 발흥
진주	빌라델비아	형제 사랑	말세	말세의 참된 교회들
그물	라오디게아	백성 통치	말세	배도

일곱 교회의 도시 역사, 종교, 초대 교회와의 관계, 중심 메시지를 살펴보면 다음과 같다.

A. 에베소 교회(2:1-8)

역사: 에베소는 현재 터키의 서부 해안에 해당한다. 바울 당시 에베소는 아시아의 관문이요 세 개의 무역로가 집중된 무역항이었다. 자유 도시였던 에베소는 경제적으로 번성했고 자의식이 강한 주민들은 도시의 중심부에 최대 25,000명의 수용이 가능한 대극장을 비롯해 원형경기장과 음악당, 도서관과 광장을 건립하여 커다란 행사를 치렀다. 에베소는 학문과 예술의 전당이요 정치, 경제, 종교의 중심지였다. 로마 총독이 부임할 때는 반드시 에베소에 정박해 자기 관저로 향했다. 람제이 경은 이곳을 '변화의 도시'라 불렀다.

종교: 헬라인들의 이주 전에는 원주민들이 신들의 어머니 시벨레를 섬겼고 주전 6세기경 파르테논 신전보다 4배나 큰 아르테미스 신전을 건설했다. 20m 높이의 원주만 120개에 달한 이 건물은 2km 이상 길게 뻗었다. 로마 제국 때는 황제숭배의 중심지로서 아우구스투스 황제의 신상이 세워졌고 나중에 네로, 클라우디우스, 하드리아누스, 세베루스의 신전도 추가로 건립되었다. 에베소는 '신전 수호자의 도시'란 칭호를 네 번이나 수여받았다. 에베소에는 이방 종교가 득세했고 미신과 마술이 흥왕했으며 종교적 혼합주의가 강했다.

초대 교회와의 관계: 에베소에 복음이 전해진 것은 51년 겨울, 2차 선교 여행 때 바울이 남겨둔 브리스길라, 아굴라 부부에 의해서였다. 바울은 2차 선교여행 때의 약속에 따라 에베소를 재방문하여 2-3년간 머물며 복음을 전했고 핍박을 받았으나 선교적 승리를 맛보았다. 처음에는 회당을 찾아다니며 복음을 전하다 두란노 서원에서 논쟁도 하며 에베소를 전 아시아 지역 복음화를 위한 전초기지로 삼으려 했다. 바울은 에베소에서 고린도의 소식을 듣고 두 개의 서신을 썼다. 이곳에서 바울은 두세 번 수감되었다.

메시지: 편지의 첫 수신자는 에베소 교회인데 그렇게 한 까닭은 '배달의 출발지'라는 지리적 이유와 함께 요한이 에베소 교회와 매우 친밀한 관계에 있었기 때문이다. 에베소 교회에 인사말을 건네는 분은 주님 자신이다. 에베소 교회는 신앙적인 성실성이 남달랐고 교회를 섬김에 탁월함을 보였다. 물론 수고의 원천은 사랑이었다. 그들은 영웅적인 인내로 온갖 어려움을 견디며 참았다. 하나님의 영광과 주님의 이름을 위해서였다.

그들은 고유의 분별력으로 니골라 당의 악함을 간파하여 지혜롭게 대처했다. 교회를 어지럽히는 무리 중에 '자칭 사도'가 있었는데 이들에 대해서는 니골라 당, 유대주의자, 바울의 제자, 영지주의자, 교권주의자들로 거론되지만 당시에 순회전도자들을 사도라 칭한 점으로 볼 때 니골라 당으로 보는 것이 옳다.

에베소 교회는 예수의 이름을 위하여 열심히 일했고 부지런히 살았다. 에베소 교회는 주의 일을 행하면서 피곤한 상황이 와도 전혀 피곤한 줄을 몰랐다. 지칠 줄 모르는 부지런함이 엄습하는 피곤을 내쫓았다. 거짓 교사와의 영적 싸움에 지칠 만도 했지만 에베소 교회는 부지런함으로 영의 곤고함을 맞받아쳤다. '게으르지 않음'은 부지런함보다 더욱 강력한 의미를 풍긴다. 그들은 진리의 바른 정통을 붙들고 이단의 풍조가 스며들지 못하게 하였으며 영적 각성 상태를 계속 유지할 수 있었다.

칭찬일색이었던 에베소 교회에 책망이 가해졌다. 그들이 비록 신앙적 순결성으로 기독교의 진리를 옹호하고 거짓 사도들을 분별하며 교회의 순수성을 지켰지만 결정적인 약점이 있었다. 그들은 첫사랑을 잃었다. 에베소 교회는 거짓 선지자와 이단적 가르침을 경계하고 증오하는 동안 자신도 모르게 마음이 굳어져서 형제에 대한 사랑이 식었다.

교리적 순수를 지키고자 형제 사랑을 잃었으니 작은 것을 지키려다 큰 것을 잃은 셈이었다. 그들은 종교적 현실주의에 빠져 하나님 사랑도 형식주의가 되고 형제 사랑도 빈 껍질만 남았다. 가장 소중한 사랑의 능력을 잃은 에베소 교회는 생명 없는 정통주의에 빠졌다. 그들은 믿음의 선진들이 남긴 유산의 알맹이를 잃었다. 이 '첫사랑'이 무엇이었을까? 영혼에 대한 긍휼의 마음에 불타 때를 얻으나 못 얻으나 항상 복음 전하기에 힘쓰던 열정이었다. 그들은 교리 수호에 전념하느라 세상을 향한 보다 공격적인 복음 전파를 열심히 하지 못했다.

'이긴다'는 단어가 계시록에 자주 나온다. 이김은 주님께 대한 사랑과 충성의 결과다. 지상의 원수들과 싸워 이긴 것이 아니라 끝까지 그리스도께 충성함으로 획득한 승리이며 이것은 주님 자신의 승리와 같다. 승리의 정신은 십자가다. 이김의 절정은 순교자의 죽음이다. 기독교적인 승리의 비결은 십자가 이상도 이하도 아니다.

계시록은 결국 주님의 승리와 교회의 승리에 대한 종합 보고서다. 성도의 승리는 승리의 원천이신 하나님의 도움으로 이기는 은총적 승리다. 은총을 끌어당기는 힘은 믿음이다. 일곱 교회의 이기는 자들이 받을 상급은 제각기 다른 내용을 담고 있지만 결국 이기는 자들이 하나님의 아들이 되고 하나님이 그들의 하나님이 되는 유업 상속으로 귀결된다.

성도는 사탄과의 싸움에서 이기도록 택함 받은 것이 아니다. 성도는 그리스도께서 이루신 승리를 마지막 순간까지 지키도록 선택되었다. 궁극적인 승리는 어린양을 통해 성취된다. 이 승리는 이미 영원 전부터 계획된 것으로 과거에 이루어진 역사적 사실이다. 과거의 승리로 미래를 위한 승리의 닻이 이미 내려졌다. 일곱 교회의 이기는 자들은 모두 같은 승리의 토대 위에서 각기 다른 약속을 받는다. 일곱 교회마다 다르게 표현되었지만 본질상 이기는 자는 누구나 같은 약속을 한 덩어리로 받는다.

이기는 자에게 주어진 '낙원'은 '여호와의 동산'이며 에덴동산이다. 어떤 랍비는 '아담의 낙원', '하늘에 있는 의인들의 중간 보상용으로서의 낙원', '예루살렘 근처의 종말론적인 낙원'처럼 세 개의 낙원을 말했다. 신약에는 낙원을 복된 죽음의 상태로 여기는데 낙원은 천국과 차이가 있다. 잃어버린 낙원은 천년왕국을 통해 실현된다. '생명나무의 과실'은 하나님 나라에서 누릴 영원한 생명의 약속으로서 하나님 자신에 대한 상징이다. 에덴동산의 중앙에 놓였던 두 그루의 나무 중 하나가 바로 생명나무다. 생명나무의 과실은 먹을 자유가 있었음에도 먹지 않아 영원한 금단의 열매로 남겨졌다.

B. 서머나 교회(2:8-11)

역사: 에베소 북쪽 35마일, 버가모 남쪽 45마일 지점에 위치한 자연항으로 에베소 다음 가는 도시였다. 터키 제2의 도시 이즈밀(Izmir)이란 이름으로 유일하게 현존한다. 문화가 번성하여 '아시아 제일'의 칭호를 두고 에베소, 버가모와 다투었다. '아시아의 장신구'로 불린 서머나는 유흥과 환락의 도시였다. 운동경기로 유명했고 스타디엄, 도서관, 아시아 최대 규모의 공중극장을 자랑했다. 일찍 로마 제국과 제휴해 해운업의 중심지가 되었고 정치적으로는 자유도시였다. 람제이 경은 이곳을 '생명의 도시'라 불렀다.

종교: 역사가 타키투스에 의하면 주전 195년 셀류키드 왕국이 여전히 전성기일 때 서머나인들은 로마 여신의 신전을 세워 제사를 드렸고 로마 황제를 위한 신전이 최초로 세워진 황제숭배의 중심지였다. 서머나에는 다양한 신전들이 있었으나 주민들은 술의 신 박커스를 열광적으로 섬겼다. 서머나에는 시대의

흐름에 따라 이교주의가 끊임없이 깊숙하게 침투했다.

초대 교회와의 관계: 3차 선교여행 당시 바울이 에베소에 머물면서 복음을 전해 모든 아시아인이 복음을 들었을 때 서머나 교회도 세워졌을 것이다.

메시지: '서머나'란 '쓰다'는 뜻인데 칠십인 역에는 '몰약'으로 번역되었다. 이 이름은 성도들이 처한 순교적 상황과 잘 어울렸다. 비단 서머나의 감독 폴리캅만이 아니라 신자들에 대한 대대적인 처형이 있었다. 절박한 위기상황에 놓인 그들에게 주님의 위로는 단비 같았다. 주님은 서머나 교회를 위로하기 위해 찾아오셨다. 그들을 향한 칭찬과 격려에는 주님의 자부심과 애정이 담뿍 묻어 있다. 흠잡을 데 없는 그들의 영적 현실은 영원한 생명의 약속에서 더욱 빛난다.

그런 그들에게도 고난의 분량은 여전히 남았다. 주님은 서머나 교회가 이전의 박해에서도 주님께 신실했듯이 장차 닥쳐올 환난에서도 잘 견딜 것을 믿으며 그들을 지속적인 경성의 삶으로 이끄셨다.

서머나 교회의 궁핍은 라오디게아 교회의 부유함과 극명한 대조를 보인다. 라오디게아 교회는 부요해도 가난했으나 서머나 교회는 가난해도 부요했다. 풍요와 비천에 처할 수 있도록 그들은 이미 부요의 원천이신 주님으로 채워졌다. 환난은 신앙적 박해를, 궁핍은 그로 인한 실생활에서의 어려움을 뜻한다. 1세기경 대부분의 박해와 저항은 유대인들로부터 왔다.

서머나 교회는 적대자들의 훼방으로 인해 극심한 환난과 빈곤에 처했다. 삶은 고달프고 영혼은 곤고했지만 그들의 영은 한없이 풍요로웠다. 복음을 위해, 주님의 이름 까닭에 가난을 겪었던 그들은 하늘에 모든 보화를 쌓아갔다. 그들의 가난은 재앙이 아니라 축복의 증거였고 역설적으로 핍박은 그들이 기뻐할 이유였다. 서머나 교회 성도들은 죽어서도 순교자를 낼 만큼 거의가 영웅적 믿음의 싸움에서 죽을 각오로 임해 살아 있는 순교자가 되었다.

서머나 교회는 박해의 환경에서 전혀 두려워하지 말 것을 권고 받는다. 지난날의 주를 위한 고난은 훈장이 될 수 없고 현재의 고난만으로도 만족할 수 없다. 고난은 미래에도 계속된다. 고난의 발화점을 찾기란 어렵다. 인간은 늘 고난에 열려 있는 존재다. 고난을 믿음으로 극복했다고 해서 고난 없는 미래가 보장되는 것은 아니다. 삶의 모든 부분에는 고난이 섞여 있다. 고난에서 자유로운 순간은 없다. 인생은 고난을 위해 났다.

주님의 제자가 됨은 고난을 자취함이다. 빈곤과 감옥과 죽음의 길도 사양치 않겠다는 결의다. 크리스천이 된다 함은 고백만이 아니라 실제적이고 행위가 수반되는 희생을 의미한다. 경건하게 살려는 자는 누구든지 고난을 받는다. 고난은 하나님께서 우리에게 은혜를 주신 목적이다. 피할 수 없다고 해서 고난이 두려움의 대상이 되는 것은 아니다. 신자는 고난의 현실을 회피하거나 공포에 눌리지 않는다. 오히려 고난에 적극적으로 대처하고 주님의 고난에 동참한다는 차원에서 기쁨으로 감수한다.

서머나 교회는 유대인들과 이교 세력으로부터 고난당했다. 그들의 배후에는 마귀가 있었다. 서머나 교회가 받을 '10일' 동안의 시험은 정도에 있어 완전하고 기간에 있어 짧음을 뜻한다. 10일을 로마 황제들에 의한 십대 박해(네로, 도미티아누스, 트라야누스, 하드리아누스, 마르쿠스 아우렐리우스, 셉티미우스 세베루스,

막시미누스, 데키우스, 발레리아누스, 디오클레티아누스, 갈레리우스)로 해석하지만 계시록의 집필 시기를 고려하면 부적합하다. '십 일'을 예언적 기일로 간주해(하루=일 년) '십 년'으로 볼 수 있다. 디오클레티아누스 황제나 도미티아누스 황제의 박해 기간도 10년이었다. '십 일'은 고난의 시간이 상당히 짧음을 강조한 표현으로 보는 것이 옳다. 고난은 혹독해도 결코 길지 않다. 시작이 있듯 끝이 있다. 때때로 고난은 성도의 영적 성숙을 위한 하나님의 도구로 사용되나 성도가 숙명처럼 짊어져야 할 짐은 아니다. '십 일'이란 길지 않지만 신앙의 순도를 검증하기에는 충분히 넉넉하다. 십 일의 환난은 온 세상에 불어 닥칠 대규모의 환난과 구별된 지엽적이고 일시적인 환난이다.

성도는 환난에 직면하여도 죽도록 충성한다. '죽도록'이란 '죽기까지', '죽음의 순간에 이른다 해도'의 뜻이다. 이는 충성의 기간이 아니라 정도를 나타내는 표현이다. 성도는 죽음의 위협 앞에서도 위축되지 않는다. 그것이 주님께 충성함이요 신실함의 증표다. 이는 모든 성도가 순교해야 한다는 원칙이 아니며 공동체로서의 교회가 그런 자세를 견결히 유지해야 한다는 취지다. 죽도록 충성하는 자에게는 '생명의 면류관'이 약속된다. 이것은 주님을 사랑하는 자들에게 주신 약속이다.

이기는 자는 결코 둘째 사망을 당하지 않는다. 그에게는 생명의 면류관이 주어진다. 둘째 사망이란 영원한 죽음을 말한다. 영원한 죽음이란 모든 것이 소멸되고 잊히는 그런 상태가 아니라 죽음의 고통을 인식하면서 영원히 고통을 당하는 그러한 죽음이다.

C. 버가모 교회(2:12-17)

역사: 캐이커스 강의 비옥한 계곡이 내려다보이는 언덕의 전망 좋은 곳에 위치해 있었다. 내륙도시라는 지리적 여건으로 인하여 에베소나 서머나처럼 주요 상업도시로 발전하지는 못했다. 반면에 종교와 정치의 중심지로는 각광을 받았다. 현재 터키의 서부 지역에 버가마라는 소읍이 남아 있다. 람제이 경은 이곳을 '고귀한 도시, 권위의 도시'라 불렀다.

종교상: 주전 약 29년 로마 여신과 황제 아우구스투스를 위한 신전이 세워져 갈망하던 '신전 수호자'의 칭호를 최초로 획득했다. 트라야누스 신전과 세베루스 신전까지 세워 세 황제의 신전을 섬겼다. 300m 높이의 아크로폴리스 안에 많은 신전과 이방 신상을 세웠다. 버가모인들이 섬긴 2대 신은 황소로 상징된 황실의 수호신 디오니소스와 치료의 뱀신 아스클레피우스였다.

초대 교회와의 관계: 기독교의 복음이 언제, 어떻게 버가모에 전해졌는지는 알 수 없다. 다만 1세기 중엽을 지나며 신자들이 생겨난 것으로 추정한다. 요한3서에 언급된 가이오가 버가모의 초대 감독이며 후임은 존경받던 치과 의사로서, 뜨겁게 달군 황소 형상의 놋쇠 안에서 순교한 안디바였다.

메시지: 버가모 교회에 나타나신 이는 '좌우에 날 선(이한) 검'을 지닌 분이다. 이 칼은 그리스도의 말씀이 지닌 능력과 원수를 제압하시는 권세를 상징한다. 주님은 그들이 어디 살고 있는지 잘 아셨다. 버가모에는 사탄의 위가 있었다. 이는 사탄의 영적 사령부가 위치한 곳이다. 여기에서 온갖 술수와 불의한 계책이 논의되고 결정되며 실행에 옮겨진다. 이곳에서 순교자가 일어났다. 버가모는 단순히 사탄의 거처일 뿐만 아니라

사탄이 실질적인 힘을 발휘하는 권세의 장소였다. 실제적으로 버가모는 우상으로 꽉 찬 도시였다. 뱀의 형상을 한 주신 아스클레피우스의 신상은 버가모 교회 성도들에게 사탄의 상징으로 간주되기에 충분했다. 그들은 이 신전에서 향불 피우기를 거절했기에 안디바의 뒤를 이어 죽음에 내던져질 수밖에 없었다.

버가모 교회 성도들은 '시저는 주'가 아니라 '예수는 주'란 믿음을 꽉 붙들고 놓치지 않았다. 그들은 오로지 존귀하신 주님의 이름만을 옹골차게 붙들었다. 주님의 이름을 굳게 잡음이 곧 충성된 믿음이다. 그것은 단순히 이름만이 아니라 이름이 지니고 있는 권세와 능력, 은혜와 축복, 기적과 영광을 아우른다. 이름에 담긴 그분의 신성과 주권을 포함한다. 안디바는 이런 신앙의 한 모델로서 영웅적인 순교의 제물이 되었다. 안디바(Ἀντιπας)란 이름은 안티파트로스의 약자로서 '모든(파스 πᾶς) 것을 대적하는(안티 ἀντί) 자'를 뜻한다. 안디바는 주님의 충성된 증인으로 모든 악을 대적하였다.

버가모 교회는 절박한 위기의 순간에 주님께 대한 믿음을 부인치 않았다. 박해의 물결이 쓰나미처럼 그들을 집어삼킬 듯하고 순교자들이 실제로 생겨나도 그들은 주님 안에서 견고한 믿음으로 버티며 견디었다. 그들은 자신의 운명이 어찌 될지 모르는 매 순간의 위기 상황들 속에서도 믿음의 깃발을 든 손을 내리지 않았다. 하지만 그들에게도 책망할 일이 두어 가지 있었다. 에베소 교회의 경우 '첫사랑의 상실'이라는 한 가지 문제가 있었으나 버가모 교회는 한 가지를 넘어섰다.

그만큼 그들이 처한 영적 상황은 심각했다. 신자들은 믿음을 지켰으나 주변의 이교 활동에 관용적이 되어 자신들의 영적인 기반을 위태롭게 했다. 이것은 매우 우려할 일이었다. 문제는 그들을 배교로 이끄는 이교적 활동들이 외부가 아니라 그들 내부에 똬리를 틀고 있었다는 점이다.

그들 중에는 발람의 교훈을 지키는 자들이 있었다. 발람은 불의한 삯으로 어그러진 길로 가서 모압 왕 발락에게 사주되었던 인물이다. 모압 여인들을 통해 이스라엘을 바알브올에게 부속시키는 브올 사건에 연루되었고 이 사건으로 인해 이스라엘은 하나님의 진노로 24,000명이 즉사했다. 발람은 종교혼합주의의 시조였다.

또한 버가모 교회에는 니골라 당의 교훈을 지키는 자들까지 있었다. 버가모 교회는 거짓 가르침에 대한 관용의 태도를 회개해야 했다. 버가모 교회를 향한 책망과 칭찬은 에베소 교회의 경우와 정반대다. 에베소 교회는 니골라 당의 교훈을 이겼는데 버가모는 니골라 당의 교훈에 빠졌다. 에베소 교회는 처음 사랑을 버렸는데 버가모 교회는 처음 믿음을 버리지 않았다. 에베소 교회는 사랑의 영을 잃어버렸고 버가모 교회는 분별의 영을 상실했다.

칭찬의 이유와 책망의 근거가 달라도 회복의 원리는 같았다. 회개였다. 그들은 어긋난 길에서 과감히 돌이켜야 했다. 이 돌이킴은 영적이고 도덕적인 갱신을 포함한다. 회개하지 않으면 파루시아(παρουσία) 이전에 주님의 심판을 맞는다. 심판이 신속하기에 회개도 급속해야 한다. 회개치 않으면 주님과 싸워야 한다.

승리자에게는 삼중 보상이 약속되었다. 첫 번째가 '감추었던 만나'요 둘째가 '흰 돌'이며 세 번째는 '새 이름'이다. 유대인들이 감춰진 만나를 먹음은 메시아 시대의 축복을 누린다는 의미이다. 만나는 하늘에서 내린 생명의 떡인 주님이시다. 만나의 축복은 메시아 왕국이 실현되었을 때 성도들이 새로운 세상으로 들어감인데 성찬을 통해 부분적으로 맛본다. '흰 돌'은 하늘의 연회석으로 들어가는 승리자의 입장권이며, 흰 돌에 새겨진 '새 이름'은 인간의 이름이 아니라 주님의 이름 곧 고난을 통해 배울 수밖에 없는 이름이다.

성경에는 한 사람이 변화하여 새로운 상태나 관계에 들어갔을 때 새 이름을 받았다. 아브람이 아브라함으로, 그의 아내 사래가 사라로, 야곱이 이스라엘로, 요셉이 사브낫바네아로, 솔로몬이 여디디야로, 다니엘과 그의 세 친구 하나냐, 미사엘, 아사랴가 환관장에 의하여 벨드사살, 사드락, 메삭, 아벳느고로 바뀌었다. 신약에서도 시몬이 베드로로, 사울이 바울로 바뀌었다.

D. 두아디라 교회(2:18-29)

역사: 버가모와 사데 한복판인 기다란 계곡의 평원에 위치했다. 소아시아의 수도인 버가모로 가는 전략적인 출입구여서 동방의 침략자가 버가모 왕국을 향할 때는 두아디라가 첫 표적이 되었다. 대다수 언덕 도시들과 달리 평원에 있는 두아디라는 자연적 요새가 될 수 없었다. 일곱 도시 중에 여러 모로 가장 중요하지 않았으나 가장 긴 편지가 보내진 두아디라는 대단한 상업도시였다. 두아디라 성의 자주 장사 루디아에서 보듯 옷감과 염료 산업은 특히 유명했다. 람제이 경은 이곳을 '약함이 강함을 이루는 도시'라 불렀다.

종교상: 두아디라에는 황제숭배의 신전도 없었고 헬라 제신

들을 위한 경배의 중심지도 아니었다. 태양신 아폴로를 주로 섬긴 이곳의 교회에 주님은 '눈이 불꽃같은 하나님의 아들'로 소개되었다.

초대 교회와의 관계: 두아디라 교회의 기원에 대해서는 확실한 정보가 없다. 다만 바울이 에베소에 체재중일 때 그나 회심한 루디아에 의해 세워졌을 것이다. 대개 1세기 중엽 이후에 기독교 공동체가 있었던 것으로 추정된다.

메시지: 주님께서 유일하게 하나님의 아들로 소개된 곳이 두아디라 교회다. '하나님의 아들'이란 표현은 계시록 전체에서 이곳에만 나온다. 도시의 주신인 태양신 아폴로에 비해 '하나님의 아들'이란 칭호는 두아디라 교회에 가장 적절했다. 이 칭호는 로마의 황제를 '신의 아들'이라 불렀던 이방인들에게 주님의 정체성을 알리기에 가장 적합하였다.

두아디라 교회는 하나님과 사람에 대한 사랑과 봉사, 세상의 환난에 대한 인내에 탁월함을 이뤄 에베소의 책망 내용과 대조적이다. 그들의 사랑과 믿음, 그로 인한 섬김과 인내는 계속 성장했다. 그러나 두아디라 교회에 대한 풍부한 칭찬은 곧 뒤따를 책망의 서곡이었다. 그들은 자칭 선지자인 이세벨을 용납했다. 역사적으로 이세벨은 바알 숭배를 이스라엘 천지에 만연시켰고 계시록의 이세벨은 이교 세계와의 타협을 이룬 대가로 번영을 보장받았다.

두아디라 교회는 이세벨의 가르침이 거짓임을 알면서도 관용했다. 사랑의 이름으로 모든 것을 관용함은 성경적 가르침이 아니다. 진리의 경계선은 분명하다. 천국과 지옥을 가르는 경계는 머리카락 한 올보다 가늘다. 두아디라 교회의 결정적인 오점은 거짓된 가르침의 선전원 정도가 아니라 수괴를 용납했다는 사실이다. 그녀는 길드와 연관하여 세속적 타협안을 들고 나와 신자들을 영적으로 더럽혔다. 교회는 그리스도의 신부인데 두아디라 교회는 거짓 가르침에 단호하지 못해 그리스도께 불성실함으로 행음했다.

죄는 반드시 회개해야 한다. 용서는 죄를 감싸는 값싼 은총이 아니라 회개한 죄인을 의롭다 하시는 값비싼 은총이다. 두아디라 교회는 회개하지 않았고 그럴 뜻도 없었다. 그런 그들에게 즉각적인 재앙이 선고되었다. '침상에서 떨어짐'은 병이 든다는 히브리식 표현이다. 환난까지 뒤따를 것을 말했다. 다행히 두아디라 교회에는 소수의 남은 자가 있었다. 그들은 하나님이 남겨두신 씨로서 다른 교훈을 받지 않고 사탄의 깊은 것을 알지 못했다.

이세벨의 세력은 '사탄의 깊은 것'을 안다면서 영의 자유를 만끽했으나 그것은 악령의 영향이었다. 그들은 악이 은총을 무력화시키기에는 은총이 너무 완전하다고 주장하며 이교 사회에 과감히 참여하여 그들의 삶에 동화되는 것을 신자의 의무라 여겼다. 크리스천은 이미 세례를 통해 초자연적인 보호를 받고 있다는 주장이었다. 그들의 견해는 명백한 영지주의의 가르침이었다.

이기는 자들에게는 만국을 다스리는 권세가 약속된다. 성도는 세상에 대한 심판권을 지닌다. 메시아 왕국에서 성도들은 실질적인 통치권을 행사한다. 철장은 참나무 막대기에 철통을 씌운 지팡이인데 이것으로 질그릇을 깨트리듯 다스린다. 성도들이 주님께 받는 통치권은 주님이 십자가의 죽으심으로 아버지에게서 받으신 것이다. 이 권세는 영적 권세만이 아니라 실제의 통치권이다.

주님은 제자들에게 이스라엘의 열두 보좌에 앉아 이 권세를 행사할 것이라 약속하셨다. 이는 사도들만이 아니라 신실한 믿음을 지킨 모든 자에게 수여된 특권이다. 성도는 세상만이 아니라 천사들까지 판단(심판)한다. 주님은 이긴 자들에게 그리스도 자신인 새벽별을 주시겠다고 약속하셨다. 이긴 자는 그리스도와 함께 통치할 뿐 아니라 그리스도 자신을 소유한다. 교회가 촛대고 사자가 별이라면 그리스도는 새벽별이다. 가장 약한 도시였던 두아디라에 가장 강력한 권세가 약속되었다.

E. 사데 교회(3:1-6)

역사: 두아디라 남동쪽 35마일 지점인 트몰루스 산의 능선에서 언덕들이 생선 가시 뼈처럼 뻗어 나온 약 450m 높이의 언덕에 위치했다. 남쪽을 제외한 능선 주위는 거의 수직 암벽이어서 사실상 난공불락의 요새였다. 사데는 면직 무역의 중심지로 에게 해 도서지방의 무역을 관장했고 염료 기술의 발상지다. 상업적으로 번성하고 군사적 전략 도시로 명성을 떨쳤다. 상업적 번성은 도시에 엄청난 부만 아니라 전반적으로 도덕적 타락을 가져왔다. 람제이 경은 이곳을 '죽음의 도시'라 불렀다.

종교상: 사데 북쪽 구역에 240m 높이의 아크로폴리스가 솟아 있고 주위의 가파른 절벽은 유사시에 주민들의 대피소 역할을 하였다. 아르테미스 신전은 완공되지 않았으나 에베소의 유명한 아르테미스 신전만한 크기였다. 사데 인들은 황제숭배에 매우 열성적이었다.

초대 교회와의 관계: 구약성경 목록을 우리에게 전한 첫 신학자인 2세기경 사데 감독 멜톤(Melton)은 황제 마르쿠스 아우렐리우스에게 편지를 써 기독교 신앙을 변호했다. 사데의 기독교 공동체는 14세기 초엽 터키에 점령되면서 급속히 쇠락해졌다. 오늘날엔 사르트(Sart) 마을로 잔존해 있다.

메시지: 주님은 '일곱 별과 일곱 영을 가진 이'로 나타나셨다. 교회(일곱 촛대)만이 아니라 교회의 사자들(일곱 별)도 주님의 손에 있고 성령(일곱 영)도 주님의 손에 있다. 일곱 영은 온 세상에 두루 행하는 여호와 눈으로서 성령의 전지에 대한 묘사다.

사데 교회는 죽지 않았으나 급속히 죽어가는 중에 있었다. 완전한 영적 죽음에 이르지는 않았으나 대다수 신자들은 이교 세력과 타협하여 이름뿐인 신자에 불과했다. 주님의 눈에 사데 교회는 산 이름을 내건 죽은 자였다. 그들은 경건의 겉모습은 있으나 경건의 능력을 부인하는 자요 잎만 무성한 무화과나무였다. 그들은 무기력했고 탄력과 야성을 잃어버린 상태에 놓였다.

사데 교회에도 신실한 핵심 멤버가 있었지만 다른 여섯 교회에 비해 가장 신랄한 책망을 받았다. 육신의 생명은 지속되었지만 영혼은 이미 죽은 상태이고, 산 자의 걸음은 있으나 하나님과의 동행은 없고, 호흡은 있으나 기도는 중단되었고, 사람에게는 인정받았으나 하나님께 인정받지 못했다.

사데 교회가 지킨 것은 생명이 아니라 알맹이가 빠진 껍질만의 이름이었다. 그들이 주님을 사랑하고 교회를 섬긴 과거 행위는 좋은 평판을 얻게 했지만 지금은 이전 같지 않았다. 실제로 사데의 외곽은 음산한 공동묘지로 유명했는데 사데 교회는 생명 공동체의 정체성을 잃어버린 '죽은 자'로서 마치 공동묘지로 채워진 죽음의 도시가 되었다.

사데 교회가 새로워지려면 이름 대신에 생명을 붙들고 생명을 주시는 성령께로 돌이켜야 했다. 사데 교회는 너무도 외적이고 형식적인 신앙생활로 인해 하나님 앞에서 온전함을 이룰 수 없었다. 겉보기에 드러난 중요한 행위도 영적인 무기력함 때문에 항상 하나님의 기준에 불합격이었다. 무게는 가볍고 길이는 짧고 정해진 목표에 미치지 못했다. 부족함이 완연하게 드러났다.

주님은 다섯 가지 명령을 내리셨는데('일깨워라', '굳게 하라', '생각하라', '지키라', '회개하라') 그 첫 번째가 경성이다. 역사적으로 사데는 파수꾼이 잠들어 두 번이나 적에게 점령을 당한 경험이 있었다. 만일 그들이 깨어 있지 않으면 도둑같이 오시는 주님과 마주친다. 주님은 지상에서 가장 고귀한 영혼들을 탈취하시려고 도둑같이 오신다.

도둑같이 오심은 재림의 돌발성보다 불예기성을 강조한 말이다. 주님은 전혀 예기치 않은 때 갑자기 오신다. 그래도 사데에는 옷을 더럽히지 않은 자가 더러 있었다. 보편적인 오염의 때에도 정결을 유지한 소수의 무리가 있어 부패한 시대에 교회의 소망이 된다. 신자의 도덕적 순결은 영적 사귐을 위해 반드시 요구된다. 히브리인들은 성결을 영혼의 의복으로 여겼고 악행으로 인해 옷이 더럽혀진다고 보았다.

이기는 자에게는 흰 옷을 입고 주님과 함께 다닐 것이 약속되었다. 흰 색은 천상의 정결과 승리를 표시한다. "나와 함께 다니리니"는 에녹이 300년간 하나님과 동행했던 것처럼 영광의 약속이다. 그들은 합당한 삶을 살았기에 합당한 자라 불린다. 그들이 합당한 이유는 정결함과 거룩함을 지켰고 행위를 온전케 했기 때문이다. 그들이 주님과 함께 다닐 수 있음은 주님을 닮았기 때문이다.

그들의 이름은 생명책에서 반드시 흐려지지 않는다. '생명책'에는 의인의 이름만 기록된다. 이 '책'은 주님의 손에 들려 있다. 주님은 이기는 자의 이름을 생명책에서 지우지 않으실 뿐더러 적극적으로 그 이름을 시인해 주신다. 그것도 전능하신 하나님 앞과 거룩한 천사들 앞에서 공개적으로 증언하신다. "너는 내 몸의 지체다, 나의 신실한 종이다, 나의 요나단이다, 나의 신부다, 옥에 있을 때 돌아보고 병들었을 때에 찾아왔으며 나그네 되었을 때에 돌보아 주었노라" 하고 증언하실 때 참으로 그 기쁨은 한량없을 것이다.

F. 빌라델비아 교회(3:7-13)

역사: 트몰루스 산을 향한 넓은 계곡에서 위쪽으로 완만히 경사진 작은 언덕, 헤르무스 강 지류의 코가미스 계곡으로부터 남쪽 고원지대에 위치했다. 뒷 언덕이 붉다 하여 '붉은 도시'라 불린 오늘날의 알라세히르다. 포도주 경작은 직물업이나 피혁 산업과 함께 도시 번영에 크게 기여했다. 지형학적으로 강력한 요새며 1세기 로마의 치하에서 동방으로 연결되는 '황제의 우편로'로 명성이 자자했다. 람제이 경은 이곳을 '선교사의 도시'라 불렀다.

종교상: 이방 종교가 득세하였던 곳이다. 술의 신 박카스(헬라 신화에서는 디오니소스에 해당함) 숭배가 두드러졌고 당시의 동전에는 박카스 또는 박카스 신의 여사제 형상이 새겨져 있었다.

초대 교회와의 관계: 빌라델비아 교회의 기원에 대해서는 아무런 정보가 없지만 100-160년경 이 교회는 선지자 아가보와 빌립의 네 딸에 비교될 만큼 예언의 은사가 아주 강했던 암니아란 여선지자의 사역으로 크게 번성했다. 빌라델비아 초대 감독은 사도 요한이 임명한 데메트리우스였다.

메시지: 빌라델비아 교회는 외형적으로 초라했으나 내적으로 훌륭한 신자들로 구성되었다. 빌라델비아 교회는 서머나 교회처럼 책망 없이 칭찬만 주어졌다. 자칭 유대인들에게 수난을 당하였고 로마 정부로 인한 박해도 받았다. 사탄의 회를 극복했으며 면류관을 약속받았다. 빌라델비아 교회의 주요 문제는 이방 종교들로 인한 것이라기보다는 적대적인 유대인 집단에 의해 당하는 시련이었다. 또한 빌라델비아 교회의 교인들은 당시의 지진으로 인해 자주 성문 밖으로 탈출해야 했다.

주님은 거룩하고 진실하신 분으로 나타나셨다. 주님은 스스로 구별되시며 자신의 언약에 충실하시다. 또 주님은 다윗의 열쇠를 가지셨다. 열쇠는 권위의 상징으로 메시아 왕국에서의 능력과 권위를 나타낸다. 하늘과 땅의 권세를 지닌 주님은 음부의 열쇠도 지니셨으며 그 권위를 장차 행사하신다. 열면 닫을 자가 없는 주님께서 그들 앞에 열린 문을 두셨다. 이 열린 문은 선교 기회의 문이며 메시아의 영광이 가득한 하나님의 왕국으로 들어가는 입구다.

빌라델비아 교회가 지닌 능력은 보잘것없었다. '적은 능력'이란 외적 환경에서의 열악함, 정치적 영향력이나 사회적 위치에서의 미약함, 수에 있어 소수요, 부에 있어 가난함이나 세상적인 자원에 있어 부족함, 지혜의 경험이나 정치적 권위와 영향력에 있어서의 연약함으로 이해할 수 있다. 하나님은 그들의 약함을 사용하셨다.

빌라델비아 교회는 다방면에서 적은 자원을 가졌지만 이를 잘 활용하여 그리스도의 말씀을 지켰고 그리스도의 이름을 배반치 않았다. 그런 그들에게 주님은 종말론적인 승리와 사랑하시는 증거, 그리고 시험의 때를 면케 하시겠다고 보장하셨다. 성도는 주님의 인내의 말씀을 지키고 주님은 그 성도를 지킨다. 빌라델비아 교회의 성도들을 무엇으로부터 지키며 무엇으로부터 제거시킨다는 의미인가?

하나님은 경건한 자를 시험에 내버려두지 않으시고 반드시 건지신다. 의인 욥이 지옥 문턱에서 자신의 순전을 지키며 슬픈 눈으로 하늘의 하나님을 앙망할 때 붕괴 직전에서 그를 건져주셨다. 약속에 대한 믿음이 희미해지고 실족하게 되었을 때 하나님은 아브라함에게 약속의 씨를 주셨다. 엘리사가 도단 성에 갇혀 겹겹이 포위되었을 때 하나님께서는 천군 천사를 동원하셔서 그를 건지셨다.

주님은 경건한 자를 시험에서 건지신다. 소돔 주민들의 불법한 행실을 보며 의로운 심령을 상하던 롯을 하나님께서 건져주셨다. 빌라델비아 교회는 최후까지 작은 능력을 가지고도 믿음으로 주님의 말씀을 지키면서 주님의 이름을 배반하지 않았다. 이런 그들을 향하신 주님의 배려는 그들을 지켜 시험의 때를 면하게 하시는 것이었다.

'시험의 때'는 4장 이후에 있을 미래적인 사건으로 보는 것이 옳다. 이것은 종말의 때에 일어날 세계적인 현상으로서 일반적인 시련보다 특별한 환난이다. 대환난에는 두 국면이 있는데 하나는 적그리스도에 의한 교회의 박해요 다른 하나는 하나님의 심판이 부어짐이다. 대상은 '땅에 거하는 자들'로서 신자와 구별되는 불신자, 이교 세계, 하나님의 인을 맞지 않은 이들이다. '면케 함'을 휴거와 연관하여 해석하면 성도들은 환난을 통과하지 않고 휴거한다.

"시험의 때를 면하게 하리니"란 표현은 시험을 통과하면서 보호한다는 의미가 아니라 시험이 일어나는 곳에서 완전히 격리되어 보호된다는 뜻이다. 이 면제는 주님께서 오실 때 동시적으로 일어난다. 전 지구적인 시련이 들이닥칠 때 성도는 안전한 천상에서 보호되기에 시험에서 면제됨이 분명하다. 교회에 대한 주님의 약속은 휴거든, 통과든 완전한 보호다.

계시록의 중심은 재림이다. 주님은 지체치 않고 속히 오신다. 에베소, 버가모, 사데 교회는 모두 심판과 경고의 오심이었으나 빌라델비아 교회는 축복과 위로의 오심이다. 주님께서 오시는 것은 신실한 자들에게는 축복과 기쁨이지만 불충한 자들에게는 환난과 책벌의 순간이다. 주님이 오시면 성도의 인내가 끝난다. 성도의 믿음은 완성되고 소망은 실현되며 사랑이 일체를 이룬다. 여기의 임하심은 육체적인 강림과 다르다. 6-18장에 묘사된 재림 이전의 사건들보다 앞섰기 때문이다.

빌라델비아 교회가 할 일은 하나님 말씀에 대한 복종과 주님의 이름을 굳게 잡는 것이다. 면류관을 빼앗기지 않으려면 그래야 한다. 영생과 구원의 면류관은 주님 안에서만 안전하다. 신실치 못하면 면류관을 빼앗긴다. 성경에는 신실함을 지키지 못해 면류관을 빼앗긴 인물들이 많다. 에서는 야곱에게, 르우벤은 유다에게, 사울 왕은 다윗에게, 엘리는 사무엘에게, 셉나는 엘리야김에게, 요압 장군과 아비아달 제사장은 브나야와 사독에게, 유다는 맛디아에게, 유대인은 이방인에게 면류관을 빼앗겼다.

이기는 자에게는 하나님 성전의 기둥이 되게 하시겠다고 약속하셨다. '하나님 성전'은 하나님이 친히 거하시는 장소다. 야고보와 게바와 요한은 예루살렘 교회의 기둥이었다. 기둥은 안정성과 영구성을 뜻한다. 빌라델비아 주민들은 잦은 지진으로 인해 성을 자주 들락거렸다. 솔로몬 성전에는 '야긴'과 '보아스'라는 이름이 새겨진 두 기둥이 있었다. 이긴 자에게는 메시아적 사명을 완수하신 그리스도께 속한 새 이름을 주신다. 새롭고 영구한 도성으로서 예루살렘의 새 이름을 주신다. 그러나 하나님의 이름은 새 이름이 아니다. 옛 이름이나 새 이름으로 구분할 수 없는 영원한 하나의 이름 '야훼'(YHWH)가 있을 뿐이다. 이름을 받음은 이름의 주인공에게 속함을 뜻한다. 승리자는 하나님의 자녀로서 하나님께 속하고 예수 그리스도의 신부로서 그리스도께 속하며 천국시민으로서 새 예루살렘에 속한다.

G. 라오디게아 교회(3:14-22)

역사: 브루기아 남서쪽 메안더 강 지류인 리쿠스의 남쪽 기슭의 비옥한 계곡에 위치했다. 세 개의 주도로가 마주치는 교통 요지로서 해안으로 진출하려던 대상들이 즐겨 사용했다. 라오디게아는 은행과 재정의 중심지로서 로마 제국의 전략적 보호 아래 상업적 번영을 누렸고 부호들이 많았다. 부드럽고 광택 나는 모가 유명했고 값싼 외투를 대량 생산했으며 융단도 명성이 자자했다. 온갖 종류의 상품을 교환하는 장터였고 의료

학교의 중심지였다. 뛰어난 성능의 눈 고약은 '브루기아 산 파우더'로 인기 수출 품목이었다. 정치적으로는 자유도시였다. 람제이 경은 이곳을 '타협의 도시'라 불렀다.

종교상: 나중 의술의 신인 아스클레피우스와 동일시 된 카리안(Carian)의 '멘 카루'가 주신이었으며 최고의 신 제우스도 경배했다. 2세기의 감독 성 시시니우스(Sisinius)와 장로 아르테몬(Artemon)의 사건으로 미루어 볼 때 아폴로와 다이아나 신전도 있었을 것으로 추측된다.

초대 교회와의 관계: 바울이 에베소에 머물던 비교적 초기에 에바브라에 의해 교회가 세워졌을 것이다. 집회 장소는 눔바 집이었다. 바울은 라오디게아 교회에 대해 골로새서에서 4회 언급하지만 방문 여부는 알 수 없다.

메시지: 주님은 아멘('진실')으로 나타나셨다. 이는 라오디게아 교회의 비성실성에 대한 날카로운 대조로 주님의 신실함을 나타낸다. 주님은 또한 충성되고 참된 증인이시다. 충성되고 참되심은 주님의 성품과 증거의 진실성을 보여주는 호칭이다. 주님께 속한 백성은 주님을 위한 참된 증거자가 된다. 입술과 몸의 행실을 통해 모든 삶이 주님의 생명으로 충만하고 성령의 통제 아래 있음을 드러내 보인다.

라오디게아 교회는 차지도 덥지도 않은 미지근함이 최대의 문제였다. '차가움'은 빙점을, '더움'은 비등점을 뜻한다. 라오디게아는 히에라볼리와 골로새 사이에 있었다. 그들은 영적으로 곤한 이에게 골로새의 생수 같은 신선함을 주지 못했으며, 영적으로 병든 이에게 히에라볼리의 온천수처럼 따스한 치료책을 제공하지 못했다. 차지도 덥지도 않은 미지근함은 토함의 대상이었고 회색분자들로 득시글거리는 교회는 이중인격의 온상이었다. 미지근함은 마음이 두 동강 난 것으로 전혀 마음이 내키지 않아 매사에 열의가 없는 상태다. 미지근함은 이교도도 아니고 크리스천도 아닌 어중간한 상태다.

라오디게아 교회의 심각성은 영적 미성숙이 아니라 영적 자만심과 자기만족에 빠진 신앙 태도에 있었다. 사데에는 소수의 정예가 있었지만 라오디게아는 전체 교회가 미지근하여 소수의 정예마저 없는 총체적인 난국이었다. 그들은 자신들이 누리는 현실적 풍요에 눈이 멀고 비뚤어진 자부심으로 인한 영적 마비에 마음이 무뎌졌다. 물질적 풍요에 길들여진 그들은 교회 안에까지 그런 분위기를 끌어들였다. 영적 교만은 영적 자기만족을 낳고 그것이 자라 영적 파멸을 낳는다. 서머나 교회는 가난해도 은총에서 부요했는데 라오디게아 교회는 정반대였다. 그들은 하나님께서 주신 풍요의 복 속에서 '풍요를 주신 하나님'을 잃었다. 부가 화의 근원으로 뒤바뀌었다. 진정한 부요는 하나님에게서 온다. 하나님과 바른 관계를 맺음이 풍요한 삶을 사는 비결이다.

그들 영혼의 곤고함은 난파당한 배와 비슷했다. 그들의 가련함은 바람 빠진 풍선처럼 주님 앞에서 볼품없었다. 그들은 '레미제라블'(비참한 사람들)이었다. 그들의 영적 가난함은 물질적 풍요의 정반대편에 있었다. 그들의 영적 시력은 소경에 가까웠다. 그들은 의의 세마포를 더럽히고 성결의 옷을 입지 못해 벌거벗은 상태에 있었다. 칭찬이나 격려는 한 마디도 없이 주님은 맹폭을 퍼부으셨다. 폭로를 통한 부끄러움이 아니라 그들이 실상을 깨닫고 어린양께 속한 자로 변화되기를 바라서였다.

주님은 호되게 질책하셨지만 따스한 권면을 잊지 않으셨다. 주님은 그들이 굳건한 믿음 가운데 거하기를 바라셨다. 거룩한 옷으로 영혼을 감싸기를 바라셨다. 성령의 기름부음을 통해 밝은 눈을 갖기 바라셨다. 영적 분별력을 잃어버린 그들에게 우선 필요한 것이 영적 분별력이었다. 영적인 마비 증세에서 풀려나 무감각과 무감동의 삶을 청산하고 바른 열정을 회복하려면 눈이 열려야 한다. 엘리사의 종은 눈이 열려 자신들과 함께한 자들이 자신들을 둘러싼 군대보다 많음을 보았다. 엠마오로 향하던 두 제자는 주님이 말씀을 풀고 떡을 뗄 때 비로소 그 눈이 열려 주님을 알아보았다. 바울도 눈의 비늘이 제거되자 잃었던 시력과 함께 영적 식별력을 회복할 수 있었다.

책망과 징계는 사랑의 표현이다. 사랑이 없으면 책망도 없고 징계도 불가능하다. 사람은 사특한 마음으로 책망하고 증오 때문에 징계하지만 하나님은 그렇지 않다. 주님은 라오디게아 교회를 사랑하셨다. 그들의 상태가 비록 역겨워도 주님은 사랑을 멈추지 않으셨다. 주님은 사랑 때문에 그들을 혹독하게 질책하셨다. "열심을 내라"는 표현은 신약 전체에서 이곳에서만 나온다. 에베소 교회와 사데 교회에게는 "생각하고 회개하라" 하셨는데 라오디게아 교회에게는 "열심을 내라! 회개하라!" 하셨다. 열심이 없으면 진정한 회개는 불가능하다. 결국 열정의 회복이다. 열심이란 불씨 같다. 불씨는 불쏘시개에 붙어 불꽃을 일으켜야 한다. 불꽃을 일으켜야 불길처럼 번져갈 수 있다.

주님은 문 밖에서 가만히 두드리신다. 응답의 소망 속에서 계속 두드리신다. 주님은 어떤 상황에서도 문을 부수지 않으신다. 주님의 두드리심에 응답하고 안 하고는 전적으로 개인의 문제요 그 결과에 대한 책임 또한 개인에게 있다. 자신의 마음을 열고 닫을 수 있는 전권은 각자에게 있다.

양은 목자의 음성을 알기에 목자의 소리를 듣고 문을 연다. 진리에 속한 자는 진리의 소리를 알고 사랑하는 자는 사랑의 음성을 안다. 열면 주님이 들어오셔서 함께 먹고 마신다. 계시록 19장 9절에는 어린양 그리스도의 혼인 잔치 장면이 나오는데 이는 본 절의 약속이 현실적으로 실현되는 바로 그 순간이다. 메시아 왕국에서 성도들이 그리스도와 함께 먹고 마시는 것은 매우 중요하다.

이기는 자는 그리스도의 보좌에 앉는다. 이 보좌는 영광의 재림 시에 얻을 보좌다. 주님은 메시아 왕국이 이르렀을 때 이런 일이 있을 것임을 제자들에게 누차 말씀하셨다. 주님은 십자가의 승리로 이 보좌에 앉으셨다. 보좌에 앉는 특권은 천년왕국에서 실현된 약속일 뿐 아니라 영원한 왕국에서도 실현될 약속이다. 주님은 제자들에게 새로운 세상이 펼쳐지면 인자가 자기 영광의 보좌에 앉을 것이며 주님을 신실하게 따른 그들도 열두 보좌에 앉아 열두 지파를 심판할 것이라 말씀하셨다.

라오디게아 교회의 '이긴 자'는 그들만의 보좌가 아니라 주님과 함께 아버지의 보좌에 앉는다. 두아디라 교회의 이기는 자에게 주신 약속에서 주님은 그들이 만국을 철장으로 다스릴 것이라 하셨는데 라오디게아 교회에는 아예 보좌를 약속하셨다.

III. 둘째 환상: 보좌와 일곱 인(4:1-8:1)

요한은 과거의 어느 시점에 경험한 영화로우신 주님의 환상을 1장에서 회상했고, 2-3장에서 소아시아의 일곱 교회에 주시는 현재의 메시지를 소개하며, 4장에서는 그가 받은 묵시적인 환상의 내용을 근거로 미래에 일어날 일들을 다루었다. 전체적으로 둘째 환상에 포함되는 것은 천상의 보좌 환상과 일곱 인이다. 이를 자세히 살피면 4장 1절부터 8장 1절까지는 첫 재앙 그룹을 이루는 일곱 인의 개봉이 기록되었다. 4장의 보좌에 앉으신 창조주 하나님은 일곱 인의 출처요 5장의 구속주 어린양은 일곱 인을 개봉하신다. 실제적인 개봉은 일곱 인봉이 다 떼어지기까지 이루어지지 않는다.

4장과 5장은 보좌가 중심 주제다. 약간 달리 묘사된 보좌 장면은 전체적으로 하나를 이룬다. 환상 내용을 써서 일곱 교회에게 보내도록 명령을 받았던 요한은 "이리로 올라오라"는 명령에 이어 장차 일어날 일을 환상으로 본다. 4장의 보좌 장면에는 하나님의 주권과 위엄이 중심을 이루고 예배가 지배적이다. 5장의 보좌 장면은 어린양이 중심축이 되어 전개된다. 어린양은 보좌 중앙에 서서 예배를 받으신다. 마지막 부분에서 하나님과 어린양에 대한 경배가 이루어진다. 4-5장에서의 예배는 네 생물, 이십사 장로, 네 생물과 이십사 장로, 보좌와 네 생물과 이십사 장로를 둘러싼 무수한 천사들, 만물의 순서로 점진적인 변화를 보이고 갈수록 분위기는 더욱 강력해진다.

6장에는 여섯 인의 구체적인 내용이 나오고, 7장은 첫째 막간으로서 구원의 환상을 다룬다. 8장 1절에서 일곱 인의 개봉이 실현됨으로 일곱 인의 재앙이 마무리된다. 일곱 인이 끝나면서 일곱 나팔이 뒤를 잇고 일곱째 나팔이 울리자 일곱 대접이 뒤따른다. 그 사이에 심판의 환상인 셋째 막간을 포함한 빛과 어둠의 투쟁이 본격적으로 그려진다(12:1-14:20). 6장에서 시작된 일곱 인의 재앙은 16장 마지막 절에 이르기까지 일곱 나팔과 일곱 대접이라는 재앙으로 더욱 강화되고 구체화되면서 매우 극적으로 전개된다.

1. 천상의 보좌(4-5장)

일곱 교회에 대한 편지가 보좌의 약속으로 끝나고 천상 보좌 장면이 뒤따른다. 이 보좌는 계시록의 끝에서 다시 하늘의 영원한 보좌로 연결된다. 구약에서 하나님은 위엄의 보좌에 앉아 심판하신다. 복음서에서 주님은 인자로서 하나님의 보좌를 함께하신다. 이런 흐름이 계시록에 전개된다. 4장에서 영광의 하나님은 보좌에 앉아 계신다. 5장에서는 주님께서 구속 사역을 마치고 아버지와 함께 보좌에 앉아 계신다. 만왕의 왕이요 만주의 주이신 그리스도의 군사로 승리한 성도의 보좌는 아마겟돈 전쟁에서 짐승과 사악한 세력을 진멸함으로 시작되고 천년 왕국에서 지속되며 영원 세계에서 완전히 성취된다. 주님은 '이기고', '앉으셨다.' 성도 역시 '이기고' '앉는다.'

모든 것은 보좌에 앉으신 분에 의해 통치된다. 은혜와 평강만이 아니라 시험과 환난까지도 보좌에 앉으신 분이 주관하신다. 4-5장에 나타난 환상의 중심은 어디까지나 보좌와 그 위에 앉으신 분이다. 4장부터 계시록의 전반부에 해당하는 인봉된 책 끝부분은 보좌의 장면으로 시작하며 아버지와 어린양이신 아들이 중심을 이룬다. 4-5장을 '보좌 환상'이라 부르는 것은 본문에서 보좌란 말이 자주 언급되었고 보좌와 관련된 장면들로 채워졌기 때문이다. 4장과 5장은 나누어 있으나 하나의 통일된 장면을 보여준다. 4장에서는 창조의 하나님이, 5장에서는 구속의 하나님이 강조되었다.

요한은 자주 영 안에서 보고 듣는다. 요한은 영 안에서 하나님의 보좌가 있는 하늘에 열린 문을 보았다. 요한이 열린 문 안으로 들어갔는지 문 밖에서 안을 들여다보았는지는 불분명하다. 모든 이들이 들어갈 수 있는 하늘의 열림은 마지막 파루시아(παρουσία) 때 이루어진다. 지금은 하늘에 이르는 문이 환상 중에 요한에게만 열렸다. 이는 계시의 문으로서 보좌가 있는 하늘에 이를 문이다. 넓은 하늘에 들어갈 수 있는 문은 배타성과 수용성을 동시에 지녔다. 들어갈 수 있는 자에게는 더없이 충분하고 넓은 문이지만 들어가지 못하는 이들에게는 더없이 좁은 문이다. 구원에 이르는 문은 좁다.

요한은 지상의 가장 침울한 장소였던 밧모 섬에서 가장 영광스러운 하늘의 보좌를 바라보았다. 하늘의 열린 문을 보던 중에 "이리로 올라오라"는 초청을 받는다. 나팔 소리 같은 음성의 주인공은 영광의 주님이시다. 세대주의 관점에서 요한의 승천은 교회의 휴거에 해당한다. 이는 3장까지 교회가 20번이나 언급되고 4장 이후부터 22장 17절까지 한 번도 나오지 않는 사실에 근거한다. 그리스도의 재림과 연관된 사건들이 일어나기 직전에 교회를 하늘로 호출하셨다는 설명이다. "이리로 올라오라"는 당연히 휴거 개념이다.

약간의 난점이 있다. '요한의 들림'과 '교회의 휴거'는 분명히 별개의 사건이다. 요한은 지금 영 안에서 천국에 있지만 육체는 밧모 섬에 있다. 휴거 시에는 성도들의 영혼과 몸이 함께 들림 받는다. 성도들은 휴거를 통해 구원에 이르지만 지금 요한은 계시를 받기 위한 호출을 받았기에 요한의 경험을 전체 교회의 휴거로 단정 지음은 무리다.

요한은 이후에도 자주 땅과 하늘을 오간다. 매우 드문 육체의 순간적 이동이나 영적 고양 현상은 하나님의 초자연적인 계시에 속한다. 요한은 땅과 하늘의 환상 가운데 대부분을 하늘에서 보고 듣는다. 요한은 10장 1절을 보면 땅으로 돌아오고, 11장 15-19절에서는 다시 하늘에 있다. 12장에는 땅에 있지만 14장 18-20절에서는 다시 하늘에 있다.

보좌의 영광은 다채롭지만 어디까지나 중심은 보좌에 앉으신 하나님이시다. 하나님은 요한에게 장차 될 일들을 알리시려 하신다. 주님은 아버지에게 받은 계시를 자신의 종 요한에게 보이시겠다고 분명한 의지를 나타내셨다. 이런 계시의 말씀이 끝나면서 요한은 갑자기 '성령 안에' 있다. 이는 성령이 요한에게 임하여 그를 데리고 간 것이 아니다. 육체의 들림이 아니라 성령 안에서의 들림, 시공을 초월한 일종의 영적 고양의 상태다. 이후로 볼 환상에 대비해 요한에게는 영적 고양의 보다 높은 차원이나 어떤 단계가 필요했을 것이다.

하늘에 열린 문을 통해 천상에 위치한 요한에게 장엄한 환상이 쭉 펼쳐졌다. 보좌의 영광이 계시되었다. 밧모 섬의 유벽한 곳에서 신비로운 천상 세계로 이끌린 요한은 성령의 능력에 사로잡혀 그 눈과 귀, 마음과 생각, 감정과 영감이 인식의 최고조에 달했다. 요한은 첫 환상 후에 정상적인 상태로 돌아갔다가 두 번째 환상을 위해 이전의 상태로 되돌아왔다.

'보좌 위에 앉으신 분'은 어린양이나 성령(4:7)과 엄연히 구분되는 성부 하나님이시다. 보좌가 통치를 상징한다면 '하늘에 베푼 보좌'는 현세와 오는 세상을 통괄할 우주적 왕권을 상징한다. 네 영물과 이십사 장로들과 만만이요 천천의 천사들은 보좌를 중심으로 서로 가깝거나 먼 거리를 유지하며 천상의 모든 존재들과 환상자의 시선을 중앙의 보좌로 집중케 만든다.

요한은 다함없는 성부의 영광을 보석의 광채로 표현했다. 벽옥과 홍보석은 대제사장의 흉배에, 두로 왕의 보물에, 거룩한 도시의 기초석에 포함되었다. 벽옥은 하나님의 위엄과 거룩함을, 홍보석은 진노와 심판을, 녹보석은 하나님의 은총과 자비를 상징하며 보좌를 두른 무지개는 언약의 영원성을 상징한다. 심판 중에도 자비와 긍휼을 잊지 않으시는 하나님은 각 시대마다 상징적으로 무지개를 보여 주셨다. 노아의 때, 에스겔의 때, 그리고 요한의 때다.

보좌에는 네 생물과 이십사 장로들이 있다. 그들은 사람이 아니라 천계의 존재다. '네 생물'은 '짐승'이 아니라 하나의 '생물'이다. 네 생물은 그룹의 얼굴과 스랍의 날개를 지녔다. 이것은 천계에서 지닌 그들의 위치가 높음을 암시한다. 네 생물은 보좌를 중심으로 가장 가까운 사방 중앙에 있다. 그들 중의 하나는 보좌 정면에 있고 둘은 좌우편에 그리고 나머지 하나는 보좌 뒤에 있다.

네 생물은 보좌의 가장 안쪽에서 보좌에 앉으신 이에게 경배를 드린다. 그들이 정지 상태에 있는지 움직이는지에 대한 언급은 없지만 에스겔의 경우는 매우 빠른 속도로 회전했다. 그들은 맹렬하게 돌아가면서도 가장 거룩한 예배를 드렸다. 계시록의 네 생물은 보좌와 어린양 곁에 있고, 여섯 날개와 눈이 가득하고, 찬양과 경배를 계속하고, 하나님의 진노의 환상으로 요한을 초대하고, 그 중 하나가 하나님의 진노의 대접을 가졌다.

세대주의적 관점에서 네 생물을 민수기 2장에 나타난 포진과 관련하여 시대적으로 구분했다. 약속의 땅에 정착하기까지의 광야에서 유지해야 할 포진으로서 중앙에는 하나님의 현존을 상징하는 법궤가 있었다.

사자	소	사람	독수리
유다: 동	에브라임: 서	르우벤: 남	단: 북
족장시대	모세시대	기독교시대	천년왕국시대

네 생물에겐 천사의 특성이 있다. 사자의 강력함, 소의 봉사능력, 사람의 지성, 독수리의 신속함이다. 황무지의 사자, 경작지의 소, 도시의 사람, 공중의 독수리는 하나님의 섭리가 실행되는 네 곳이다. 네 생물은 고위 천사가 아니면 천사장이다. 랍

비 전통에는 네 생물을 가장 강한 것의 상징으로 여겼다. 곧 야생동물(사자), 가축(소), 조류(독수리), 만물(사람)이다. 교부들을 비롯하여 많은 학자들은 복음서의 기록자로 해석하기를 즐겼다.

사자	소	독수리	사람
마가	누가	요한	마태
요한	누가	마가	마태
마태	누가	요한	마가
누가	마가	요한	마태
빅토리누스	이레나이우스	어거스틴	아다나시우스

열두 지파와 열두 사도의 이름이 새 예루살렘의 열두 문과 열두 기초석에 있음에 근거하면 이스라엘 백성과 교회를 대표한 것으로 해석할 수 있다. 이십사 장로를 천상의 이상적인 교회로 보면 옛 언약과 새 언약이 한 교회 안에서 통일된다. 모세와 어린양의 노래는 하나로서 구속의 노래다.

그러나 교회의 머리이신 주님이 보좌를 취하기 전에 교회가 먼저 취할 수는 없다. 그들은 천사와 만유를 다스리는 만유의 장로다. 천사들의 왕과 제사장이라 칭할 만하다. 보좌에 앉고 금 면류관을 썼으니 왕이요 흰 옷을 입고 하프로 노래하며 금 향로를 잡았으니 제사장직에 대한 증거라 볼 수 있다.

천상의 보좌를 소개한 후 요한은 자연스럽게 보좌 장면을 지속시키며 인봉된 책과 어린양의 환상이라는 새로운 국면을 전개시킨다. 5장에서는 대관식 같은 어린양의 즉위 장면을 연출한다. 일곱 인의 재앙은 실제로 6장에서 시작되는데 굳이 5장을 포함시킨 것은 재앙의 근원이 바로 하나님의 보좌인 점을 강조키 위함이다. 인봉된 책은 요한에게 비탄의 눈물을 흘리게 했지만 인을 떼기에 합당하신 분이 계심을 선언한 천사의 말에서 위안을 얻는다. 어린양이 보좌에 앉으신 이로부터 인봉된 책을 취할 때 네 생물과 이십사 장로들이 새 노래를 부른다. 송영은 무수한 천사와 만물로 이어지고 네 생물의 아멘 화답과 장로들의 경배로 보좌 장면은 끝난다.

6장은 첫 네 인을 한데 묶고 다섯째 인과 여섯째 인을 따로 취급한다. 6장의 전반부를 이루는 첫 네 인 기사는 '묵시록의 네 말'로 유명하다. 네 인의 심판은 인을 뗄 때마다 네 생물들이 말의 출현을 명하면 이내 말이 나타난다. 네 인 심판에서 주도권은 어린양이 쥐고 계신다. 네 말을 탄 기수들은 오직 하나님의 허락 하에서만 행한다. 6장 후반부는 다섯째 인과 여섯째 인을 다룬다. 다섯째 인은 제단 앞에 엎드린 순교자들의 탄원과 그에 대한 응답이 주어지고 여섯째 인은 천지의 대격변을 통한 심판의 모습을 그린다.

7장은 본서에 등장하는 첫 막간으로서 '구원의 환상'을 그린다. 7장의 전반부는 인침의 기사를 다루는데 하나님의 인 맞은 자를 열두 지파별로 각각 12,000명씩 모두 144,000명이라 기술한다. 후반부에서는 무수한 백의의 무리들이 부르는 찬양과 그에 대한 하늘 영물들의 화답을 기술한다. 이십사 장로 중의 하나가 무수한 백의의 무리가 누구인지 요한에게 밝혀준다.

8장 1절에는 마지막 일곱째 인 뗌과 함께 찾아온 하늘의 고요 그리고 조금의 쉴 틈도 없이 일곱 나팔의 재앙이 연이어 나온다. 일곱 인의 재앙은 뒤이어 나올 일곱 나팔의 재앙과 일곱 대접의 재앙을 암시하면서 최초의 두려운 재앙들을 생생히 묘사한다.

2. 인봉된 책과 어린양(5:1-14)

4장의 주제가 창조주 하나님이라면 5장의 테마는 구속주 어린양이다. 5장에는 보좌와 인봉된 책이 나온다. 보좌에 앉으신 이의 손에 들린 책은 일곱 인으로 봉해졌다. 인을 뗄 존재가 없자 요한은 크게 울었다. 요한은 울지 말아야 한다. 그가 눈물을 그쳐야 어린양이 인봉을 떼신다. 책이 영원히 인봉된 상태로 남아도 하나님의 구속 계획은 차질 없이 진행된다.

승리하신 주님을 통한 하나님의 역사는 어떤 방해나 장애물에도 좌절되지 않는다. 인봉을 떼실 승리자 주님께서 요한이 크게 울고 있는 순간 보좌와 영물들 사이에 서 계신다. 보좌로 나아와 보좌에 앉으신 이의 손에서 책을 취해 인을 떼실 그분이시다. 이것이 장로가 요한의 울음을 중단시킨 배경이다.

인봉을 떼실 어린양은 '유대 지파의 사자'요 '다윗의 뿌리'다. 유대 지파의 사자와 어린양은 두 개의 이미지가 아니라 하나다. 유대 지파의 사자는 어린양의 관점에서 이해되어야 한다. 사자와 양은 주님의 진정한 정체성이다. 주님은 어린양으로 죽으시고 사자로 이기셨다. '사자'는 힘과 위엄과 용기와 정복자의 기상을 상징한다. 이스라엘의 정복 왕 메시아는 유대 지파의 사자로서 승리자이시다.

주님은 하나님의 원수인 사탄을 십자가 위에서 격멸시켜 이긴 자로서 아버지의 보좌에 앉으셨다. 주님은 그렇게 겟세마네 동산에서의 번민을 이기고 죽음의 공포를 이기셨다. 역설적으로 주님은 십자가의 죽음으로 죽음을 이기셨다. 음부의 권세를 이기고 무덤의 결박을 이기셨다. 주님은 율법과 죄와 사망과 지옥 권세를 온전히 이기셨다. 이기셨기에 일곱 교회의 이기는 자들에게 약속을 주실 수 있다. 성도는 승리자 주님을 힘입어 그분 안에서 그분과 함께 이긴 자가 된다.

주님은 하나님인 동시에 사람이며 사람인 동시에 하나님이시다. 그분은 왕인 동시에 종이며 종인 동시에 왕이시다. 그는 사자인 동시에 양이며 양인 동시에 사자이시다. 주님께서 스스로 고난 받는 종으로 오지 않으셨으면 영광의 주님이 되지 못했다. 죽음을 자처하지 않았으면 부활의 첫 열매가 되지 못했다. 십자가에서의 일시적 패배를 경험치 않았으면 영원한 승리를 얻지 못했다. 세상 죄를 지고 가는 '하나님의 어린양(Lamb)'이 아니었다면 '유대 지파의 사자(Lion)'도 되지 못했다. 유월절의 역사적 배경을 지닌 어린양 이미지는 신약에서 주님의 구속 사역과 연관하여 절대적 의의를 갖는다.

일곱 뿔과 일곱 눈을 가지신 어린양이 책을 취하자 네 생물, 이십사 장로, 무수한 천사들이 부르는 새 노래가 울려 퍼졌다. 뿔은 힘과 권위를, 눈은 통찰력과 지혜를 상징한다. 완전수 7과 합해 어린양의 속성인 '전능하심'과 '전지하심'을 드러낸다. 그들의 노래는 구속의 노래였다. 네 생물과 이십사 장로의 노래는 '구원을 위한 대가(price)'가 테마였으나 천사들의 노래는 '구원의 능력(power)'이 테마다.

새 노래는 구원이 완성되는 새 창조에서 새 백성이 부를 천상의 찬가다. 보좌 앞의 네 생물과 이십사 장로들은 각각 거문고와 향이 가득한 금 대접을 쥐었다. 성도들의 기도로 가득 채워진 금 대접과 거문고를 양 손에 든 자세로 엎드려 한없는 경의와 존경을 표했다.

주님은 각 나라와 족속과 언어와 백성 가운데서 사람들을 피로 사셨다. 이는 인종적, 언어적, 정치적, 사회적 배경을 표현한 말로 교회의 우주적 성격을 나타낸다. 주님의 자발적 죽으심은 하나님이 자신을 위해 자기 백성을 사신 속전이다. 주님이 흘리신 피가 속죄금에 해당한다. 주님의 희생적 피는 영혼을 죄에서 벗어나게 하는 해방의 능력이다. 해방과 동시에 새로운 멍에가 지워진다. 이것은 이전의 속박과 다르다.

구속(救贖)으로 인해 죄의 구속(拘束)에서 벗어나 자발적인 하나님의 종이 되는 것이다. 사탄의 종노릇에서 벗어나 하나님의 노예가 된다. 그것은 노예 상태에 있던 자의 뜻이 아니라 새로운 주인이 되실 하나님과 그 뜻을 가능토록 만드신 주님께 달려 있다. 성도는 피 값을 치르고 새로운 신분을 지닌 자로서 하나님께 드려졌다. 그들이 하나님 앞에서 '나라'가 되고 그 나라 안에서 하나님을 섬기는 '제사장'이 된다.

3. 첫 네 인: 네 말 탄 자들(6:1-8)

4-5장의 보좌 장면이 끝나자 일곱 인 재앙이 나온다. 어린양이 첫 네 인을 떼실 때마다 네 생물 중의 하나는 "오라!"고 외친다. 6장은 계시록의 심장부에 해당하며 본격적인 세 재앙 그룹인 일곱 인, 일곱 나팔, 일곱 대접의 발화점이 된다. 세 재앙은 각기 다르며 마지막 일곱 번째 재앙은 다음에 나올 일곱 재앙을 품는다. 어린양이 취하신 책은 일곱 인을 모두 떼기 전에 펴지지 않는다.

일곱 인의 재앙은 공관복음서에 나타난 주님의 종말론 강화에 언급된 파루시아(παρουσία) 직전의 사건과 동일한 유형을 따른다. 주제들은 놀라울 만큼 비슷하다. 문자적인 유사성보다는 그것이 담고 있는 메시지에서 그러하다. 전쟁, 국제적인 분쟁과 갈등, 폭동, 기근, 죽음, 박해, 자연 재해와 같은 종말적 현상이 비슷하다. 인 뗌의 해석은 신학적 입장에 따라 다르다.

① **과거주의적 관점**: 인을 뗌은 예루살렘 멸망이며 144,000명의 유대 크리스천들이 펠라로 도주한 것이다. 네 말과 기수들은 66년부터 시작된 로마 군대의 예루살렘 침공이며 살육과 내란과 기근과 죽음을 가져왔던 이 전쟁은 70년 예루살렘 멸망으로 종지부를 찍었다.

② **역사주의적 관점**: 인을 떼기 시작함으로 로마 제국의 멸망이 시작되었다. 첫 인의 시기를 도미티아누스 황제로 본다. 그로부터 4-5세기경 고트족과 반달족에 의해 멸망을 당하기까지 로마제국은 쇠퇴의 길을 걸었다.

③ **미래주의적 관점**: "이리로 올라오라"는 휴거에 대한 부름이며 대환난이 시작된다. 교회는 이미 휴거되어 지상에 존재하지 않으므로 144,000은 교회가 아니라 이스라엘의 일부로서 대환난 기간에 회심하여 구원(인침)받은 유대 크리스천이다. 네 말과 기수들은 적그리스도가 출현하여 전쟁과 기근과 핵전쟁 같은 엄청난 재앙을 세상에 몰고 올 것이다.

④ **이상주의적 관점**: 책과 인 뗌이 인류의 전 역사를 통해 끊임없이 반복되는 것으로서 정복, 전쟁, 기근, 죽음 등으로 인류를 다스리는 하나님의 손길이다. 흰 말을 탄 첫째 기수도 세상을 정복해가는 그리스도의 복음으로 해석해 미래주의 진영의

적그리스도라는 해석과 정면으로 충돌한다.

일곱 시리즈의 상관성은 다음과 같은 구조를 이룬다.

일곱 인	1 2 3 4 5 6 7 (첫 네 인)
일곱 나팔	1 2 3 4 5 6 7 (첫 네 나팔)
일곱 대접	1 2 3 4 5 6 7

	인	**나팔**	**대접**
네 재앙	(6:1-2)흰 말 활, 면류관, 이김	(8:7) 피 섞인 우박, 불	(16:1-2) 독한 헌 데
	(6:3-4)붉은 말 화평 제거의 칼	(8:8-9) 불 붙는 산 1/3(땅, 수목, 바다)	(16:3) 피로 변한 바다
	(6:5-6)검은 말 저울	(8:10-11) 큰 별(쑥), 1/3(강)	(16:4-7) 피로 변한 강, 물들
	(6:7-8)청황색 말 칼, 흉년, 사망, 들짐승	(8:12) 1/3(해,달,별들)	(16:8-9) 해의 열기
세 화	(6:9-11) 순교자들의 호소	(9:1-12) <u>첫째 화</u> 무저갱에서의 황충	(16:10-11) 흑암 왕국 죽음 같은 고통
	(6:12-17) "양"의 진노 지진, 천체의 변화	(9:13-21) <u>둘째 화</u> 이만만의 마병대	(16:12-16) 세 영 동방의 왕(아마겟돈)
	(8:1) 일곱째 인	(11:15-19) <u>셋째 화</u> 일곱째 나팔	(16:17-21) 번개, 음성, 뇌성, 지진, 우박
막간	(7:1-17) <u>구원의 환상</u> 144,000 무수한 백의의 무리	(10-11장) <u>사역의 환상</u> 작은 책 성전 척량	없음

심판의 주제로 살피면 지금까지의 내용은 6장부터 본격적으로 시작되는 일곱 인, 일곱 나팔, 일곱 대접의 심판과 재앙, 그

리고 재앙의 결과로 바벨론이 패망하고 사악한 삼위일체의 비참한 결국으로 마감되는 사건들의 시동기에 해당한다. 1장에 묘사된 주님의 영화로우신 모습은 계시록의 전체적 분위기를 주님께서 장악하고 계심을 보여준다. 2-3장에서는 주님의 몸된 교회가 현재의 박해 상황을 잘 견디고 다가올 재앙에서 피할 수 있도록 필요한 영적 준비를 점검한다. 4-5장에서는 심판을 뜻하고 실행하는 주체로서 하나님과 어린양이 소개된다. 6장이 열리며 본격적인 심판이 연이어 계속된다.

양은 보좌 주위에 서 있고 네 생물들과 이십사 장로들의 경배를 받으며 친히 구원자와 인도자와 목자가 되신다. 시온 산에 서시며, 전쟁에서 승리하신다. 친히 심판을 베푸시고 왕들은 그의 진노에서 숨는다. 죽임을 당한 것 같고 실제로 죽임을 당하셨으며, 자신이 흘린 피로 자기 백성을 이끌어 그들로 나라와 제사장을 삼으신다. 백성들은 그의 피로 옷을 씻고 그의 피로 마귀를 이긴다. 그가 곧 성전인데 성전 안에 있는 희생양의 모습은 이삭의 희생 제사를 상기시킨다.

일곱 인을 떼시는 동안 책 안의 내용은 한 번도 공개되지 않았다. 이는 인을 떼고 난 이후에 벌어질 일들이 책의 내용과 동일하므로 다시 부연할 이유가 없기 때문이다. 처음의 네 인은 내용의 차이만 보이고 과정은 거의 동일하다. 네 인은 일곱 인에 속해 있지만 나머지 세 인과 구별된다. 보좌 환상에서 보좌에 계셨던 어린양이 인을 떼실 유일한 권위자로서 매 인을 떼신다. 일곱째 인을 떼시면서 일곱 천사에게 일곱 나팔을 주어 자신의 심판을 대행토록 하신다. 네 인의 재앙은 스가랴 1장 7-11절의 네 말을 연상시킨다. 스가랴의 환상 속에 나타난 네 말은 땅에서 평화를 보았지만, 요한의 환상 속에 나타난 네 말은 땅에서 화평을 제하고 전쟁과 기근과 죽음을 가져온다.

흰 말: 첫 인은 해석하기 어렵다. 백마를 나머지 세 말들과 연관시켜 일률적으로 해석하는 관점에서는 부정적 입장을 취한다. 문제는 본서에서 흰 색이 언제나 주님과 성도, 그리고 영적 승리의 상태를 의미하고 재앙이 언급되지 않았다는 것인데, 이는 부정적인 해석을 어렵게 만든다. 백마 탄 자가 적그리스도라는 일부 미래학파의 주석은 네 말과 기수들이 적그리스도까지 포함해 지상의 모든 악인을 심판토록 어린양에게서 직접 보냄 받았다는 사실로 인해 무위에 그친다.

첫 기수를 적그리스도로 보는 입장은 이기고 또 이기는 권세를 사탄이 준 것이라 하지만 그럴 만한 근거는 본문에 없다. 주님의 재림 직전에 거짓 그리스도들이 숱하게 등장하지만 백마 탄 자를 적그리스도로 여기는 것은 무리다. 혹자는 백마 탄 기수가 화살 없는 활을 가진 사실에 근거해 국제간에 체결된 평화협정이란 해석도 내놓았으나 이것 또한 상상에 불과하다.

과거주의적 입장에서는 말을 탄 기수를 로마 제국이며 1세기경의 황제들 간의 유혈 낭자한 반목, 페스트, 순교와 다른 유형의 소동들로 해석했다. 그러나 인 재앙을 요한 당시의 역사적 사건에 연관시킴은 너무 인위적이다. 렌스키는 '세상을 심판하는 하나님의 말씀'이라 보았으나 본문은 그런 추상적인 실체가 아니라 뚜렷한 인물이나 구체적 힘을 가리킨다. 백위드는 정복자의 모습을 심판의 의인화로 보았다.

스가랴 선지자의 예언을 참조하면 이 해석은 강점을 지니지만 심판 내용의 구체성이 없고 너무 일반화되었음이 약점이다.

나머지 세 인들의 경우에 심판은 매우 특정화되었다.

다른 미래학파 학자들은 백마 탄 기수를 주님이라 해석한다. 흰 색은 언제나 주님 또는 주님과 관련된 어떤 것을 상징한다는 주장에서다. 영화로우신 인자의 환상에서 주님은 흰 양털 같은 머리카락을 지녔고 신실한 자들은 새 이름이 기록된 흰 돌의 약속을 받았고 모두 흰 옷을 입었다. 이십사 장로들은 흰 옷을 입었고 순교자들에게도 흰 두루마기가 주어졌다. 큰 환난에서 나온 헤아릴 수 없이 많은 무리들은 모두 흰 옷을 입었고 환상 속의 인자는 흰 구름 위에 앉았다. 하나님의 말씀으로 칭해진 '충신과 진실'은 백마를 탔으며 하늘 군대들도 모두 희고 깨끗한 세마포를 입었다.

또한 하나님은 크고 흰 보좌에 좌정하셨다. 이 해석의 전통은 멀리 이레나이우스까지 이른다. 그러나 인을 떼는 자가 동시에 백마를 탄 기수일 수 없다는 반론과 함께 메시아가 재앙이 끝나기 전까지 등장할 수 없다는 반박에 부딪힌다. 또한 메시아의 통치가 전쟁, 기근, 분쟁 등과 연관될 수 없음도 이 해석을 어렵게 만든다.

붉은 말: 붉은 색은 보통 '피'와 '전쟁'과 '죽음'을 상징하므로 종교적 박해나 종교적 학살을 의미한다. 기독교의 복음이 전해지는 곳이면 어느 시대 어느 곳 할 것 없이 박해가 있었다. 붉은 말은 세상에 화평을 제거함과 동시에 인간 상호간에 살육을 일으켰다. 기수의 손에는 큰 칼이 쥐어졌는데 이것이 화평 제거와 살육의 실제 도구였다. 난리와 전쟁 상황에 적합한 묘사다.

검은 말: 검은 색은 '슬픔'과 '기근'을 나타낸다. 총담같이 검은 색깔의 옷은 유대인들이 애곡할 때 입는 일종의 상복이다.

둘째 인의 붉은 말이 전쟁이라면 셋째 인의 검은 말은 기근으로 해석함이 자연스럽다. '한 데나리온에 밀 한 되, 한 데나리온에 보리 석 되'의 언급은 기근 상태가 매우 극심해 공급량의 부족으로 양식을 저울에 달 만큼의 긴박한 상황을 강조한 것이다.

청황색 말: 넷째 말의 기수에게만 '사망'이란 이름이 주어졌고 음부가 그 뒤를 따랐다. '사망과 음부'는 사탄의 힘을 상징하지만 보좌에 앉으신 이와 어린양의 통제를 받는다. '청황색'은 병자의 핼쓱한 얼굴 모습이나 공포에 질린 낯빛인데 시체에서 볼 수 있는 짙은 푸르스름함에 가깝다. '검과 흉년과 사망과 땅의 짐승'은 전쟁, 기근, 흑사병, 박해처럼 죽음과 관련된 네 도구다. 넷째 말은 네 도구로 땅의 1/4의 권세를 얻어 세상을 유린한다. 세대주의자들은 이 재앙이 7년 대환난의 초기에 발생한다고 여기며 '땅의 짐승'을 정치-군사적 악한 지도자로 해석한다.

① **과거주의적 관점**: 에스겔 14장 21절의 재앙이 주전 586년 예루살렘 멸망으로 성취되었듯 네 인을 주후 70년의 예루살렘 멸망과 연관시켜 해석한다.

② **역사주의적 관점**: 반즈는 역사가 기본의 보고에 근거해서 248-268년 사이에 일어난 재앙으로 해석한다.

③ **미래주의적 관점**: '땅 사분 일'의 땅을 지구로 여겨 실제적으로 유럽과 남미의 전체 인구에 해당하는 엄청난 재앙으로 보았다. 왈부어드는 11장에서 시작되는 '대환난'과 연관해 인의 재앙들을 종말 시기에 적용시켰다.

④ **이상주의적 관점**: 스웨트(Swete)는 네 인의 재앙들이 어느

특정한 시기가 아니라 인류 역사에 늘 반복되어 온 현상으로 보았다.

4. 다섯째 인: 순교자들의 호소(6:9-11)

네 인은 지나가고 이제 세 인만 남았다. 다섯째 인을 떼자 이전과 성격이 완연히 다른 장면이 나타난다. 장면은 다시 땅에서 하늘로 바뀐다. 순교자들이 천계의 성전인 제단 아래에서 탄원을 올리고 위로와 격려의 말씀이 주어진다. 순교자들은 이미 이전의 박해로 죽임을 당했다. 그들은 하나님의 말씀을 지키고 그 말씀을 이루시고자 죽임 당하신 어린양의 뒤를 따랐다. 이제 동료들도 그들이 택한 순교의 길을 걸을 것이다.

동무 종들과 형제들의 순교도 매우 임박했다(11절). 죽임을 당해야 이긴 자가 된다(5:5). 순교가 있어야 하나님의 나라가 속히 이루어진다. 교회가 세워진 이후로 이 땅에 뿌려진 순교자의 피는 실로 엄청나다. 교회는 거룩한 순교의 피를 먹고 자랐다. 마치 작은 겨자씨가 자라 공중의 새들이 와서 깃들일 만한 안식처가 됨과 같다.

세대주의 입장에서는 이 사건이 휴거 직후에 발생한 것이므로 기독교 시대를 통한 순교자로 해석하지 않는다. 원수에 대한 신원의 기도 또한 성격상 크리스천의 것이라 보기 어렵고 유대 신자들의 기도로 해석한다. 인침으로 보호받은 유대인들을 제외하고 휴거 이후에 믿는 이는 누구든지 순교를 당하게 되어 있다는 가정에서 이런 해석이 가능하다.

① **과거주의자적 관점**: 아벨의 피로부터 사가랴의 피까지 땅 위에서 흘린 의로운 피가 유대인들에게 돌아갈 것이라는 주님의 예언에 따라 70년의 예루살렘 멸망으로 하나님의 형벌이 이루어진 것으로 보았다.

② **역사주의적 관점**: 284년 황제 위에 오른 디오클레티아누스(284-304)의 박해로 해석하는데, 실제적인 박해는 303년에 이르러서야 시작되었다.

③ **미래주의자적 관점**: 대환난 기간의 순교자다. 이미 성도들이 휴거했으므로 이들은 7년 대환난 초기에 신자가 된 무리다. 이 기간에 유대인의 구원이 이루어지고 결국 수다한 무리가 구원을 받는다.

④ **이상주의적 관점**: 믿음으로 인해 당시까지 죽임을 당한 크리스천들을 순교자로 해석한다. 여기서 말하는 순교자들은 그리스도 까닭에 죽임을 당한 모든 순교자들을 의미하는 것이거나 도미티아누스 황제의 박해 때 순교한 이들에 국한된다.

순교자의 죽음이 아무리 억울하고 그들이 드리는 탄원이 아무리 가슴 저려도 하나님의 작정하신 뜻을 변경할 수는 없다. 구원받을 의인의 숫자를 정하셨듯 하나님은 거룩한 순교자의 숫자도 정하셨다. 순교자들 편에서는 신원이 더디어도 늦는 것은 전혀 없다. 모든 것은 하나님의 때에 가장 완벽히 성취된다. 순교자의 숫자가 차기까지 박해는 계속되며 거룩한 피는 강이 되고 바다가 되어 세상 중심에서 변방으로 계속 흐른다.

순교자들의 입장에선 당장 신원이 필요할지 몰라도 하나님이 진노의 대접을 퍼붓기는 아직 이르다. 순교자가 흘린 피와 하나님의 참으시는 때가 하나 될 때 충만한 진노가 남김없이, 아낌없이 쏟아진다. 그때까지 순교자들은 동무 순교자들을 맞이할 준비를 하며 기다려야 한다. 그들은 잠시 쉬어야 한다.

5. 여섯째 인: 어린양의 진노(6:12-17)

이 장면은 순교자들의 탄원에 대한 직접적인 응답이다. 털 깎는 자 앞에서 잠잠했던 온순한 양이 포효하는 사자로 돌변했다. 양으로 죽으셨다가 사자로 일어나신 주님께서 이한 검을 휘두르신다. 하나님의 작정하신 때가 익었다. 순교자들의 호소에 답하시고자 사악한 박해자들에게 진노를 쏟으신다. 종말의 날이 시작되었다. 이때는 세계사에서 가장 잔인하고 혹독한 살육의 시간이 된다. 순교자가 많이 일어나 거룩한 숫자를 채워야 하기 때문이다. 이 희생의 피는 하나님의 나라를 앞당기는 촉매 역할을 한다. 세상은 어린양의 진노로 인해 '진노의 큰 날'에 두려움으로 떤다.

역사주의적 해석에 따르면 이 놀라운 묵시적 징조는 콘스탄티누스 황제의 회심과 연관하여 이교 세력이 기독교에 굴복됨을 상징한다. 이럴 경우에 지진은 정치적 또는 영적 혁명에 대한 비유가 된다. 해와 달과 별들은 정부의 고관이나 고위 성직자들에 해당한다.

과거주의자는 말라기 선지자와 세례 요한이 예언하고 바울과 베드로가 밝힌 '두렵고 큰 주의 날'로 해석한다. 구약에는 대자연의 파국적 현상이 나라나 민족의 멸망에 대한 예언적 표현으로 풍성하게 나타난다.

미래주의자는 현존하는 정치, 사회, 교회의 질서가 혼란해지고 굳건했던 권위와 제도가 붕괴되는 것으로 해석한다. 마운스는 소위 하늘의 징조들을 상징적인 해석과 함께 문자적인 현상으로서의 재앙으로 받아들인다. 극단적 세대주의자인 벌링거는 상징적 해석을 거부하고 모든 묘사를 문자적으로 취한다. 말세의 징조인 여러 재앙들이 간헐적이 아니라 동시다발적으로 발생함으로 사람들은 여섯 가지의 파국적 현상이 '진노의 큰 날'임을 깨닫고 대환난이 이미 시작되었음을 안다. 린제이는 여섯째 인을 핵전쟁과 연관시켰다.

이상주의자들은 여섯째 인을 요한 당시 곧 로마 제국 시대에 교회를 박해하던 이들에 대한 하나님의 심판으로 해석한다. 첫째 인부터 다섯째 인까지는 역사 속에 나타났던 사회적이고 정치적인 대격변이며, '진노의 큰 날'은 그리스도의 영광스러운 재림이 임박했음을 알리는 모든 심판의 최고 절정을 의미한다. 창조와 관련된 땅, 해, 달, 별들, 하늘, 산들, 섬들의 7중적 언급과 인간 계층에 있어 임금들, 왕족들, 장군들, 부자들, 강한 자들, 모든 종, 자유인의 7중적인 언급은 이 재앙이 보편적임을 상징한다.

제단 아래 엎드린 순교자들의 "어느 때까지?" 하는 질문에 하나님은 답변으로 만물의 급격한 변화를 일으키셨다. 많은 이들이 이런 현상이 문자적으로 이루어질지 아니면 단순히 상징적인 것인지에 대해 지루한 논쟁을 벌여 왔다. 무엇보다 중요한 점은 계시록에 나타난 환상 속의 한 장면에다 초점을 맞추지 말고 전체적인 맥락에서 큰 그림을 그리는 일이다. 문자적이든 상징적이든 그것은 해석자의 몫이다. 하나님께서 의도하신 바는 당시 요한의 독자와 마찬가지로 오늘의 독자가 계시록을 대하면서 어느 한 쪽으로 치우쳐서 잘못된 방향으로 나아가기를 원치 않으신다는 사실이다.

여섯째 인이 떼어지고 마지막 일곱째 인이 남았다. 역사의 마지막 순간은 아직 이르지 않았지만 종말의 시계는 한창 작동 중이다. 요한은 중첩된 재앙을 일곱 인, 일곱 나팔, 일곱 대접이라는 사이클에 따라 순환적 구조를 이루며 점차 정교하게 다듬는다. 분명히 우리는 역사의 종말이라는 벼랑 끝에 서 있으며 우주적인 대파국 현상은 주님의 재림을 통고한다.

하늘이 흔들리고 땅이 꺼지는 천지의 격동현상은 일곱째 나팔과 일곱째 대접에서도 되풀이된다. 우주의 와해는 종말론적인 심판의 가장 기본적인 현상으로 구약에 자주 등장한다. 이것은 단순히 시적, 상징적, 영적 실재의 표현이 아니라 실제적인 우주의 대파국을 나타낸다. 이는 주님의 종말 강화에서도 선명히 드러난다. 모든 경우에서의 강조점은 심판주로 오시는 하나님의 모습이다.

일곱째 나팔을 불 때 땅에 반영된 하늘의 징조들이 12장에 나타나고(미가엘과 용의 싸움, 용과 여자의 갈등) 연이은 일곱 번째 대접의 재앙은 여섯 번째 인과 흡사하게 반복, 진행된다. 하나님을 끝없이 반역하고 회개를 거부하던 자들에 대해 쏟아 붓는 진노는 보좌에 앉으신 분에게서 나오는데 이는 우주적이고 전지구적으로 임하는 재앙이다.

* 첫째 막간: 구원의 환상(7:1-17)

여섯째 인이 끝나고 일곱째 인을 떼기까지의 그 사이에 막간이 자리했다. 이는 구원의 환상으로서 144,000과 흰 옷을 입은 무수한 무리들의 광경으로 되어 있다. 이 환상은 이전의 여섯 인과 성격이 전혀 다르다. 첫 장면은 이스라엘 중에서 인 맞은 자의 숫자요 둘째는 이방인 가운데서 구속받아 어린양에게 속한 자들이다. 구별된 이 두 무리는 구속받은 하나님의 백성이라는 측면에서 하나를 이룬다. 주님께서 십자가의 죽으심으로 성소의 휘장을 찢으신 것처럼 교회 안에서 이미 선민과 이방인의 구별은 사라졌다.

7장에서는 땅과 하늘이 교차되며 환상 장면이 매우 빠르게 바뀐다. 땅에서는 네 천사가 땅 네 모퉁이에서 바람을 붙든 모습이 전개된다. 하늘에서는 다른 천사가 하나님의 인을 다 치기까지 네 천사에게 아무 것도 해치 못하도록 전갈하는 장면이 보인다. 땅에서는 열두 지파 중에 인 맞은 자 144,000이 확보되고, 하늘에서는 헤아릴 수 없는 큰 무리가 찬양하고 보좌 주위의 모든 천사가 경배하며 화답한다.

장로 중의 하나가 큰 무리에 대한 정보를 알려준다. 전반부에는 '땅-하늘-땅'의 배열로 일어난 중요한 사건들이 묘사되고, 후반부에는 큰 무리가 보좌와 어린양 앞에 서서 구원의 찬가를 외친다. 보좌 주위의 모든 천사가 엎드려 경배하며 아멘으로 시작해서 아멘으로 매듭짓는 송축의 화답을 외친다. 장로 중의 하나와 요한 사이에 큰 무리에 관한 문답이 있고 장로의 해설과 함께 그들이 누리는 보좌 주위의 삶을 정리한다.

A. 144,000

7장은 두 무리에 대한 환상으로 이루어졌다. 열두 지파의 인 맞은 자 144,000이 첫 무리를 이루고 각 나라와 족속과 백성과 방언 중에서 나온 셀 수 없는 백의의 그룹이 두 번째 무리를 이룬다. 만일 온 세상에 임하여 땅에 거하는 자들을 시험할 때 시험을 면하게 하리라는 약속(3:10)이 세대주의자들의 견해처럼 휴거라면 인침의 대상은 이방인 신자를 제외한 모든 회심한 유대인들이 된다. 그러나 이방인 신자들도 대환난을 통과해야 한다는 주장을 받아들인다면 이 인침의 대상에 이방인 신자들까지 포함시켜야 한다.

144,000과 무수한 무리들을 어떻게 해석해야 하는가의 문제는 쉽지 않다. 이스라엘 열두 지파의 인침이 상징적인 것인지 문자적인 것인지를 비롯하여 두 무리가 동일한 집단의 다른 묘사인지 아예 구별된 그룹인지에 대해서도 입장이 다르다. 큰 환난에서 나온 자들이 9절에 언급된 무리와 동일한지, 그들이 순교자들을 의미하는지에 대해서도 견해차가 있다.

미래주의적 관점에서는 두 그룹을 두 개의 시점에서 바라본 교회라고 본다. 나팔 심판 이전에 마지막 세대의 신자 그룹이 인침을 받아 임박한 파멸의 재앙에서 벗어나 하늘로 안전히 옮겨진다. 불가피한 순교자도 있지만 하나님은 자기 백성을 심판의 재앙으로부터 보호하신다. 두 번째 환상에서는 모든 신자들이 누릴 영원한 축복이 시작된다. 인침은 하나님의 보호를 나타내는 강력한 상징이다.

7장 14절에는 시험의 면제와 달리 '큰 환난에서 나오는 자들'이 나오는데 이는 신자들이 대환난을 통과해야 함을 시사한다.

중요한 것은 휴거인가 통과인가가 아니다. 신실한 성도들을 다루시는 하나님의 손길이다. 신학적 입장과 해석적 차이에도 불구하고 인침이 보여주는 것은 하나님의 철저한 보호하심이다. 설령 인침이 유대인의 구원과 연관이 있다 할지라도 하나님의 인 맞은 열두 지파의 이름이 구약의 목록과 차이가 나기 때문에 이스라엘 열두 지파를 대표한다고 결론내리기는 어렵다.

영혼과 육체를 온전히 보호받는 휴거가 아니라 대환난을 통과하는 자들에게 인침의 의미는 과연 무엇일까? 신비로운 보호의 기적일까? 아니면 육신의 고난은 피할 수 없고 순교 상황에서 영혼을 보존하심일까? 성경은 영혼의 보호와 함께 성도가 세상에서 엄청난 고난에 처할 것을 자주 언급한다. 하나님의 은혜로운 임재는 성도가 극심한 환난 중에 있을 때 더욱 확실하다. 인침이 주는 메시지는 성도가 여섯째 인과 같은 재앙에 처하거나 6-16장의 심판 상황에 직면해도 두려워할 이유가 없음을 말한다. 그들이 하나님께 사랑받는 백성으로서 보호하심을 받는다는 사실이다.

성도의 인침은 성도를 박해하는 땅의 거주자들을 시험할 환난의 때에 주님께서 어떻게 보호하실 것인지를 알려준다. 살아계신 하나님의 인을 맞은 자만이 영원한 생명에 참여한다. 하나님의 인은 세상의 악으로 인해 탄식하며 우는 긍휼의 사람에게 표시된다. 구약의 롯이 그 전형적인 인물이다. 휴거든 통과든 경건한 자를 시험에서 건지시는 것은 주님의 긍휼이다.

불의한 자를 형벌 아래 버려두는 것과 달리 심판 날까지 지키시는 것은 주님의 의로우심이다. '인'은 보호를 뜻한다. 하나님은 에녹을 그렇게 영원히 보호하셨고 노아와 그의 식구들을 그렇게 온전히 보호하셨다. 에녹에게는 승천이, 노아와 그의 식구들에게는 방주가 인침이었다. '인'은 보증과 소유권도 뜻한다.

이스라엘 지파의 인침을 문자적으로 해석해서 유대인 신자로 이해하는 이들과 영적 이스라엘로서의 모든 믿는 신자를 의미한다고 주장하는 이들이 있다. 14장 1절의 144,000에 비추면 이들은 승리한 성도들의 무리다. 7장 9-17절에 나오는 무수한 백의의 무리가 이방인 가운데 구속함 받은 하나님의 백성이라면 여기에서의 144,000을 유대인 신자로 해석해도 무방하다. 물론 144,000이라는 숫자 자체는 실제의 숫자라기보다 많고 많음을 상징한다.

① 미래학파에서는 144,000을 문자적으로 취하여 이스라엘의 '남은 자' 곧 대환난 기간 중에 회심한 유대인으로 해석한다.

② 로마서 11장 24-26절과 연관시켜 그리스도의 재림 시에 모든 이스라엘이 구원받을 것으로 본다.

③ 1세기경에 살고 있던 유대인들 중에서 복음을 받아들인 크리스천의 남은 자로 본다. 이들은 70년의 예루살렘 멸망으로 남은 자가 되었다.

④ 구원받을 모든 백성을 상징한다. 하나님의 구원이 '충분하고 완전함'을 강조함이다(12×12×1,000 혹은 12,000×12 혹은 12×12×10×10×10).

⑤ 거룩한 전쟁을 위해 예비된 군대로서 구속함 받은 모든 이들에 대한 상징적인 숫자다.

14장에는 '구속받은 전체'를 144,000으로 표현하는데 이곳의 144,000을 이스라엘인에게만 국한시킴은 일관적인 해석을 불가능하게 만들며 9절과 14절의 무수한 백의의 무리와 연결 짓는 문제에도 결정적인 어려움이 된다.

B. 무수한 백의의 무리(7:9-17)

대환난을 통과한 자들이든지 휴거한 자들이든지 이들은 실로 엄청난 숫자다. 창세 이후로 각 나라와 족속과 백성과 방언을 총망라한 하나님의 구속된 백성들이다. 144,000이 상징적임에도 불구하고 한정적인 숫자를 제시했음에 비할 때 여기에선 아예 '능히 셀 수 없는'이란 표현으로 그 숫자가 앞의 경우보다 훨씬 능가함을 내비친다. 144,000은 순교자이거나 유대 크리스천이며 무수한 백의의 무리는 모든 신자로 보는 해석이 대세다.

열두 지파를 순수하게 문자적으로 적용해 환난 때에 주님께 돌아온 유대인으로 보는가, 새로운 이스라엘로서 모든 교회를 상징한 것으로 보는가에 따라 해석 방향이 달라진다. 문자적으로 취해 그들을 유대인으로 보기에는 어려운 점이 있다. 열 지파는 이미 앗수르 제국의 강제 이주와 이민족들의 혼혈 정책으로 인하여 이지러지고 말았다. 요한 당시에는 대다수의 열두 지파가 현실적으로 더 이상 존재하지 않았다.

그러므로 유대인들만의 인침으로 보기 어렵고 본문의 전체적인 분위기도 전체 교회를 내포한다. 7장 1-8절의 '인침 받은 144,000'은 7장 9-17절의 '무수한 큰 무리'에 포함되어 그들은 모든 시대에 걸쳐 구원받은 전체 교회의 신자를 이룬다.

그들은 유대인, 이방인 할 것 없이 각 족속과 방언과 백성과 나라에서 나온 자들이다. 그들을 굳이 순교자들로 간주할 이유가 없다. 순교자들은 그들이 지닌 하나님의 말씀과 자신들의 증거로 인해 죽임을 당한 영혼들이지만 이곳의 무수한 무리는 큰 환난에서 나오는 자들로 어린양의 피에 그 옷을 씻은 자들이다. 그들은 주님이 친히 피로 사서 죄로부터 해방시키신 하나님의 성도들이다. 7장을 6장 9절 이하까지 확대시켜 순서적인 측면에서 내용을 관찰하면 세 개의 구별된 장면이 있음을 알 수 있다. 첫째, 대환난 전에 성도들이 인을 맞는다. 둘째, 대환난 중에 주님께 붙어 있어 순교한 자들을 하나님께서 인 치신다. 셋째, 전쟁에서 승리한 성도들이 하늘에 있다.

9-17절의 무수한 백의의 무리는 '큰 환난에서 나오는 자들로서 어린양의 피에 그 옷을 씻어 희게 한 자들'이다. 그들은 주님께 착 달라붙은 자들로서 온전한 성도의 무리다. 그들은 메시아 왕국에서 기업을 함께 누릴 자들이며 믿음 안에서 아브라함의 아들이 되어 아브라함의 복을 함께 받은 자들이다. 이들은 '순교자들'만을 지칭함이 아니며 종말의 때에 '마지막 세대의 크리스천'을 의미함도 아니다. 요한은 자신의 독자들을 격려하며 신앙의 싸움에서 당당히 이겨 남은 자로 천계의 구원받은 무리에 속하기를 염원한다.

그것은 지금 당하는 박해만이 아니라 미래의 더 크고 무시무시한 환난이 있을 때도 마찬가지다. 죽임을 당하고 다시 살아나신 주님을 신실하게 따르는 자는 주님을 본받아 가장 극심한 어려움도 능히 극복하고 이긴 자가 된다. 천계에서 주님이 이끄시는 대로 따라가는 무리는 지금 현세에서 갖가지 어려움에도 불구하고 주님께 붙어 떨어지지 않는 성도들의 모습이다.

지금 싸우는 교회의 지체들은 영원의 관점에서 이미 승리한 교회의 지체다.

'무수한 백의의 무리'는 최후의 승리를 통해 구원에 이른 모든 성도를 대표한다. 이들을 이스라엘 자손의 인 맞은 자 144,000과 동일시하기는 어렵다. 이스라엘 자손의 인 맞은 자는 144,000으로 한정되어 능히 셀 수 없는 무리와 대조적이다. 전자는 배타적으로 유대인들에게만 국한되고 후자는 그렇지 않다. 전자는 진노의 시기를 직면하지만 후자는 벗어났다. 그래서 일부 주석가들은 이들이 '순교를 통해 흰 옷을 입은 자들'이라 해석한다.

본문은 명확히 표현하지 않지만 그들의 순교적 죽음은 대환난과 연관이 있다. 흰 옷을 입은 무리는 이곳 외에는 성경 어디에도 나오지 않는다. 궁극적으로 모든 성도들 역시 흰 옷을 입겠지만 순교하지 않은 성도들은 최후의 심판이 끝날 때까지 기다려야 한다. 무난한 해석은 그들이 자연사를 했건 폭력적인 죽임을 당했건 간에 여섯 인의 재앙을 겪고 대환난을 거친 이방인과 유대인 신자의 무리로 보는 것이다. 지상에서 인침 받은 144,000이 동시에 하늘에서 보였다.

'큰 환난'이란 지금까지 일어났던 다른 환난들과 구별되는 환난이다. 규모에 있어 크고 강도에 있어 크고 대상에 있어 크다. 주님의 지상 재림 직전에 온 세상에 임할 대재앙이다. 이는 '장차 온 세상에 임하여 땅에 거하는 자들을 시험하는 때', '창세 이후로 없었던 환난'이다. 다니엘이 예언했던 '개국 이래로 그 때까지 없었던 환난'이며 예루살렘 멸망으로 그 참혹한 그림자를 보여 주었던 환난이다.

역사상 전무후무할 이 환난을 바울은 매우 임박한 것으로 보았다. 계시록의 종말론은 선형적인 것이 아니라 원환적이라 할 만큼 생동적이다. 요한은 현재 시점에서 미래의 종말을 읽으며 영원의 관점에서 역사를 이해한다. 현재의 박해를 견디면서 성도들은 미래의 큰 환난에서 벗어난다. 그들은 영원의 조감도에서 이미 이긴 자가 되어 주님과 함께 보좌에 앉혀졌다. 큰 환난은 미래의 확실성일 뿐 아니라 현실 속에서의 실제 상황이다. 그것은 박해, 기근, 투옥, 구타, 소외, 관계 단절 등 결국 최종적으로 죽음의 형태로 확연히 드러난다. 환난이나 박해는 크리스천의 길이다.

성도의 의는 주님께서 이룩하신 십자가와 부활로 말미암는다. 십자가의 죽으심으로 인간의 죄를 처리하신 주님은 부활로 말미암아 하나님의 의를 이루셨다. 이 놀라운 의는 믿음으로 인해 순간적으로 우리 안에서 영원히 단번에 이루어지는 영적 변화다. 우리의 의를 실제적으로 가능케 한 주님의 사역도, 우리의 믿음도 전적으로 하나님의 은혜다. 성도는 하나님의 의로 만들어진 의의 세마포를 입고 있다. 각자에게는 단 한 벌의 옷이 있을 뿐이다. 우리의 죄로 인해 그리스도께서 다시 죽고 사는 일은 불가능하다. 다시 말해서 우리가 하나님의 의를 입고 난 이후에 범죄한다면 더러워진 그 옷을 씻을 뿐이다. 그리스도의 보혈로만 깨끗이 씻긴다. 이것이 성도의 회개다.

그들은 이제 영광의 보좌 앞으로 담대히 나아간다. 살아계신 하나님을 섬길 특권을 누린다. 성전에서 주야로 하나님을 섬김은 제사장의 직분이며 특권인데 그것이 구속함 받은 성도들에게 주어졌다. 일곱 교회를 비롯한 초기 기독교는 극심한 박해의 환경에서 고초를 겪고 있었다. 빈곤으로 표시되는 모든 경제적 압박은 그들의 생활 전체를 마비시키고 파괴시키는 고통이었다. 이제 그 모든 악몽 같은 경험은 사라졌다. 의에 주리고 목마름으로 하나님의 나라가 임하기만을 애타게 기다렸던 거룩한 백성이 이제 절대적인 풍요 속에 거한다. 이는 회복된 이스라엘이 누릴 지복의 성취다. 주님의 양들이 천계의 지복을 누리는 이유와 근거가 바로 어린양 그리스도가 이룩하신 사역과 하나님 자신에게 있다. 큰 무리의 목자가 되신 주님은 그들을 해갈시킬 뿐 아니라 아예 생수의 근원으로 인도하신다. 이 생명수 곧 영생의 원천은 유일하다. 오직 하나님과 어린양 그리스도에게만 있다.

6. 일곱째 인(8:1)

인 재앙의 마지막인 일곱째 인은 일곱 나팔 재앙의 서곡이다. 여섯 인에서 요한은 환상을 보거나 듣거나 아니면 보고 들었다. 일곱째 인에서는 보고 들음 없이 하늘의 고요함만 있다. 고요함은 폭풍 직전의 정적처럼 긴장과 극적인 기대감으로 충만하다. 인 재앙을 겪은 사람들에게 반 시 동안의 고요함이 지닌 효과는 매우 강력하다. 그것은 커다란 소리나 기묘한 색깔 이상의 극적 효과를 전해준다. 이 고요함은 대기 상태의 긴장감을 극도로 고조시킨다.

온 천하가 여호와의 침묵 앞에 잠잠하다. 하나님 앞에 시위한 일곱 천사는 마냥 기다린다. 하나님의 명이 있기까지 한 치도 움직일 수 없다. 천사도 기다리고 성도들도 기다리고 재앙 받을 자들도 기다린다. 반 시 동안의 침묵을 향연과 성도들의 기도의 빛 아래로 이해하면 천상의 고요함은 필요하다. 지나간 찬양과 닥쳐올 파국 사이에 고요함이 자리한다. 이 고요함을 깨뜨릴 것은 그 어디에도 없다. 뒤이어 전개되는 일곱째 나팔의 불림은 5절에 묘사된 향연의 쏟아짐에 따른 현상들로 인해 가히 폭발적이다. 여섯 인과 일곱째 인 사이에 삽입된 7장의 막간은 큰 재앙이 있기 전의 침묵 같은 것이다.

일곱 인과 일곱 나팔과 일곱 대접의 상관성에 대해 해석상 많은 논란이 있어왔다. 예를 들면 세 재앙의 주제가 전적으로 다른 시기에 일어날 사건이라는 주장과 함께 '인', '나팔', '대접'이 각기 다른 표현으로 나타나지만 같은 시대에 발생할 사건을 강조한 것이란 반론도 제기되었다. 대부분의 주석가들은 이 재앙들이 연대기적 순서에 따라 진행되는 것으로 여긴다. 이 경우에 새로운 재앙의 시작은 언제나 먼저 번의 마지막 재앙과 더불어 시작된다.

재앙의 강도는 갈수록 더욱 거세다. 일곱 인을 떼기 전에 성도들의 기도가 먼저 나오고 일곱 천사가 일곱 나팔 불기를 준비한다. 첫 네 나팔이 울려 퍼지면서 두 번째 재앙이 시작된다. 나머지 세 나팔은 세 화로 구별되면서 재앙은 뚜렷한 상승곡선을 그린다. 다섯째 나팔과 둘째 화는 황충의 재앙으로, 여섯째 나팔 곧 둘째 화는 마병대의 재앙으로 진행된다. 일곱 인에서처럼 사역의 환상인 둘째 막간이 삽입되고 둘째 화의 완료를 선포하고 셋째 화의 경고가 있은 후 일곱째 나팔 소리와 함께 셋째 화가 임한다.

IV. 셋째 환상: 일곱 나팔(8:2-11:19)

일곱 인, 일곱 나팔, 일곱 대접이 다른 시기에 일어날 사건인지 같은 시대에 발생할 사건인지 논란이 있으나 연대기적 순서를 따른 것으로 보는 게 자연스럽다. 이 경우에 새로운 재앙의 시작은 언제나 이전의 마지막 재앙과 더불어 시작된다. 세 재앙 시리즈는 주님의 초림으로부터 재림에 이르기까지 전 시대에 미치는 사건이며 서로 역사적 전후 관계가 있다.

재앙의 강도는 갈수록 더욱 거세진다. 일곱 인을 떼기 전에 성도들의 기도가 먼저 나오고 일곱 천사가 일곱 나팔 불기를 준비한다. 첫 네 나팔이 울려 퍼지면서 두 번째 재앙이 시작된다. 나머지 세 나팔은 세 화로 구별되면서 재앙은 뚜렷한 상승곡선을 그린다. 다섯째 나팔과 둘째 화는 황충의 재앙으로, 여섯째 나팔 곧 둘째 화는 마병대의 재앙으로 진행된다. 일곱 인에서처럼 사역의 환상인 둘째 막간이 삽입되고 둘째 화의 완료를 선포하고 셋째 화의 경고가 있은 후 일곱째 나팔 소리와 함께 셋째 화가 임한다.

1. 성도들의 기도(8:2-5)

인침이 끝나자 유예되었던 일곱 인이 지체 없이 떼어진다. 하늘이 고요한 동안 요한은 하나님 앞에 시위한 일곱 천사들이 나팔을 잡고 있음을 본다. 나팔을 받은 일곱 천사만이 아니라 다른 천사 역시 선 채로 많은 향을 받고 제단 곁에 섰다. 긴박감이 보좌 주위를 흐른다. 일곱 나팔이 본격적으로 불리기 전에 성도들이 드린 기도들이 향연과 함께 천사의 손에서 하나님 앞으로 올라간다. 천사가 향로 안에 단 위의 불을 담아 땅에 쏟자 뇌성과 음성과 번개와 지진이 일어난다.

그것은 기도 응답에 대한 천계의 반응으로서 사악한 자들에게는 두려움이 된다. 땅의 거주자들을 향한 심판이 더욱 거세지기 전에 성도들의 기도에 응답하심은 하나님의 의지다. 지상에 심판이 집중되는 동안에도 천계는 기쁨으로 가득하다. 땅에 거하는 자들은 전무후무한 고난으로 오히려 하나님을 더욱 훼방한다. 그럴수록 하늘은 영화로운 예배와 송축들로 충만하다.

계시록은 땅에 대한 심판과 천상의 예배로 특징지어도 무방하다. 악한 자들에 대한 징벌은 의인이 하나님을 찬송할 증거가 된다. 그것은 사랑과 공의로 표현된 하나님의 존재 양식에 부합한다. 하나님의 공의는 불의와 죄를 다루시고 하나님의 사랑은 예배에서 피조물과 일치를 이룬다.

제단 앞에 엎드린 순교자들의 영혼과 모든 성도의 기도에는 하나님의 공의를 충족시키기 위한 탄원들로 가득하다. 그 기도들이 향연에 휩싸여 보좌 앞 금단에 올려진다. 하나님은 성도들의 탄원을 모두 들으시고 공의의 실현을 위한 심판을 집행하신다. 하나님의 신원하시는 날, 공의가 하수같이 흐르는 날, 의인이 보상받고 악인이 정죄를 당하는 여호와의 크고 큰 날은 하나님께 달렸다. 세상의 악이 하늘 끝에 가 닿아도 하나님이 정하신 마지막 선에 닿지 않으면 심판은 이르지 않는다. 모든 것은 전적으로 하나님께서 정하신 '때'에 맞추어졌다. 이것이 성도의 삶에 인내가 그토록 필요한 이유다.

보좌 앞에 시위한 일곱 천사는 애초에 나팔을 갖지 않았다. 그들의 영구한 직무는 하나님 앞에 시위함이며 나팔의 수여는 그들이 '특별한 시기에 특별한 목적을 위해 선택되었음'을 가리킨다. 나팔은 제의나 전쟁 상황에서 다양하게 사용되었다. 경고 전달로, 공격 신호로, 구조 요청 신호로, 후퇴 신호로, 승전 소식의 전달에 두루 사용되었다. 이스라엘 백성은 나팔 소리를 통해 기쁨과 슬픔, 승리와 패배, 전진과 후퇴를 거듭하며 살았다. 유대인의 생활에서 평상시엔 매일 21회, 절기 때는 무려 48회까지 나팔을 불었다.

역사적으로는 여리고 함락 시에 일곱 제사장이 여호수아 앞에서 일곱 양각나팔을 불었으며, 예루살렘으로 법궤를 옮길 때 나팔을 불었고, 예루살렘 성벽을 봉헌할 때 나팔을 불었다. 계시록에도 언약궤가 비치된 하늘의 성전이 열리고 하나님 앞에 선 일곱 천사가 나팔을 받아서 불었다. 아마도 우주의 변방 끝자락까지 울려 퍼질 만큼 크고 길게 불었음이 틀림없다. 절기 때 뚜렷한 목적으로 사용되었던 나팔 붊이 예언 전통에서는 여호와의 날이 다가옴을 알려주는 근거가 되었다. 유대 묵시 문학에서도 나팔은 종말론적 심판의 예고와 연관되었으며 신약에도 나팔은 종말의 파루시아와 관계되었다.

향연에 섞여 올라간 성도들의 기도는 주님의 재림을 촉구하는데 악인에 대한 심판도 내포한다. 이는 교회가 오래 지속해온 기도다. 지금까지 기도가 응답되지 못한 것은 하나님의 '때'가 무르익지 않았기 때문이다. 향연을 받으심은 이제 하나님의 때가 이르러 수용하시겠다는 표시이며 향연이 보좌에 앉으신 하나님 앞으로 올라감은 신속한 응답을 보장한다.

너무 오랜 기도도 없고 너무 느린 응답도 없다. 빠르고 늦음은 하나님께서 정하신 시기를 바라보지 못한 인간의 조급함 때문이지 응답 자체에는 문제가 없다. 사람은 설익은 실과에 만족해도 하나님은 익은 실과만을 원하신다. 구원도, 심판도 하나님께서 정하신 때를 앞당기거나 뒤로 미룰 수 없다. 이제 성도들의 기도가 향연과 함께 보좌 앞으로 올라감은 '때'가 충분히 무르익었음을 나타낸다.

제단의 피를 묻힌 성도들의 기도를 하늘로 올릴 때는 향기로운 연기를 발하지만 제단의 불을 담아 세상에 내려 보낼 때는 재앙의 연기를 발한다. 성도들의 기도는 향연이 되어 하늘에 오르고 땅의 거민들에게는 재앙이 내려 검은 연기로 자욱하다. 하나님은 성도의 기도를 들으실 뿐 아니라 즉각 응답하신다. 때로는 지체되는 것 같아 보여도 그것은 성도들의 입장에서 느끼는 조급함일 뿐 하나님 편에서는 조금도 이르거나 늦지 않다. 가장 완벽한 때에 가장 완전한 모습으로 응답된다.

성도의 기도를 하나님께 드리던 '다른 천사'가 세상을 향해 심판의 전주곡을 알릴 향로를 쏟는다. 장면은 무척 선명하다. 벌겋게 달아오른 숯불에 향을 뿌려 성도의 기도를 하나님께 드린 천사가 향로에 새로운 불을 담아 땅에 쏟는다. 이전의 불은 성도의 기도를 열납하는 것이었으나 나중의 불은 땅의 거민들을 소멸할 불이다. 은혜의 보좌로 상징된 제단이 심판의 원천이 되었음은 하나님의 양면적인 성품을 보여 준다. 천사가 단 위의 불을 담은 향로를 땅으로 기울이자 자연계의 여러 징조들이 나타났는데 이는 하나님의 심판을 암시한다.

2. 일곱 나팔(8:6-11:19)

일곱 인이 끝나면서 잠시의 틈도 없이 일곱 나팔의 재앙이 시작된다. 일곱 나팔은 일곱 인에서처럼 4와 3의 구조를 띠며 구별된 형식을 취한다. 일곱 인의 경우처럼 일곱 나팔이 불리기 전에 막간이 삽입된다. 일곱 나팔의 재앙은 일곱 인에 비해 무겁고 강하다. 일곱 나팔은 불신자들이 회개하지 않으면 마지막 심판을 면치 못할 것임을 경고하는 일종의 경고 심판이다. 첫 다섯 나팔은 출애굽 당시 애굽에 내렸던 다섯 재앙들과 유사하다.

첫째 나팔(8:7)	➡	출 9:22-25
둘째와 셋째 나팔(8:8-11)		출 7:20-25
넷째 나팔(8:12)		출 10:21-23
다섯째 나팔(9:1-11)		출 10:12-15

나팔을 쥔 일곱 천사들이 모든 준비를 마치고 나팔 불 태세를 취한다. 일곱 나팔이 불리면 종말 사건이 뒤따른다. 일곱 나팔은 일곱 인의 경우처럼 네 나팔과 세 나팔로 나뉜다. 6장의 인 시리즈에서 네 기수는 땅에 영향을 끼친 어두운 요인들을

드러냈는데, 8장의 네 나팔은 자연계에 미칠 신적 심판을 알린다. 다섯째 인과 여섯째 인 그리고 다섯째 나팔과 여섯째 나팔은 일곱째 인과 일곱째 나팔에 연결되어 앞의 네 인이나 네 나팔과는 떨어져 있다. 그럼에도 불구하고 나팔 심판은 인 심판을 연대기적으로 따르지 않는다.

첫 네 인이 인간의 악행에 따른 불가피한 결과를 묘사함에 비해 나팔 심판은 하나님을 거역하는 세상을 심판함에 있어 하나님의 능동적인 개입을 보여준다. 나팔 심판에서 잇따르는 재앙들은 네 인의 경우에 비해 여파가 더욱 심각하고 범위도 보다 우주적이다. 첫 네 재앙은 초자연적이며 마지막 세 재앙에서 둘은 명백히 악마적이다. 일곱 나팔은 일곱 인 재앙을 강화시키고 나중의 일곱 대접은 일곱 나팔 재앙을 강화시킨다. 일곱 나팔 심판은 땅의 1/3에 영향을 미치고 일곱 대접 심판은 그 영향이 온 땅에까지 미친다.

일곱 천사가 나팔 불 모든 준비를 마치며 세상은 6장의 재앙보다 더욱 끔찍한 재앙을 직면한다. 회개치 않는 영혼에 대한 하나님의 억제되었던 진노가 무섭게 쏟아진다. 심판은 엄정하기 이를 데 없고 재앙은 혹독하기 짝이 없다. 일곱 나팔은 일곱 인의 재앙보다 훨씬 강해서 인류의 1/3에 이르기까지 피해를 입힌다. 일곱 나팔 후에 들이닥칠 일곱 대접은 더욱 강해서 세상 전체에 영향을 미친다. 재앙은 하나님께 적대적인 불신자들을 향한다. 그러나 일곱 나팔의 불림은 구원사적인 측면에서 구원의 완성을 향한 계획이 아무 차질 없이 수행됨을 뜻한다. 순교자들의 탄원에 대한 응답으로 향연과 기도 장면이 주어졌고, 바로 일곱 나팔 재앙이 심판의 서곡을 울린다.

일곱 나팔 재앙은 네 나팔과 세 나팔로 구분된다. 나중의 세 나팔은 세 화라 불리면서 재앙의 극심함을 암시한다. '4+3'의 형식은 첫 네 인과 나머지 세 인으로 구별되었던 일곱 인의 경우와 유사하지만 내용은 다르다. 둘은 제각기 다른 관점에서 하나님의 심판을 다룬다. 첫 네 인은 인간의 악행에 따른 불가피한 심판에 초점이 맞추어졌지만 첫 네 나팔은 자신을 거역하며 반항하는 세상에 대한 심판의 측면에서 하나님이 보다 능동적인 모습을 보이신다. 심판 내용의 강도나 재앙으로 인한 피해 영역에서 인 재앙보다 나팔 재앙이 훨씬 크고 광범위하다. '점점 강하고 세게'의 형태를 취한 심판의 재앙은 일곱 나팔과 일곱 대접의 경우에도 일곱 인과 일곱 나팔처럼 격차를 보인다.

네 나팔은 나팔을 불어갈수록 재앙의 강도나 피해의 규모 면에서 더욱 확대된다. 첫 나팔은 땅위에 환난이 임하게 하지만 아무런 피해가 없다. 둘째 나팔은 생물의 피해를 가져오고, 셋째 나팔은 자연재해를 통한 인명 피해를 발생시키며, 넷째 나팔은 천체의 재앙을 몰고 온다. 네 나팔 재앙은 출애굽 당시 애굽 천지에 임했던 재앙과 흡사하다. 네 재앙은 강도가 매우 혹독하지만 온 땅에 미치지는 않고 1/3로 제한적이다. 1/3이란 표현은 7-12절에서만 무려 12회나 언급되었다.

① **과거주의적 관점**: 첫 네 나팔을 유대 전쟁 때에(66-70) 로마 군대에 의한 유대인들의 재앙으로 해석한다. 다섯째 나팔은 유대인들을 자멸하도록 내버려둔 악마적인 영으로 본다. 여섯째 나팔은 예루살렘을 멸망시킨 로마 군대의 유대인 학살과 그들의 강제 이주로 이해한다.

② **역사주의적 관점**: 나팔 재앙을 반달족, 고트족, 훈족, 사라센족, 투르크족 등이 계속해서 로마 제국을 침입한 사건으로 이해한다. 1/3의 재앙 범위는 제국의 서부 지역에 대한 것으로 이해한다. 매튜 헨리는 수목과 각종 푸른 풀을 성직자 계급과 높고 낮은 계층의 일반 평신도로 여기면서 로마 제국만이 아니라 교회에 대한 심판의 재앙으로 보았다. 여섯째 인을 1453년에 발생한 투르크족의 콘스탄티노플 함락으로 본다.

③ **미래주의적 관점**: 문자적으로 해석하든 상징적으로 해석하든 일곱 나팔 재앙을 7년 대환난 기간 중에도 회개하지 않는 불신자들에게 임할 재앙으로 해석한다. 이것은 하나님의 직접적인 재앙일 수도 있고 인간의 기술 남용으로 인한 지구적인 재앙일 수도 있다고 본다. 핵무기가 좋은 예에 속한다.

④ **이상주의적 관점**: 일곱 나팔의 재앙을 회개하지 않는 인류에 대해 더 무서운 재앙이 임할 것이라는 경고로 이해한다. 일곱 나팔 재앙의 배경은 애굽에 내린 재앙들로, 그런 재앙들은 역사 속에서 자주 경험되었다.

1) 첫 네 나팔: 네 재앙(8:7-13)

첫째 나팔부터 넷째 나팔은 자연계에 나타난 재앙으로 서로 연관되었지만 나머지 세 재앙은 독립적이다. 일곱 나팔 재앙은 성도들과 무관하며 하나님께 적대적인 세상을 향한 것이다. 재앙의 목적은 불신자들의 회개에 있지만 재앙이 극심해질수록 그들의 반응은 더욱 악화일로를 걷는다. 이는 일곱 인에, 일곱 나팔 그리고 가장 혹독한 심판의 재앙이 담긴 일곱 금 대접으로까지 이어지게 만든다. 이처럼 '점점 강하고 세게' 진행되는 하나님의 심판은 수그러들 줄을 모른다. 작정된 목표 지점을 향해 예정된 수순을 밟아 착착 진행된다. 하나님의 종들이 하나님의 인을 맞기까지 유예되었던 심판이 이제 막 시작된다.

둘째 나팔 재앙은 바다에 대한 심판으로 열 재앙의 첫째와 유사하다. 그러나 애굽의 재앙은 나일 하수의 물이 변해 피가 되었지만 여기서는 불붙는 큰 산과 같은 것이 바다에 던져짐으로 바다의 1/3이 피가 되고 어족의 1/3이 죽고 선박의 1/3이 파괴된다. 바다에 떨어진 물체를 산 같은 것으로 묘사했음은 어마어마한 크기 때문이다. 일부 학자들은 둘째 나팔로 인한 재앙의 내용 배경이 베스비어스 화산과 같은 지각 변동의 결과로 여겼으나 너무나 지엽적이다.

불붙는 큰 산과 같은 것의 정체가 무엇인지 모호하지만 그로 인한 처참한 결과로 보아 엄청난 재앙인 것만은 분명하다. 혹자는 산이 간혹 왕국을 의미했기에 이것이 영적 바벨론이거나 어떤 거대한 제국을 나타낸다고 보았다. 혹자는 시온이나 로마로 보았다. 불붙는 큰 산과 같은 이것의 정체가 무엇이든 분명한 것은 그것이 지중해와 같은 어느 한 지역에 국한되지 않았다는 점이다.

셋째 천사가 나팔을 불자 횃불같이 타는 큰 별이 하늘로부터 강과 여러 물 샘으로 떨어진다. 물에 대한 하나님의 심판이다. 땅은 첫째 나팔의 심판과 둘째 나팔의 심판 재앙에서 미처 회복되기 전이다. 조금의 쉴 틈도 없이 하나님의 심판은 작정된 시간표를 따라 진전된다. 이것도 역시 애굽에 내린 '물 재앙'을 연상시킨다. 둘째 나팔 재앙이 바다였음에 비해 셋째 나팔 재앙은 강과 여러 물 샘들이다. 물들을 오염시켜 사람들을 죽음으로 이끈 이것의 이름은 '쑥'이다. 쑥은 하나님에게서 나온 재앙이다. 예레미야 선지자는 수차례나 쑥과 독한 물을 하나님의 심판에 상징적으로 적용시켰다.

출애굽 재앙	
7	우박
1	물이 피로 변함
8	메뚜기 떼
10	처음 난 것들 사망
6	독종
1	물이 피로 변함
9	홍해가 마름

계시록 재앙	
1나팔	땅의 1/3
2나팔	바다의 1/3
3나팔	강의 1/3
4나팔	하늘의 1/3
5나팔	황충
6나팔	사람의 1/3 죽음
7나팔	고요함
1대접	악하고 독한 헌데
2대접	바다가 피로 변함
3대접	강이 피로 변함
4대접	해가 사람들 태움
5대접	흑암
6대접	유브라데스가 마름
7대접	지진

첫째부터 넷째 나팔까지 재앙의 범위는 1/3로 제한되었다. 이것은 진노 중에라도 긍휼을 베푸시는 하나님의 성품이다. 사람들은 여전히 회개할 수 있고 회개하면 재앙에서 벗어날 수 있다. '삼분의 일'이란 표현은 정확히 인류 인구의 1/3이란 의미라기보다 하나님의 심판이 제한적이며 최종적이 아님을 나타낸 표현이다.

지금까지 하나님의 심판 재앙은 모두 위로부터 아래로 떨어졌다. 이는 심판의 근원이 오로지 하나님께만 있음을 보여준다. 애굽에 내린 재앙과 계시록의 재앙을 비교해 보면 비슷한 면이 꽤 있다. 애굽에 내린 재앙 중에서 2~5번째 재앙들은 계시록에 전혀 나타나지 않는다.

넷째 나팔이 울리자마자 해와 달과 별들은 즉각적으로 재앙의 선공을 받는다. 해와 달과 별들은 원래의 발광 능력에서 1/3을 잃었다. 즉각적인 어두움이 온 세상을 뒤덮었다. 잠깐의 일식, 월식이 아니라 계속되는 어두움으로 인해 지구가 온갖 재난에 휩싸일 것은 분명하다. 흑암은 애굽에 내린 재앙 중에서 아홉 번째로서 마지막 재앙의 선도 역할을 하였다. 예언자들은 '여호와의 날'을 '어두운 날'로 표현했다. 주님도 환난 이후의 상황을 해와 달과 별들의 변화로 말씀하셨다.

흑암은 하나님의 손길이 임하기 전인 창조 이전의 혼돈 상태와 연관되었다. '빛과 어두움'은 선신과 악신의 이원론적 체계에 대한 상징이 아니다. 빛과 어두움은 하나님이 창조하고 다스리신다. 저물 때, 황혼 때, 깊은 밤 흑암을 정하시는 것은 하나님이시다(잠 7:9). 어두움은 환난의 상징이다(사 45:7). 하나님은 빛으로 낮을 만드시듯 흑암으로 밤을 만드신다(시 104:20). 어두움은 악인의 길을 상징한다(잠 4:19). 어둠은 죽음을 의미하였다(욥 12:22). 어두움은 빛으로 오신 주님과 적대적 관계에 있는 세상의 죄성을 뜻한다(요 3:19-20). 발광체의 1/3이 광명을 잃어버림은 하나님께서 자연계에 허락하신 은총을 거세하셨다는 의미도 담고 있다. 낮에도 어두컴컴하고 밤에는 달과 별들이 빛을 잃어 그 캄캄한 상태를 더욱 악화시킨다.

주님은 빛으로 세상에 임하셨지만 사람들의 본성적인 악이 그 빛을 싫어하고 미워하여 배척하고 죽였다. 빛이 물러가고 어두움이 온 땅을 뒤덮는 순간에도 빛은 결단코 죽거나 소멸되지 않는다. 어둠은 빛을 깨닫지 못하고 이길 수 없다(요 1:5). 어두움이 땅을 뒤덮고 캄캄함이 만민을 가릴 그때야말로 여호와의 영광이, 영광의 빛이, 빛의 능력이 나타날 적시다(사 60:2). 악은 스스로의 어두움을 조절할 능력이 없다. 덜 캄캄하고 더 캄캄하게 하는 것도 하나님의 손 안에 달렸다. 악인이 악한 날에 쓰임 받는 것이나 악한 천사가 주의 날에 심판의 도구로 쓰임 받는 것은 모든 일에 하나님이 주권을 갖고 계심을 의미한다.

넷째 나팔의 흑암은 세 화가 임할 장면 배치로서 매우 적합하다. 다섯째 대접이 땅에 있는 짐승의 보좌에 쏟아졌을 때도 흑암이 세상을 뒤덮었다(16:10). 넷째 나팔의 흑암은 고통을 동반하지 않았지만 다섯째 대접 시의 흑암은 지극한 고통을 수반한다. 역설적으로 사람들은 너무 아파서 오히려 하늘의 하나님을 훼방하고 회개하지 않는다(16:11).

네 나팔 재앙이 끝난 뒤 공중을 나는 독수리가 남은 세 화를 소리 높여 외친다. 9장에 들어서면서 독수리가 전한 메시지의 실상이 명백히 드러난다. 네 나팔 재앙을 통해서도 회개하지 않던 이들은 이제 세 개의 준비된 화의 현실에서 계속 재앙에 머물든지 하나님께로 돌이키든지 둘 중의 하나를 선택해야 한다. 그들은 '하나님의 인을 맞지 않은 자들'로서 세 화의 재앙을 벗어날 수 없다(9:4). 이미 받은 재앙들과 비교도 되지 않을 정도의 엄청나고 막강한 화가 여전히 남아 있다는 사실 자체가 세상으로선 견디기 어려운 고통이다. 가슴을 치며 회개해야 당연한데 땅에 거하는 자들은 이를 갈면서도 행악으로 인한 파멸의 길을 끝까지 고집한다.

죄를 견딜 수 없어 하시는 하나님의 거룩함 때문에 심판은 불가피하다. 성경이 전하는 메시지는 한결같다. 하나님의 거룩하심이 때로는 거룩한(불같은) 사랑으로, 때로는 엄정한(불같은) 공의로 드러나지만 사랑이 중단되고 공의가 번득이는 경계에는 죄가 도사려 있다. 하나님의 거룩함 앞에는 거룩한 자의 거룩함조차 더러운 옷과 같다. 하나님의 눈은 정결하기 그지없어 악과 패역을 차마 보지 못하신다. 거룩한 말씀에 저촉되면 심판이 임한다.

신실하지 못한 예루살렘은 우상숭배와 부도덕함 때문에 이중의 화를 당했다. 붕괴된 바벨론의 모습을 보면서 땅의 임금들과 상인들과 선원들은 "화 있도다! 화 있도다!"며 이중 장송곡을 읊었다. 삼중의 화는 아직도 그 가공스런 위력을 드러낼 순간을 손꼽아 기다린다.

독수리가 전한 메시지는 짧지만 치명적이다. 심판 내용과 이유는 명확하다. 땅에 거하는 자들은 저지른 죄악뿐 아니라 돌이키기를 거절하는 고질적인 완고함 때문에 화를 피할 수 없다. 땅에 거하는 자들의 정체는 그들이 짐승을 따르고 경배함에서 원래의 모습이 뚜렷하다(13:8). 그들은 성도들을 적대하고 죽인 자들이다(6:10, 11:10). 그들을 위해 영구히 준비된 처소는 무저갱이다(17:8). '땅에 거하는 자들'은 '하늘에 거하는 자들'과 대조를 이룬다. 나팔을 불 준비가 완료되었으므로 세 화의 심판은 속히 이른다.

2) 다섯째 나팔과 첫째 화: 황충(9:1-12)

네 나팔이 단지 여섯 절에서 다루어졌음에 비해 두 나팔 곧 두 화의 재앙은 9장 전체를 차지한다. 이전의 네 나팔은 모두 자연에 대한 재앙이었으나 뒤의 세 나팔은 전체적으로 땅의 거주자들에 대해 직접적이고 더욱 강화된 하나님의 심판이다. 그리고 일곱째 나팔은 일곱째 인의 경우처럼 연이을 일곱 대접의 심판을 내포한다. 다섯째 천사가 나팔을 불자 요한은 색다른 광경을 목격했다. 가장 높은 하늘에서 떨어진 별과 가장 깊은 무저갱에서부터 올라오는 황충의 모습을 보았다. 그 별은 무저갱의 열쇠를 받아 무저갱을 열었다. '황충-전갈-사람'의 모습이 뒤섞인 괴이한 형체의 전사 집단이 지상에 출현했다. 하늘에서 떨어진 별은 하나님의 심판을 집행하는 도구로 쓰임 받는다. 선한 천사이건 악한 천사이건 상관없이 심판 집행자로서의 그가 맡은 역할만은 분명하다.

요한은 하늘에서 별이 떨어지는 장면을 실제로 목격하지 않았으나 그로 인한 결과를 정밀하게 묘사한다. 이 별은 여섯째 인의 결과로 무화과나무가 대풍에 흔들려 떨어지는 것처럼 떨어지던 별들(6:13) 중의 하나가 아니다. 셋째 천사가 나팔을 불 때 떨어진 횃불같이 타던 큰 별도 아니다(8:10). 별은 이미 떨어졌다. 자연적 성운이 아니라 초자연적 별임은 뒤이은 구절들의 묘사로 분명하다.

별은 인격적 존재로서 무저갱의 열쇠를 받는다. 거의 동시에 지하 세계로부터 초자연적 재앙의 세력이 등장한다. 그 무시무시한 존재의 출현은 돌발적이며 다섯 달 동안 땅에 거하는 자들을 죽음 같은 고통으로 괴롭힌다. '황충'의 진원지는 무저갱이다. 무저갱은 사탄의 처소다. 그러므로 황충은 마귀적인 세력이다. 이 세력은 스스로 나타나 가공할 만한 힘을 과시하지 않는다. 황충은 하나님의 허락하심 속에 제한적으로 활동하며 하나님이 선고한 멸망 재앙의 정당성과 하나님의 주권을 다시 강조한다.

황충의 공격 목표는 명확히 정해졌다. 꺾을 수 없는 지옥의 이 권세는 하나님의 인을 맞지 않은 땅의 거민들을 괴롭힌다. 황충의 급습으로 인한 고통은 너무 심해서 사람들이 차라리 죽기를 구하지만 죽음은 이들을 피한다. 9장 전반부에 묘사된 황충 재앙은 애굽의 재앙과 요엘의 예언을 상기시킨다. 이것은 다시 두 부분으로 나뉘는데 전반부에서는 황충으로 인한 충격(1-6절)을 묘사하고, 후반부에서는 황충의 특징들을 서술한다(7-12절).

이 별은 무저갱의 열쇠를 받아 무저갱을 연 인격적 존재로서 타락한 천사다. 그는 새벽의 아들 계명성으로서 그 꼬리로 하늘 별 곧 천사들 중의 1/3을 땅에 떨어지게 만든 장본인이다. 떨어짐은 하강보다 타락의 의미가 더 가깝다. 그가 타락한 천사라면 11절에서 묘사하는 황충의 임금인 아바돈이요 아볼루온이다. 그가 사탄이 아니라면 적어도 사탄의 앞잡이임에 틀림없다. 신중한 독자라면 9장 전체에 드리운 분위기는 보좌에 앉으신 분과 어린양의 주권임을 알 수 있다.

사탄에게 권세를 주어 일시적으로 성도들을 괴롭게 하거나 사악한 무리들의 죄를 쌓아 합당한 심판을 당하게 하는 일에 이르기까지 하나님은 선악 간 고유한 주권을 활용하신다. 하나님과 어린양의 주권은 천상의 왕국만이 아니라 깊은 무저갱에 이르기까지 완벽히 미친다.

미래주의적 관점에서는 이 별을 '역사적 인물'로 본다. 예를 들어 기독교에 심대한 피해를 끼친 모하메드로 간주한 이들도 있는데 이는 그가 군대를 집결시켰던 탁월한 능력이나 타락한 기독교에 대항했던 역사적 사실에 힘입은 해석이다. 별을 사람에게 적용시킨 예는 구약과 유대 묵시문학에도 나온다. 그러나 별을 사람에게 적용하는 것은 내용상 문제가 있다. 별의 근원은 하늘이다. 천상적 기원을 가진 이 별을 사람에게 적용하는 것은 무리다.

무저갱에서 황충이 올라오는데 '땅 깊은 곳'은 지상에 출현하기 전까지 첫째 짐승 곧 적그리스도가 머물던 곳이다. 무저갱은 천년왕국 때에 사탄의 임시 감옥으로 사탄과 그의 수하들이 영원히 머무를 지옥이나 음부와는 구별된다. 신약에서 무저갱은 '죄를 범한 천사들을 가두는 어두운 구덩이'로 묘사되었다. 복음서에서 무저갱은 '악령들, 곧 귀신들이 감금당하는 곳'이다.

계시록에서 말하는 하늘을 단순히 우리가 지금 바라보는 대기층의 하늘이 아니라 보이지 않는 세계의 영적 공간으로 본다면 이 지하의 유별난 공간도 지구의 깊은 어느 곳이 아니라 어두운 영적 공간으로 이해해야 한다. 이 세상에는 밑이 없는 구덩이가 존재하지 않는다. 이를 문자적으로 적용코자 한다면 해석상의 곤경에 직면한다. 영적인 실재를 우주적 관점에서는 도저히 이해할 수 없다.

'무저갱'은 사탄과 두 짐승이 장차 던져질 불못과는 다르다. 불못에는 무저갱보다 지옥이 더욱 합당한 이름이다. 귀신들은 자신들의 활동이 억제당하는 흑암의 깊음에 들어가기를 싫어한다. 무저갱은 타락한 천사들을 임시로 감금시키는 곳이며 천사의 나팔로 인해 일부가 풀려나는데 그 중에 짐승이 있다(17:8). 두 증인의 사역이 한창 무르익을 때 무저갱으로부터 올라온 짐승은 두 증인과 싸움을 벌여 그들을 죽여 온갖 모욕을 가한다.

베드로후서 2장 4절에 따르면 무저갱은 지옥에 속했으며 어두운 구덩이다. 무저갱은 지옥에 미치지 못해도 지옥의 화염이 충천하다. 화염이 있는 곳에는 반드시 연기가 피어오른다. 무저갱에서 피어오른 이 연기는 세상을 뒤덮어 밝은 해와 공기를 어둡게 만든다. 무저갱의 연기는 지옥의 불꽃에 기인하며(눅 16:23-24) 무저갱의 불꽃은 지옥의 불못(계 20:10, 14-15)에서 나왔다. 무저갱에서 피어오른 연기는 '불못'과 연관되었다(계 19:20, 20:10, 14, 15).

'황충'은 성경에서 멸망의 상징으로 묘사된다. 황충처럼 전갈도 하나님의 심판을 대행하는 도구로 사용되었는데, 정확히는 황충과 전갈이 아니다. 황충은 전갈과 같은 권세를 받았다. 황충도 무서운 재앙의 도구며 전갈도 두려운 심판의 도구인데 둘이 결합되었으니 그 재앙의 집행 능력이 얼마나 대단할 것인가! 다섯째 나팔을 첫째 화라 부를 만하다. 황충에게 권세를 준 이가 과연 누구인가? 사탄인가? 적그리스도인가? 하나님이시다. 그들에게 엄중한 심판의 권세를 행사할 힘을 주실 분은 하나님이시거나 어린양이시다.

하나님의 궁극적 권세는 사탄의 영역에까지 미친다. 하나님은 천국 열쇠만이 아니라 지옥문의 열쇠도 통제하신다. 성도들이 원수들의 압제 아래 놓이며 박해자들에게 괴롭힘을 당하는 환경에 놓일 때 그 배후에서 악한 자들의 망동 수위를 조절하시는 분이 하나님이심은 적지 않은 위로가 된다. 하나님이 성도의 편에 있으므로 절체절명의 순간에도 희망의 끈을 놓지 않는다. 구원도 파멸도 하나님이 통제하시고 보호도 심판도 하나님이 주관하신다. 사탄이나 사탄의 대리자, 황충이나 짐승들까지도 하나님이 허락하시는 기간 안에서 활동하며 허용된 범위 내에서만 활동한다.

하나님이 사탄적인 권세로 하나님께 속하지 않는 자들을 징치하신다. 메뚜기 떼가 지나가면 반드시 땅의 풀이나 푸른 것이 피해를 당한다. 그러나 이 황충은 다르다. 풀이나 푸른 채소류는 건들지 못한다. 그들은 황충의 본성에 어긋난 별다른 먹잇감을 덮친다. 사람, 그것도 하나님께 속하지 않아 땅에 거하는 자들이다. 하나님의 백성은 이미 7장에서 인을 맞았다. 하나님의 백성은 하나님의 특별한 보호 속에 안전히 거하지만 대환난 속의 교회는 인류 역사의 전 과정을 통해 늘 그러했듯이 혹독한 박해를 받게 된다.

황충의 모습은 기이해서 그것이 얼마나 흉악하고 두려우며 파괴적인 존재인가를 강조한다. 면류관 같은 것을 쓰고 사람의 얼굴 같은 메뚜기의 얼굴 모습은 황충이 악마적 존재임을 시사한다. 사자의 이 같은 모습이 무시무시한 공격력을 상징한다면 철흉갑 같은 흉갑은 견고한 방어력을 상징한다. '전갈과 같은 꼬리'는 '전갈의 꼬리 같은'이란 뜻이다. 황충의 모습이 두려운 외적 형상이라면 전갈의 꼬리는 무서운 내적 능력이다.

첫째 화의 황충은 적그리스도와 마귀의 영적 군세임이 분명하다. 이 사탄적 황충에게는 섬기는 왕이 있다. 황충의 임금은 황충이 나온 곳인 무저갱의 사자다. 이 무저갱의 사자는 하늘에서 떨어진 별로서 무저갱의 열쇠를 지녔다. 히브리어로는 '파멸자'를 뜻하는 '아바돈'(אֲבַדּוֹן), 죽은 자의 영역인 '스올'(שְׁאוֹל)이요 헬라어로는 '죽음'을 뜻하는 '아볼루온'(Ἀπολλύων)이다. 귀신의 왕은 사탄이 아니다. 사탄은 공중 권세 잡은 자로 마지막 전쟁에서 체포되어 무저갱에 구금되기까지 무저갱과 연관된 어떤 언급도 찾아볼 수 없다. 사탄은 아직 나타나지 않았다.

첫째 화가 지나갔음은 역사적 성취라는 측면보다 새로운 환상의 시작을 알리기 위한 이전 환상의 종료를 뜻한다. 첫째 화가 지나가야 둘째 화가 이른다. 역시 셋째 화가 둘째 화의 뒤를 따른다. 이는 사건의 발생보다 환상으로서의 '세 화'를 강조함이다. 어쩌면 요한은 저 멀리서 다가오는 둘째 화와 셋째 화를 연속적으로 보고 있는지 모른다. 환상 속에서의 사건 진행이란 의식 세계에서의 진행과는 상당히 다르다.

네 나팔의 재앙으로 혼비백산했던 사람들은 이전의 화와 비교도 되지 않을 첫째 화의 재앙이 지나자 안도의 한숨을 돌렸다. 그러나 숨 돌릴 틈도 없이 둘째 화와 셋째 화가 빠른 속도로 다가오고 있었다. 계시록이 기록될 당시에는 화가 아직 지나지 않은 상태였다. 메뚜기에 대해서도 다양한 해석이 제시되었다.

① **과거주의적 관점**: 메뚜기 떼를 악마적인 군대로 이해하였다. 예루살렘이 로마의 포위를 받았을 때에 열심당들이 보인 '복장도착'(transvestitism)을 여자의 머리털로 표현했다. 요세푸스도 《유대전쟁사》에서 그들이 게릴라전을 펼치며 보인 기행을 기술하였다. 황충의 임금은 사탄이다.

② **역사주의적 관점**: 엘리엇과 반즈는 메뚜기 떼로 묘사되었

던 미디안 군대처럼 이슬람 군대의 상징으로 보았다. 그들이 머리에 두른 터번은 면류관처럼 보였고 여자의 머리털 같음은 얼굴과 턱에 길게 자란 수염을 가리킨다. 사라센 군대는 쇠비늘 갑옷을 입었기에 철흉갑으로 묘사했고 말꼬리 위의 후미에서 싸우는 기술이 탁월했기에 꼬리와 쏘는 살을 언급한 것이다.

③ **미래주의적 관점**: 상징적 해석을 거부하고 문자적 해석을 취한다. 아이언사이드는 미래에 일어나 배도의 길을 걸을 이단자 교황으로 해석하였다. 황충의 임금은 무저갱을 열었던 천사라 보았으나 사탄의 고위급 부하로 여겼다. 마운스는 도미티아누스 황제로 간주했다.

④ **이상주의적 관점**: 메뚜기는 사탄에 대한 상징이다. '금과 같은 면류관'은 겉치레의 권위를 가리킨다. '여자의 머리털'은 유혹하는 힘을 상징하고(딤전 4:1) '사자의 이' 같음은 잔인한 말투를 의미한다(벧전 5:8). '전갈'과 같음은 그들의 심술궂음을 나타내고 '철흉갑' 같음은 인간의 수단으로는 감히 대항할 수 없는 불굴성을 뜻한다. 메뚜기에게는 왕이 없으므로 사탄을 의미한다.

3) 여섯째 나팔과 둘째 화: 마병대(9:13-21)

여섯째 나팔과 다섯째 나팔의 내용은 악마적 군대를 동원해 하나님의 인 맞지 않은 이방 세계에 심판을 행하신다는 측면에서 성격상 흡사하다. 이로써 첫째 화와 둘째 화가 끝난다. 둘째 화는 첫째 화에 비해 그 내용이 훨씬 격렬하다. 세 화는 강도에 있어 더욱 드세고 파괴의 양상은 요한의 독자들을 더욱 압도한다. 황충과 마병대는 꼬리로 사람들을 해친다. 차이가 있다면 황충이 고통을 가하기 위한 것임에 비해 마병대는 사람 1/3을 죽이기로 예비한 자들이며, 황충의 꼬리는 전갈과 같은 꼬리인데 마병대의 꼬리는 뱀과 같다.

꼬리의 권세는 비슷하지만 황충이 꼬리로 해함에 비해 마병대는 꼬리에 달린 머리 곧 입의 권세로 해한다. 황충의 말들은 전쟁을 위해 예비되었지만 마병대의 말들은 입에서 사람 1/3을 죽이는 불과 연기와 유황이 직접 나온다. 마병대의 개념 역시 이 재앙이 전쟁과 연관되었음을 암시한다. 헨드릭슨은 여섯째 나팔이 과거와 현재와 미래를 통틀어 인류에 재앙을 가져다주었고 지금도 주고 있으며 앞으로 재앙을 가져다 줄 모든 전쟁을 의미한다고 해석했다. 재앙의 열쇠는 사탄이 아니라 하나님이 틀어쥐고 계신다.

여섯째 천사가 나팔을 불자 둘째 화의 실체가 드러난다. 하나님 앞에 있는 금단 네 뿔로부터 한 음성이 유브라데 강에 결박된 네 천사들에게 명령을 내린다. 음성의 주인공이 누구인지는 당장 밝혀지지 않는다. 음성의 주인공은 어린양일 가능성이 높다. 금단은 번제단이 아니라 향단이다. 향단은 성도들의 기도가 향연이 되어 하나님의 보좌로 끊임없이 올라가는 곳이다. 향단이 둘째 화와 연관되었음은 악한 자들에 대한 징벌이 성도들의 부르짖음에 대한 하나님의 응답이라는 사실을 확신시킨다.

둘째 화를 제단 앞에 엎드린 순교자들의 탄원에 대한 응답으로 보는 것은 지나친 단견이다. 오히려 모든 시대의 모든 성도들이 드린 간구에 대한 응답으로 여기는 편이 옳다. 순교자들은 제단 아래서 부르짖고 성도들은 향단 앞에서 부르짖는다. 두려운 심판은 순교자들과 성도들의 '보수'(vengeance)를 위해 드린 기도 응답이다. 이 항단은 일곱 인을 뗄 때 요한이 환상 속에서 이미 보았다(8:3).

역사적으로도 이스라엘을 침공했던 모든 대적들(앗수르, 바벨론, 페르시아)은 유프라테스 강을 건넜다. 유프라테스는 이스라엘이나 로마의 국경선 역할을 했을 뿐 아니라 이민족들에 의한 침략의 상징이었다. 유프라테스는 여섯 번째 대접이 쏟아지는 종말의 때에 이르러 다시 한 번 강물이 메말라서 동방에서 오는 왕들의 길을 예비한다(16:12). 전쟁과 연관된 유프라테스 강의 지칭은 여섯째 대접에서 다시 언급된다. 다섯째 나팔과 여섯째 나팔은 다섯째 대접과 여섯째 대접에 필적할 만큼 유사점이 많다. 이만만의 마병대와 온 천하 임금들과 군대들, 뱀 같은 꼬리의 살상력과 아픈 것과 종기와 '불과 연기와 유황'의 세 재앙, 용과 짐승과 거짓 선지자의 입에서 나오는 '세 더러운 영', 회개치 않음과 하나님을 훼방하고 회개치 않음 등이 그렇다.

7장 1절의 '땅 모퉁이에 섰던 네 천사'는 하나님의 뜻을 수행하던 선한 천사였지만 이곳의 네 천사는 유프라테스에 결박되어 있다. 그들은 정해진 날까지 감금 상태에 있다. 선한 천사라면 감금될 이유가 없다. 네 천사는 여섯째 나팔에서 침공하는 마병대를 돕는 위치에 있다. 마병대와 네 천사의 관계가 명시되어 있지 않지만 네 천사의 결박이 풀리자마자 이만만의 마병대가 등장한 것으로 보아 네 천사가 그들을 활동시킨 것이 분명하다.

그들은 하나님의 뜻이 아니라 자신의 의지를 수행하려는 악한 천사들로서 심판의 대행자로 쓰임 받기 위해 정해진 시간까지 감금되어 있었다. 그들이 결박되었다는 사실이 이를 증명한다. 그들은 무저갱에 갇혔던 황충처럼 하나님에 의해 활동을 통제받는 악한 천사다. 1세기경을 살아가던 계시록의 수신자들은 당시의 정황에 따라 유프라테스에 결박된 네 천사를 쉽게 파르티아인들로 생각했겠지만 이를 요한의 원래 의도로 볼 수는 없다.

악한 천사들의 활약은 시간대로 나눌 만큼 철저히 하나님의 통제 아래 있다. 정해진 해, 정해진 달, 정해진 날의 정해진 시간이다. 유프라테스에 결박된 네 천사는 바로 이 정해진 시간을 기다리고 있다. 그들은 피에 굶주린 짐승처럼 사람 삼분의 일을 죽이기로 예비된 심판의 도구다. 넷째 인과 셋째 나팔을 통해 이미 죽음이 휩쓸고 지나갔지만 더 참혹하고 무시무시한 죽음의 회오리가 다가온다. 다섯째 나팔 때는 형언하기 힘든 고통이 세상을 덮쳤는데 그토록 구해도 도주하던 죽음이 폭풍처럼 휘몰아친다. 첫째 화의 여진이 아직도 기억에 선명한데 둘째 화를 잠정 중단하신 하나님이 여섯째 나팔을 불도록 허락하셨다. 결박된 천사들이 활동할 시간이 되었기 때문이다.

하나님께서 그들을 감금 상태에서 풀어주심은 하나님이 그들을 심판의 대행자로 삼으셨기 때문이다. 하나님께서는 시간을 다스리신다. 그분은 모든 시대, 모든 시간의 주님이다. 역사의 매 순간이 철저히 하나님의 통제 아래 있다.

재앙 대상인 인류의 1/3은 엄청난 숫자이지만 인류의 멸망에 비해서는 적다. 이미 인류는 넷째 인의 재앙을 통해 1/4이 죽었다. 어떻게 이런 살육이 일어날지에 대해서는 명확치 않다. 말들의 입에서 나오는 불과 연기와 유황으로 인해 죽임을 당한다고 언급하지만 그 실체는 알기 어렵다. 이 재앙의 메시지는 분명하다. 하나님의 백성은 심판의 대상이 아니다. 하나님의 사랑과 긍휼을 거절하는 완고한 백성에게 임하는 대재앙이다. 예언자나 묵시주의자들이 이방 군대의 침입을 하나님의 백성에 대한 공격으로 이해함에 비해 요한은 타락한 문명에 대한 하나님의 심판으로 여긴다.

결박된 네 천사는 재앙 수행의 목적만을 위해 오랜 시간을 기다렸다. 그들의 파괴력과 분노는 기다려온 시간에 비례하여 산을 덮고 바다를 말릴 만큼 다져지고 축적되었다. 결박당한 네 천사의 살상 능력은 대단해서 하나님의 살인병기로 충분하다. 그들은 하나님의 종들이 인을 맞기까지 억제를 당해 왔다. 이제 하나님의 종들은 모두 안전하게 인을 맞았고 드디어 가공할 파괴력을 풀어놓을 때가 되었다. 셋째 천사가 나팔을 불었을 때 이미 '쑥'으로 인해 많은 사람들이 죽었음을 보았다. 다섯째 천사가 나팔을 불었을 때는 황충의 쏘는 권세로 인해 죽음보다 더한 고통을 다섯 달이나 견뎌야 하였다. 이제 여섯째 천사가 나팔을 불자 셋째 나팔과 다섯째 나팔 재앙으로 땅에 임했던 모든 죽음과 고통이 결합된 형태로 드러난다. 세상은 인류의 1/3이 몰살당하는 엄청난 재앙에 휩싸인다.

2013년 9월 16일 현재의 세계 인구가 무려 71억 1,153만 2,039명에 달하니 1/3이면 23억 7,048만 6,975명에 이른다. 약 24억에 가까운 인구가 몰살을 당한다고 상상만 해도 소름끼칠 일이 아닌가! 인 재앙은 인구 1/4의 멸절이었는데 이제 그 규모가 1/3에 이르렀다. 주님의 재림이 가까울수록 재앙의 강도는 더욱 심해져간다. 1/4을 멸하실 때나 1/3을 멸하실 때에도 하나님의 심판이 지향하는 목적은 단 한 가지, 남은 자들의 회개를 통한 구원에 있다. 3/4과 2/3를 향하신 하나님의 구속 의지가 1/4과 1/3에 해당하는 악행자들을 진멸토록 하셨다.

마병대의 숫자 이만만은 문자적으로 계산하면 2억이다. 1세기 당시의 로마군 병력은 정규군이 25군단(legion)에 125,000명이었고 엄청난 지원군이 그 뒤를 받쳐주었다. 세계 최강인 로마 군대에 비해 정확하게 800배나 많은 숫자가 마병대의 군세였다. 마병대는 단순 보병이 아니라 기마 부대 또는 전차 부대였을 테니 그 막강한 전력은 상상을 초월한다. 용맹무쌍한 파르티아 기마병의 위세에 대해 잘 알고 있던 당시 소아시아 지역의 독자들이 이 내용을 읽었을 때에는 자연적으로 파르티아인들을 떠올렸을 것이다.

토마스는 이 마병대를 인간 병사가 아니라 악마적 군대라 보았다. 악령 세계에서 2억이란 숫자는 아무 문제가 되지 않는다. 믿을 수 없을 만큼 거대한 군대는 세상의 그 누구도 막을 수가 없다. '이만만'은 정확히 2억이라기보다 '무수한 숫자에 대한 상징'으로 이해함이 자연스럽다. 현대에 이르러 2억에 해당하는 군대를 보유할 수 있는 나라는 중국뿐이므로 마병대를 중국과 연관시키려는 시도도 있으나 이것은 본문의 의미를 곡해한 것이다.

요한 당시의 사람들이 과연 이 숫자의 의미를 이해할 수 있었을까? 물론 없었다. 사람들이 셀 수 있는 숫자의 한계를 '만'으로 알고 있었기에 그들을 '2×10,000×10,000'으로 묘사했다. 셀 수 없는 숫자의 한계인 만에다 만을 곱하여 중복적으로 사용한 것은 무수히 많음을 최고조로 강조한 것이다. 말들과 기수들의 무장이 같은 색깔로 섬찟지근함을 더한다. 말들의 머리가 실제 말의 머리가 아니라 사자 같음은 그 악마적 군세의 흉포함과 용맹성을 돋보이게 만든다. 말들의 입에서 나오는 불과 연기와 유황은 그 치명적인 살상력을 절감케 한다.

요한은 말들의 입에서 나오는 불과 연기와 유황을 반복해서 언급함으로 그 악마적인 재앙을 상기시킨다. 황충에게 용인되지 않았던 인간 살해가 마병대와 기수들에게 허락되었다. 세 재앙을 통한 인류 1/3에 대한 대학살이 하나님의 허락 아래 끔찍하게 저질러졌다. 황충의 모습보다 더 끔찍스런 형상을 한 마병대의 기수들은 정작 이 재앙에서 수행한 일이 없었다. 모든 재앙은 그들이 타고 있는 기묘한 형체의 말들 입에서 나왔다. 불과 연기와 유황의 세 재앙이 미친 여파는 참으로 끔찍했다. 전체 인류의 1/3이 멸절되었다. 땅에는 그들의 시체가 산을 이루고 통곡 소리가 온 하늘에 메아리쳤다.

신실한 성도들은 이미 휴거했거나(4장) 하나님의 보호를 통해 보좌 앞에 있다(7장). 땅에 거하는 자들의 1/3이 죽었다. 전대미문의 대재앙에서 살아남은 자들은 죽임 당한 1/3의 시체를 바라보며 하나님을 두려워해야 마땅한 일이었으나 그들은 끝까지 회개하지 않았다. 인류 1/3이 대재앙의 희생물이 되어 충분한 경고가 되었지만 그들은 아무런 도덕적, 영적 영향력을 받지 않았다. 결과는 정반대였다.

애굽의 바로는 하나님의 크신 능력을 접할 때마다 두려워 떨며 그 권능을 인정했지만 이내 마음을 강퍅하게 했다. 장자의 재앙을 내리기까지 그의 마음은 완고하기 짝이 없었다. 재앙에서 살아남은 자들 역시 회심이 아니라 더욱 마음을 완고히 하여 마지막 심판을 기다린다.

그들은 귀신 숭배와 우상숭배와 복술로 지칭되는 영적 죄악과 살인과 음행과 도둑질로 드러난 부도덕한 삶을 회개하지 않았다. 회개하기는커녕 즐기며 환호작약했다. 회개하고 회개해야 마땅한 그들은 회개치 아니하고(20절) 회개치 아니했다(21절). 그들의 회개치 않음을 두 번이나 반복함은 그들이 얼마나 완악하며 하나님의 심판이 얼마나 엄중할 것인가를 능히 상상케 한다. 회개치 않는 자의 보응은 번복될 수 없는 영원한 파멸이다.

*** 둘째 막간: 사역의 환상**(10:1-11:13)

일곱 인과 일곱 나팔 사이에는 구조적 유사점이 있다. 막간의 삽입이다. 첫째 막간은 '구원의 환상'이요 둘째 막간은 '사역의 환상'이다. 여섯째 인과 일곱째 인 사이에는 144,000과 무수한 백의의 무리를 내용으로 한 구원의 환상이 삽입되었다. 여섯째 나팔과 일곱째 나팔은 비슷한 구조를 보이는데 그 사이에 힘센 천사와 작은 책, 성전 척량, 두 증인을 내용으로 하는 사역의 환상이 삽입되었다. 이는 여섯째 인과 일곱째 인 그리고 여섯째 나팔과 일곱째 나팔의 앞뒤를 맞물리게 하는 일종의 문학적 장치다. 이것은 일곱 인과 일곱 나팔 사건에서 성도의 역할을 명료하게 만든다.

A. 힘 센 천사와 작은 책(10:1-11)

10장의 힘센 다른 천사와 작은 책 장면은 5장의 보좌 장면을 연상시킨다. 두 곳 모두에서 힘센 천사가 등장하고 책이 나온다. 굳이 다른 점이 있다면 일곱째 인을 뗄 때에 하늘이 잠시 고요한 시간이 있었지만(8:1) 일곱째 나팔은 지체하지 않는다. 5장에서는 책이 인봉되었는데 이곳에서는 책이 펴져 있다. 이 '작은 책'에 대해서는 해석하는 관점에 따라 다르다.

① **과거주의적 관점**: 인쇄술의 발명으로 인한 성경 보급으로 본다.
② **역사주의적 관점**: 계시록의 남은 부분의 내용으로 본다.
③ **미래주의적 관점**: 하나님의 말씀에 대한 상징으로 해석한다.
④ **이상주의적 관점**: 은혜와 심판이 담긴 하나님의 메시지로 본다.

일곱 우레는 인봉되었으나 '책'(비블리온 βιβλίον)은 허락되었다. 이 책이 무엇인지에 대해 다양한 해석이 시도되었다.

① 구원의 신비가 설명된 복음, 하나님의 말씀
② 요한에게 주신 하나님의 말씀
③ 사탄의 패배(12:8-9)에 관한 말씀
④ 메시아의 탄생
⑤ 재앙에 대한 일반적인 메시지
⑥ 11장 1-13절의 말씀
⑦ 세상을 향한 하나님의 전체 목적

하나님의 말씀은 소유하고 소화해야 한다. 말씀을 소화하는 비유는 성경에 간혹 나타난다. 말씀을 마음과 생각에, 육비와 심비에 인같이 품고 도장같이 새겨야 한다. 말씀 전하는 자는 진리와 계시의 내용을 제대로 소화하지 않으면 그것을 전할 수 없다. 먹음은 소화를 당연한 전제로 한다. 하나님께서는 에스겔에게 입을 벌리고 하나님께서 주시는 두루마리 책을 먹도록 명령하셨다. 소화된 후에 세상을 향해 외쳐야 한다.

세상에 전할 말씀은 하나님의 진노 선포와 구원자의 약속을 내포하기에 한편으로는 쓰고 한편으로는 달다. 약속의 말씀은 달콤하지만 말씀의 준행은 쓰다. 구약에서는 하나님의 말씀을 단맛으로 표현했다. 하나님의 말씀은 꿀보다, 송이 꿀보다 더 달다. 주의 말씀을 얻어먹는 자로서 예레미야는 그 기쁨을 토로했다.

요한은 지금까지의 예언에 더해 방금 받아먹은 책의 내용 곧 달고 쓴 메시지를 반드시 전해야 한다. 이전에 받았던 예언 사역의 사명에 대한 갱신을 하늘의 음성이 선포한다. 다시 예언할 내용은 이전에 비해 더욱 부담스럽다. 요한에게 단맛 외에 쓴맛이 첨가된 것은 그것이 멸망의 예언을 담고 있었기 때문이다. 그가 마주칠 대상은 이전에 비해 더욱 드세고 하나님을 반역하고 예언자를 핍박하는 정도도 극심해진다. 그래도 요한은 이 사역에 적극적으로 임해야 한다. 아직도 하늘에는 세상에 전할 영원한 복음이 있다(14:6). 백성과 무리와 열국과 방언을 음녀가 좌지우지해도 다시 예언해야 한다.

B. 성전 척량(11:1-2)

11장에는 성전 척량, 두 증인의 활동 그리고 여섯째 나팔에 이어 마지막 일곱째 나팔이 소개되었다. 11장은 '때'와 관련된 해석상의 난점이 있다. 과거주의자들은 문자적 해석을 받아들여 11장의 내용을 70년의 예루살렘 멸망 사건과 연관시킨다. 이에 반해 이상주의자들은 상징적으로 해석해서 '성전'은 '교회'요, '두 증인'은 '순교 당할 교회의 일부'요, '성'은 '하나님의 뜻을 거스르는 문명'으로 본다. 대부분의 주석가는 '성전', '제단', '경배자'를 모두 '믿는 자들의 공동체'로 받아들인다.

헨드릭슨은 '성전'을 '참 교회'로, '성전 밖 마당'을 '세상에 타협하다 세상에게 짓밟힐 명목상의 기독교'로 보았다. 왈부어드와 자이스는 세대주의적 미래주의의 입장에서 대환난 기간 동안에 '성전'이 실재하며 '두 증인도' 실제 인물이요 '제단'도 '옛 제사 행위가 치러질 장소'요 '성전 안의 경배자들'도 '종족적 의미에서의 남은 자인 유대인'으로 보았다. 즉 세대주의적 전천년설자들의 입장은 예루살렘에 실제로 성전이 재건될 것으로 믿는다.

이스라엘의 영적 갱신이 있기 전에 하나님의 특별하신 보호가 임한다는 주장이다. 적그리스도는 첫 3년 반 동안에 예루살렘에서의 성전 건립을 허락하며 유대인들의 예배도 금지하지 않는다. 7년의 반이 끝나면서 언약을 파기하고 주님의 재림이 이루어지기까지 거룩한 성과 성전 일부를 짓밟는다.

10장에서 11장으로 바뀌었지만 환상의 장면은 끊어지지 않고 계속 이어진다. 천사에게서 두루마리 책을 취해 먹었던 요한은 또 천사에게서 '지팡이 같은 갈대'를 받는다. 요한이 환상 중에 능동적인 행위의 주체자로 드러나는 순간이다. 다윗도 모압을 친 후에 줄로 사람을 재어 죽이거나 살릴 자를 정한 경우가 있다. 요한의 경우에 척량 대상인 '성전'과 '제단'과 '경배자'는 '새 이스라엘로서 하나님의 신실한 백성'이다. '척량'은 '보호'를 상징하는데 육체적인 고난이나 죽음으로부터의 보호라기보다 '영적 위험에서의 보호'를 뜻한다.

'하나님의 성전'은 성전 자체가 아니라 성전 안에 있는 성소를 가리킨다. 유대 신자와 이방 신자로 이루어진 메시아적 구속 공동체로서 12장에 나타난 여자의 남은 후손과 같다. 에스겔 40-42장에 나타난 성전 척량은 하나님의 소유권과 자기 백성에 대한 보호를 상징한다. 스가랴 선지자가 본 셋째 환상에서 한 사람이 척량줄로 예루살렘의 장광을 척량했는데 이것 역시 거룩한 성에 대한 하나님의 보호를 상징한다. 이곳의 척량은 다가올 큰 박해로부터 성도를 보존하기 위함이다.

'성전 밖 마당'은 '이방인의 뜰'을 의미한다. 솔로몬 성전은 안뜰과 바깥뜰로 되어 있었으나 헤롯 성전은 여인의 뜰, 이스라엘 백성의 뜰, 제사장의 뜰로 구분되었다. 세 뜰은 이방인의 뜰과 나뉘어져 경계를 넘는 이방인은 죽임을 당했다. '바깥마당'은 발람과 이세벨의 추종자들로서 세상과 타협한 교회를 상징하고 성전 안의 경배자는 짐승의 표를 거절하고 신앙을 변절치 않는 참 교회를 상징한다. 이방인에게 허용된 마흔두 달에 걸친 성전 밖 마당의 유린은 제한된 박해를 뜻한다. 그들은 보호 척량을 받은 하나님의 자녀를 해하지 못한다. 적대자들이 아무리 강하고 포학해도 외적 교회가 아니라 내적 교회를 해할 수 없음은 그들이 이미 하나님의 갈대에 의해 척량되었기 때문이다.

마흔두 달 성전 유린의 배경은 안티오커스 에피파네스 4세에 관한 예언이다. 역사적으로 예루살렘 성전은 주전 167-164년 동안 시리아의 폭군 안티오커스 에피파네스 4세에게 처참히 유린되었다. 마흔두 달은 1,260일로 한 때와 두 때와 반 때로도 표현되었다. 마흔두 달은 길지만 한정된 고난을 뜻한다. '42'와 관련된 중요한 사건이 둘 있다. 하나는 엘리야 시대에 3년 6개월 동안 이스라엘을 덮쳤던 심각한 기근이고, 다른 하나는 출애굽에서 가나안에 이르기까지 광야에 진을 쳤던 마흔두 곳이다.

이렇듯 42는 고난과 심판에 연관된 숫자다. 하나님의 묵인 아래 악이 득세하는 소위 '이방인의 때'다. 휴거설에 반대하여 통과설을 주장하는 측에서는 성도들이 대환난을 겪지만 영적인 해악에서 철저히 보호받는 것으로 본다. 공동체로서의 그들은 주님의 파루시아까지 온전히 보장받으며 '두 증인'으로서의 집합적 사명을 수행한다.

C. 두 증인(11:1-19)

척량 대상자는 하나님의 보호를 받고 척량에서 제외된 성전 밖 마당은 이방인들에게 짓밟힌다. 보호와 방치는 척량의 유무에 있고 그 경계지점에 '두 증인'이 있다. 두 증인의 예언사역은 박해의 시기에 집중되었다. 이방인의 두려운 박해에도 불구하고 두 증인의 증거는 거침없다. 그들에게는 세상이 감당치 못할 권세가 있다. 두 증인은 미래의 예언자다. 그들은 하나님의 법정에 선 검사로서 세상의 죄를 정죄하고 고소했다.

성경은 종말이 닥치기 전에 모세와 엘리야가 돌아오리라는 언급을 했고 메시아의 강림 전에 엘리야와 에녹이 출현할 것이라는 믿음은 후기의 유대 문헌에도 나타난다. 본문에는 모세와 엘리야를 두 증인으로 생각할 만한 내용이 많다. 두 증인은 엘리야처럼 능력을 지녔고 불로 적들을 살랐으며 하늘을 닫아 비가 오지 못하게 했다. 모세처럼 물을 피로 변하게 했고 재앙으로 땅을 쳤다. 그들도 엘리야처럼 승천했다. 하지만 엘리야나 모세는 두 증인 같은 죽음을 당하지 않았다.

두 증인의 해석은 쉽지 않다. 둘을 개인으로 보느냐, 집단으로 보느냐도 간단하지 않다. 두 증인은 '666'과 함께 논쟁의 쌍봉이라 할 수 있다. 두 증인을 '두 감람나무와 두 촛대'라 부르므로 집합적으로 해석하여 '교회'로 이해하는 부류도 있다. '짐승'은 두 증인을 대상으로 전쟁을 벌이는데 이것도 두 증인을 개인으로 보기 어려운 이유다. 개인에 적용하면 에녹과 엘리야로 보는 것이 옳다.

성경에서 죽음을 보지 않고 승천한 인물은 오직 에녹과 엘리야 둘뿐이다. 하나님의 아들까지도 죽음을 통과하셨다. 마지막 심판이 이르기 전에 에녹과 엘리야가 지상에 나타나 완고한 유대인들에게 주님의 복음을 증거하다 죽음으로서, 죄의 삯으로서 죽음은 인간의 몫이라는 하나님의 말씀을 이룰 것이다.

① **과거주의적 관점**: '1,260일'을 유대 전쟁이나 네로의 박해 기간 또는 둘 다의 의미로 받아들인다. '두 증인'을 '예루살렘 멸망 직전에 예언 활동을 한 인물'로 간주한다. '여자'는 '이스라엘'이요 '남자아이'는 '유대 전쟁 때 예루살렘을 탈출한 교회'로 본다. '첫 짐승'은 '교회를 박해한 로마나 네로 황제'요, '둘째 짐승'은 '황제숭배', '로마의 악한 총독' 또는 '이스라엘의 거짓 선

지자'로 본다.

② **역사주의자적 관점**: '성전 척량'을 '종교개혁이 진행되던 교황 시대에 참 교회를 결정하던 사건'으로 본다. '1,260일'은 교황들의 재임 기간인 '1260년'으로 해석한다. '두 증인'은 발도파와 알비주아파처럼 '종교개혁 직전까지 교황권에 저항했던 이들'로 본다. '여자'는 '로마에게 핍박을 받았던 가시적인 교회', '남자아이'는 '참 교회'로 보며 콘스탄티누스 대제의 등극으로 교회는 보호를 받는다. '두 짐승'은 각각 '교황권의 정치권력 행사', '교권 행사'로 이해한다.

③ **미래주의적 관점**: 1,260일을 대환난과 관련된 3년 6개월의 기간으로서 4장 1절부터 19장까지 계속되는 것으로 본다. 후반기에 해당하는 3년 반을 '대환난'이라 부른다. '두 증인'을 '장차 나타날 예언자로서 모세와 엘리야 아니면 에녹과 엘리야'로 해석한다. '여자'는 신실한 이스라엘로 대환난 기간에 적그리스도의 박해를 피해 광야로 도피한다. '첫 짐승'은 정치적 세계 지도자요, '둘째 짐승'은 '첫 짐승에게 세계적 경배를 이끌어낼 종교지도자'다.

④ **이상주의적 관점**: '1,260일'을 '전체 교회 시대'로 여기며 '두 증인'도 '교회 시대의 교회'로 본다. '여자'도 같은 의미로 받아들인다. '첫 짐승'은 전체 역사를 통해서 교회를 박해한 정치세력으로, '둘째 짐승'은 정치권력을 흠모하는 거짓 종교로 이해한다.

두 증인의 시체는 삼 일 반 동안 유린당하다 부활한다. 요나가 사흘 만에 회생하고 주님이 사흘 만에 부활하셨듯이 두 증인은 살아난다. 살리는 영이 그들에게 들어가자 골짜기의 마른 해골 떼들처럼 일어난다. 대환난의 후반부를 길거리에 내팽개쳐졌던 두 증인의 시체가 소생한다. 세상의 대축일이라며 기뻐 날뛰던 땅의 거민들에게 두려움이 엄습한다. 엘리야의 승천은 엘리사와 선지자의 생도 오십 인에게만 목격이 제한되고 모세의 베일에 싸인 임종은 아무도 지켜본 자가 없었다. 주님의 승천 목격도 제자들에게만 국한되었다.

그러나 두 증인의 승천은 온 세상이 알게 된다. 땅의 모든 거민은 이 놀라운 광경을 동시에 목격한다. 두 증인이 승천할 때 땅은 거대한 지진으로 큰 성의 1/10이 무너지고 7,000명이 죽는 대재앙을 겪는다. 1/10과 7,000은 산술적 개념이 아닌 상징적 숫자다. 인 재앙에서 1/4이 멸절되고 나팔 재앙에서 1/3이 파멸되듯 1/10이나 7,000은 심판의 정도가 한정적임을 뜻한다. 엄청난 재앙이 들이닥쳤지만 마지막 대재앙은 아직 오지 않았다.

땅에 거하는 자들은 여전히 회개하지 않는다. 그들이 하나님께 돌린 영광은 극도의 두려움에서 솟구친 일시적 경외감이었다. 외경심에서 우러나온 의식적인 회개이기보다 공포심에 사로잡혀 엉겁결에 뱉은 탄성이었다. 그들은 두 증인의 죽음을 누구보다 기뻐했고 그들의 시체가 길가에 방치된 동안 전혀 돌아보지 않았다. 오히려 두 증인의 죽음을 즐거워하며 서로 예물을 주고받았다. 그랬던 그들이 두 증인의 부활 승천과 동시에 일어난 지진 현상으로 인해 하나님께 영광 돌린다는 것은 앞뒤가 맞지 않다.

애굽의 술사들도 하나님의 권능을 인정했지만 회개하지 않았다. 느부갓네살이 일곱 때 만에 짐승의 상태에서 벗어나 잃었던 총명을 되찾자 하나님을 찬양하고 존경했지만 회개는 아니었다. 하나님의 메시지에 대한 긍정적 응답에서가 아니라 심판의 결과로 인한 영광 돌림은 순수한 회개와 분명 차이가 있다. 느부갓네살이 하나님의 심판을 통한 권능에 압도되었듯이 무리들도 심판의 무시무시함에 압도되었을 뿐이다. 그들은 회개하지 않았다. 이로써 둘째 화는 지나갔다.

4) 일곱째 나팔과 셋째 화(11:15-19)

'셋째 화'는 '일곱 나팔 재앙'이다. 그러나 일곱째 나팔에 해당하는 15-19절은 천상의 광경이므로 실제적인 화와는 거리가 멀다. 결국 다섯째 환상에 속하는 마지막 재앙인 '일곱 대접'이 실질적인 셋째 화에 속한다. 셋째 화의 내용은 이 시점에서 일어나지 않고 12-13장의 막간을 이룬다. 첫째 화와 둘째 화의 경우에는 나팔을 붊과 동시에 재앙이 임하였지만 셋째 화는 많은 사건들을 내포하고 있다. 일곱째 나팔에 대한 여러 해석이 있다.

이 부분은 계시록을 "인봉된 책"(1-11장)과 "개봉된 책"(12-22장)으로 나누었을 때 인봉된 책의 결론부에 해당한다. 일곱째 나팔을 불자 하늘의 음성이 들리며 이십사 장로들의 경배가 뒤를 잇고 세상에 심판을 가져올 하늘의 성전이 열린다. 일곱 인을 떼기 직전의 고요함과는 달리 일곱째 천사가 나팔을 불자 하늘로부터 큰 음성들이 들린다. 복수의 음성은 천사들 혹은 천상의 무수한 성도들에게 속한 소리를 암시한다. 이 음성들은 네 생물에게서 나왔을 가능성이 크다.

사실 큰 음성들은 그리스도의 왕적인 통치를 송축하는데 이어서 이십사 장로들의 화답이 나오고 있음은 4-5장의 보좌 환상 장면과 유사하다. 즉 네 생물들이 부른 송영에 역시 이십사 장로들이 화답하거나 함께 노래를 부른 사실로 보아 '큰 음성'을 네 생물에 속한 것으로 이해하게 한. 그것이 이십사 장로들에게서 나온 음성이 아닌 것은 나중에 이십사 장로들이 하나님을 경배하는 내용으로 확인된다.

일곱째 인을 뗄 때처럼 일곱 나팔 잡은 천사가 나팔을 불자 땅을 향한 심판이 당장 속개되지 않는다. 일곱째 인의 경우에는 보좌의 장면에서 성도들의 기도가 금단에 올려졌는데 이곳에서는 천상의 장면과 함께 송축과 경배가 이뤄진다. 이 극적인 장면은 하나님의 성전이 열리고 언약궤가 보임으로 절정을 이루고 다음 장에서 본서의 핵심적 부분이 전개된다. 곧 하늘의 큰 이적 속에 여자의 영광과 고난이 묘사되고 여자와 그녀가 낳은 남자아이와 여자의 남은 자손을 향한 사탄의 악착스런 공격이 드러난다.

① **과거주의적 관점**: '이 세상 임금'인 원수는 십자가에서 제거되었다. 승천으로 인해 왕국은 사실상 주님께 주어졌다. 그러나 세상의 실질적 지배권이 확립되기 위해서는 두 가지 사실이 전제되어야 한다. 첫째는 영적으로 오순절에 성령 강림이 이루어져야 하고, 둘째는 물리적으로 유대교가 허물어져야 한다. 그래야 기독교가 세계의 종교로 우뚝 선다.

70년의 예루살렘 멸망으로 기독교는 세계적인 종교로 발돋움하게 되었다. 다니엘의 예언에서 그려진 다섯째 왕국인 하나님의 나라가 세워져 통치 중이다. 지상 성전의 심판 결과로 '하늘에 있는 하나님의 성전'이 열린다. 그렇게 되면 열린 하늘 성전으로 예수의 보혈을 힘입어 지성소까지 나아갈 수 있다.

② **역사주의적 관점**: 9장 13절의 여섯째 나팔은 11장 14절까지의 모든 사건을 내포한다. 1260년으로 묘사된 이 기간에 교황권이 참 교회를 박해하고 종교개혁이 일어났다. 특기할 점은 투르크 족이 교황의 관할권 밑에서 유럽을 침략해 인류의 1/3을 점령했다는 것이다. 일곱째 나팔로 복음의 오랜 숙적에 대한 심판이 거행되고 끈질긴 박해에도 순전함을 지킨 성도들은 신원된다. 세상 나라가 주님의 나라로 바뀌고 주님이 왕 노릇하신다. 일곱 나팔은 세상의 종말을 가져오지만 돌풍 같은 각일각의 종말적 사건보다 이 세상에 실질적 종말을 가져오는 마지막 일곱 대접의 쏟아짐을 포함해 광범위한 시기를 다룬다.

③ **미래주의적 관점**: '일곱째 천사의 나팔'을 '주님의 재림을 알리는 것'으로 해석하여 모든 원수를 굴복시키고 지상에 천년왕국을 세우는 사실과 연관시킨다. 이럴 경우에 '세상 나라가 그리스도의 나라가 되는 것이 연대기적으로 언제 이루어지는가' 하는 의문이 야기된다. 일곱 인 안에 일곱 나팔이 내포되었듯이 일곱 대접도 일곱 나팔 안에 내포되었다. 세대주의자들은 대환난에 앞서 휴거 시에 성도들의 부활이 있고 악인들의 부활은 천년왕국 이후에 있을 것으로 본다. 홀 린제이는 이들이 구약의 성도들과 대환난 기간 중에 믿은 신자들로서 대환난이 끝날 즈음 예수께서 왕 중 왕으로 지상에 강림하실 때 부활하여 보상을 받는다고 주장했다. 이럴 경우에 종말과 연관하여 부활 사건은 적어도 '셋'이다. 대환난 직전에 있을 교회의 부활, 구약 성도들과 대환난 기간에 형성된 성도들의 부활, 천년왕국이 끝

날 때 있을 악인들의 부활이다. 만일에 대환난 중간 시기에 있는 두 증인의 부활까지 포함시키면 네 개의 부활이 된다. 결국 일곱째 나팔은 천년왕국의 시작과 끝을 아우른다.

④ **이상주의적 관점**: 일곱째 나팔은 하나님 통치의 마지막 성취를 가져온다. 이십사 장로들의 송축에서 그리스도는 단지 "옛적에도 계셨고 시방도 계신 주 하나님"으로만 소개되었는데, 이는 그리스도의 재림이 이미 이루어졌기에 '장차 오실 이'가 당연히 생략된 것이다. 하늘 성전에서 보이던 하나님의 언약궤는 자신과 계약을 맺은 백성 곧 교회에 대한 하나님의 신실성을 강조키 위함이다. 11장은 번개와 음성들과 뇌성과 지진과 큰 우박의 형태로 하나님의 능력을 나타낸다.

2부 개봉된 책(12-22장)

요한계시록은 한 권의 책이다. 그러나 계시의 내용이 보다 감추어지고 드러난 측면에서 둘로 구분된다. 편의상 전반부를 인봉된 책(1-11장)으로 후반부를 개봉된 책(12-22장)으로 나누었다. 개봉된 책에서는 빛과 어둠의 투쟁을 담은 넷째 환상(12-14장), 일곱 대접으로 구성된 다섯째 환상(15-16장), 바벨론의 멸망과 그리스도의 승리를 다룬 여섯째 환상(17-19장), 심판과 갱신 장면이 묘사된 일곱째 환상(20:1-22:5), 결론 부분(22:6-21)으로 이루어졌다. 그리고 전반부의 인봉된 책에 나타난 구원의 환상(7:1-17)인 첫째 막간, 사역의 환상(10:1-11:13)인 둘째 막간에 이어 역시 후반부의 개봉된 책에도 심판의 환상(14:6- 20)인 셋째 막간이 수록되었다.

V. 넷째 환상: 빛과 어둠의 투쟁(12:1-14:20)

12-14장은 계시록의 심장부다. 계시록의 여러 주제 중에서 핵심적인 내용이 몰려 있다. 하나님과 그의 백성을 상대로 용과 그의 추종자들이 싸우고 어린양은 짐승과 싸운다. 11장 19절은 일곱 나팔의 종료이며 뒤이을 환상을 소개한다. 11장은 하늘에 열린 성전으로 끝나고 12장은 하늘에 있는 큰 이적으로 시작한다. 하늘의 환상에서 땅의 환상으로 장면이 바뀌며 영적 전쟁은 세상에 실현될 미증유의 대환난이란 상태를 보인다.

하늘에서 내쫓김으로 늘 위로 오르기를 추구하던 사탄이 결국엔 공중 권세 잡은 자의 위치에서 쫓겨나 지상으로 하강한다. 사탄의 지상 체류는 그가 지상에서 활동하는 제한된 시기로 이미 앞부분에서 대환난의 기간이라 예시되었다.

1. 여자와 남아와 용(12:1-6)

12장은 일곱 나팔과 일곱 대접 사이에 있다. 12장은 오랫동안 지속된 하나님께 대한 사탄의 반역, 십자가에서의 패배에도 불구하고 마지막 남은 힘을 다해 주님의 교회를 진멸하려는 사탄의 끈질긴 항거를 보여 준다. 사탄은 자신의 때가 얼마 남지 않음을 안다. 그래서 할 수만 있으면 영혼들을 자신의 지배 아래 두고자 혼신의 힘을 쏟는다. 모든 악의 근원인 마귀는 '용'의 모습으로 역사의 전면에 등장한다. 세상 끝에 나타나 하나님을 대적할 그에겐 두 짐승, 거짓 선지자, 큰 바벨론 같은 충복이 있다.

12장에서 단연 돋보이는 것은 여자, 남아, 용 셋이다. 특별한 남자아이가 태어날 것을 알고 있던 사탄은 만반의 준비를 갖추어 결정적인 살해를 위해 깨어 있다. 그의 흉계는 철저하고 완벽하며 그의 살해 의지는 요지부동이다. 결정적인 때마다 실패를 반복했던 사탄은 이때도 큰 힘을 발휘하지 못한다. 기이한 힘의 개입으로 사탄의 모든 계획이 틀어진다. 해산할 여자를 해치려 하지만 여자는 도주한다. 사탄의 흉계를 비웃듯 아이는 태어나자마자 하늘로 올려진다. 하나님의 보좌로 직행한 그는 권세를 받아 만국을 다스릴 권세자로 돌변한다.

중세 교회에서는 '해를 입은 한 여자'를 예수의 모친 마리아와 동일시했고 이런 해석은 가톨릭 전통에 아직도 남아 있다. 그러나 1절의 묘사와 12장의 남은 부분을 살펴보면 마리아로 해석하기에는 무리가 많다. 여자가 붉은 용의 추적을 피해 광야로 도망가서 숨어 지낸 1,260일은 다니엘이 예언한 이스라엘의 환난이며 신실한 하나님의 백성인 여자의 남은 자손도 마리아의 이미지에 맞지 않다.

계시록에는 네 명의 여자가 나온다. 12장의 여자를 포함해 이세벨, 음녀, 어린양의 신부다. 여자는 마리아가 아니라 메시아적 공동체요 참 이스라엘의 남은 자며 하나님의 이상적 백성으로서의 교회다.

교회는 주님의 영광으로 빛난다. 달을 발아래 둠은 교회의 통치력을, 열두 별의 면류관을 썼음은 교회의 존귀함을 보여준다. 면류관은 세기를 거치며 교회가 온갖 시험과 환난, 박해와 시련을 극복하고 타협과 속임수의 난관을 뚫어 신실했기에 받을 영광의 보상이다. 천상의 영광에도 불구하고 용의 추적을 받음은 교회의 현실적인 기원이 땅임을 보여준다.

천상적 실재인 교회는 땅에 세워졌다. 연약함의 뿌리를 지녔으나 무너지지 않고 불안한 환경에서도 담대함을 잃지 않는 하나님의 용사요 영적 전쟁을 위한 마지막 보루다. 세상이 교회를 업신여겨도 교회는 하나님의 신부다. 해와 달과 열두 별과 연관된 여인의 모습은 천상적 보호와 영광과 궁극적 불멸성을 뜻한다.

여자는 가시적인 유형 교회에 대한 상징이고 아직 태어나지 않은 아이는 불가시적인 무형 교회에 관한 상징이다. 교회는 잉태의 고통과 해산의 수고를 통해 전 역사에 걸쳐 하나님의 신실한 백성을 출산한다. 여자의 후손인 하나님의 백성은 유대인과 이방인을 포함한 하나의 공동체다. 메시아는 율법 아래에서 태어나셨지만 은혜 안에서는 교회가 메시아의 신부다.

민족적 의미에서 구약의 이스라엘은 신약의 교회와 아무런 연속성이 없다. 혈연이 아니라 그리스도의 피로 맺어진 은혜의 공동체 안에서 둘의 장벽은 허물어지고 한 하나님의 백성으로 드러난다. '여자'는 이스라엘 민족이 아니다.

'큰 용'의 최대 목표는 이 땅에서 하나님의 교회를 박멸함에 있다. 하나님의 신실한 백성들을 박해하고 속임수와 술수로 교회에 침투해서 영혼을 타락시켜 지옥불로 이끈다. 사탄은 '세상 임금'이라 불리고 '공중 권세 잡은 자'로 묘사되며 '이 세상 신'으로 간주된다. 계시록에 묘사된 사탄은 그 정체성이 분명하다. 그는 일시적이고 유한한 권세를 지녔으며 그것도 자신을 따르는 자들에게만 실질적인 영향을 미친다. 십자가에서 완패를 당한 사탄은 자신의 때가 얼마 남지 않았음을 잘 알고 있다. 이것이 그로 하여금 필사적이고 발악적인 자세로 교회와 성도들을 핍박하고 괴롭히게 만든다.

여자가 아이를 출산하기 전에 용은 하늘별의 1/3을 떨어트렸다. 황충들은 전갈 같은 꼬리로 다섯 달 동안 사람들을 해쳤다. 마병대의 말들은 그 힘이 입과 꼬리에 있었는데 꼬리에 달린 머리로 무수한 사람들을 해쳤다. 용의 흉계는 사악하고 술책은 교묘하며 추격은 맹렬하고 공격은 집요하다. 사탄은 메시아가 탄생하자마자 없앨 만반의 준비를 갖추었다. 주님의 지상 사역을 통해 사탄은 여러 번이나 주님을 살해코자 했다. 살인마 헤롯 대왕이 그러했고 마귀의 자손인 사악한 유대인들이 그러했다. 결국 흉악한 유대인들은 빌라도의 손을 빌어 사형판결을 얻어냈다. 마귀의 원래 본성은 살인이다.

여자는 최악의 환경에서 가장 존귀한 남자아이를 낳는다. 메시아에게 부여된 권세와 능력은 남아를 통해 '오래지 않아' 실현된다. 주님이 다스릴 도구는 '철장'이요 다스릴 대상과 범위는 '만국'이다. 메시아 왕국이 임할 때 그를 대적했던 모든 열방과 민족이 주님의 통치를 받는다. 이때 만왕의 왕이요 만주의 주이신 주님은 자기의 양떼를 치던 나무막대기가 아니라 쇠 지팡이로 원수를 제압한다.

아이의 올려짐은 죽음에서의 보호가 아니라 죽음을 통한 부활로 말미암는다. 사탄의 공격 의도는 무위로 돌아가고 메시아는 영광 중에 승천한다. 사탄은 메시아의 발꿈치를 무는 순간 승리를 장담했지만 그것이 자신의 영원한 파멸일 줄 몰랐다. 주님이 십자가에서 무력하게 죽어갈 때 사탄과 타락한 천사들은 환호했다. 무저갱까지 시끌벅적했다. 그러나 그것도 잠시뿐, 주님은 하나님의 능력으로 '하나님 앞'과 '보좌 앞'으로 올려졌다. 아버지와 더불어 영원토록 통치할 권능의 보좌로 올려짐은 주님의 승리가 일시적인 것이 아니라 영원하고 완벽한 승리임을 확정한다.

여자는 광야로 도망갔다. 광야의 도주는 여러 역사적 배경을 지닌다. 이스라엘 백성은 광야에서 40년간 방황했다. 엘리야는 아합 왕과 이세벨을 피해 광야로 도주했다. 요셉과 마리아는 헤롯의 학살을 피해 애굽으로 도망했다. 많은 경건한 유대인들이 시리아의 폭군 안티오커스 4세의 학정을 피해 광야로 도주했다. 유대인에게 광야는 하나님의 예비와 친근한 사귐이 있는 곳이다.

그래서 계시록의 독자들은 아무런 심리적 저항 없이 광야를 악령이나 부정한 짐승들이 거하는 곳이 아니라 영적 피난처로 이해할 수 있었다. 여자는 하나님이 친히 마련하신 곳에서 보호받고 양육을 받는다. 1,260일은 환난의 기간이면서 보호와 양육과 훈련의 기간이다. 삼 년 반, 42달, 1,260일이란 한정된 기간은 그 시간이 짧고 일시적이요 영구하지 않으며 철저히 하나님의 통제 아래 있음을 의미한다. 사탄은 마지막 발악을 위한 시간을 하나님의 허용 아래 수여받았지만 전체 기간 동안 하나님은 자기 백성을 꼼꼼하게 살피신다. 성도의 몸은 사탄이 죽일 수 있어도 영혼은 죽이지 못한다.

3년 반, 마흔두 달 혹은 1,260일은 모두 하나의 개념을 설명하기 위한 표현이다. 14절에는 '한 때', '두 때', '반 때'로 표현되었다. 세대주의 관점에서 이 기간은 매우 중요하며 상징적인 의미 또한 깊다. 즉 7년 대환난에서 후반기의 3년 반에 해당하는 기간에 유대인의 민족적 회심이 있다고 믿기 때문이다. 여자의 광야 피신은 종말의 시대에 이르러 다시 한 번 출애굽과 같은 회복의 역사가 있을 것임을 암시한다. 주님이 메시아임을 거부하던 유대 민족이 주님께로 회귀했을 때 하나님은 광야에서 그들을 보호하시고 양육하신다.

하나님은 사탄의 공격으로부터 자기 백성을 지키시기 위해 초자연적이며 구체적인 영적 성소를 예비하셨다. 하나님의 보호와 직결되는 이곳은 하나님만이 예비하실 수 있다. 하나님이 손수 예비하신 곳이 여자에게는 광야의 '자기 곳'이다. 예비처만이 희망이다. 예비처에 대한 해석은 다양하다.

① **과거주의적 관점**: 66년경 예루살렘이 포위를 당했을 때 유대 크리스천들이 펠라로 도망한 사건으로 해석한다. 1,260일도 유대 전쟁 기간이나 네로 황제가 교회를 박해한 기간으로 본다. 12장의 서론은 하나의 사건이 아니라 우주적 사건이다. 일부는 이를 19장까지 예루살렘(바벨론)에 대한 파멸의 예언으로 본다. 또한 교회의 첫 박해자였던 예루살렘의 멸망이 성취되고 두 번째 박해자인 로마 제국에 대한 파멸 예언의 성취로

해석한다.

② **역사주의적 관점**: 용의 핍박은 이교도의 박해, 로마의 박해, 교황권의 박해이며 참 교회인 여자는 박해를 견디고 살아남는다. 왈덴시안이나 보헤미안 형제단 같은 그룹이다. 그들은 광야의 궁벽한 곳에서 보호를 받는다. 혹자는 콘스탄티누스 황제의 보호 아래 번성했으나 제국의 1/3에 해당하는 아시아 지역 통치자였던 맥시밈에 의한 교회 박해를 '하늘 별 1/3의 추락'으로 보았다.

③ **미래주의적 관점**: 대환난 기간에 재림을 기다리는 유대민족의 보호로 본다. 대다수의 미래주의 학자들은 '여자'를 '이스라엘', '남자아이'를 '주님'으로 받아들인다. 여자를 이스라엘로 보는 이유는 요셉의 꿈과 비슷한 1절의 묘사에 있다. 혹자는 여자를 이스라엘로 해석하되 남자아이는 주님이 아니라 '이상적이고 신실한 이스라엘로서 메시아적 공동체'로 보았다. 여자의 광야 피신은 66년경의 사건을 반영하지만 영적인 보호다. 즉 생명 유지를 위한 어떤 공급이 아니라 순교 상황에서의 영적 도피와 사탄을 대적함이다.

④ **이상주의적 관점**: 박해 속에 있는 교회와 성도들을 하나님이 보호하심으로 본다. 그러나 1,260일의 한정된 시간을 '예비처'와 조화시켜야 하는 어려움이 있다. 성경에서 광야는 시련과 훈련의 장소만이 아니라 위로와 보호의 장소다. 이스라엘 백성들은 광야에서 혹독한 시련과 훈련을 거쳐야 했지만 하나님의 특별한 보호하심과 인도하심이 있었다. 어느 시대를 막론하고 이스라엘의 신실한 남은 자들이 하나님의 도구가 되어 세상에 메시아를 보여 준다.

2. 하늘의 전쟁(12:7-12)

환상은 용과 미가엘 군대의 전쟁, 승리에 대한 하늘의 화답 두 부분으로 나뉜다. 하늘의 전쟁 장면이 펼쳐진다. 전쟁의 용사는 천사장 미가엘이다. 상대 역시 싸움에 능한 사탄이다. 그는 니므롯으로, 바로로, 가나안의 용사들로; 골리앗으로, 이방의 왕으로 하나님의 백성과 부단히 싸워온 역전의 용사다. 단지 둘만이 아니라 그들에게 속한 사자들이 모두 참전한다. 미가엘과 용의 전쟁은 주님의 부활 이후에 이루어졌다. 아이의 올려짐 이후에 전쟁이 개시되었음을 보아 알 수 있다.

주님의 십자가, 사탄의 머리를 부순 승리가 미가엘이 사탄을 이기는 근거다. 이미 머리가 깨진 사탄이 싸움에 능한 미가엘을 이길 수 없다. 싸움은 시작되었고 오래지 않아 승패가 갈린다. 패배한 사탄과 그의 사자들은 공중에서의 모든 권세를 빼앗기고 땅으로 쫓겨난다. 하늘의 큰 음성이 승리를 축하한다. 승리의 내용은 승전 선언과 승리자들에게 보내는 칭송, 하늘에 가득한 기쁨의 선포, 땅과 바다에 넘친 악의 경고다.

선한 천사와 악한 천사는 이스라엘과 사악한 민족을 나타낸다. 애굽에 내린 재앙들과 출애굽은 애굽의 악한 신들에 대한 징벌이었다. 애굽의 술객들은 하나님의 능력 앞에 무릎 꿇었다. 바로의 철병거가 몽땅 홍해에 수장된 것은 여호와의 천사가 애굽의 악한 천사들을 이긴 사건이었다. 모세와 바로의 대리인을 통해 하나님과 전쟁에 돌입했던 사탄은 이미 하늘의 전쟁에서 패퇴했기에 이길 수 없었다.

출애굽 사건과 두 전쟁(용과 여자, 용과 미가엘)을 그렇게 해석할 근거는 이사야 24장 21절이다. “그날에 여호와께서 높은 데서 높은 군대를 벌하시며 땅에서 땅의 왕들을 벌하시리니.” 하늘에 있는 사탄의 높은 군대는 미가엘과의 전쟁에서 패주했다. 미가엘은 이스라엘 민족의 호위천사다. 미가엘은 사악한 세력에 대항하여 인자와 함께 싸운다. 승자는 미가엘이다. 아이를 죽이려던 계획도 실패하고 하늘 전쟁에서조차 패퇴한 용은 결국 여자의 남은 자손과 싸우려는 전투 의지만 결연히 다진다.

하늘의 전쟁을 총지휘하는 사령관은 미가엘이다. 용의 대응적 존재는 하나님이나 주님이 아니라 미가엘이다. 이스라엘의 천상적 대표자로서 인자와 함께 마지막 싸움을 하는 종말의 해방자다. 사탄은 이미 하나님께 대항하다 패했고 십자가에서는 주님께 완패했다. 사탄은 주님의 호적수가 될 수 없다. 미가엘로 넉넉하다. 하늘의 전쟁이 미가엘과 그의 사자들의 승리로 끝남은 당연한 귀결이다. 하늘의 전쟁은 사탄과 그의 졸개들이 먼저 일으키지 않았다. 싸움에 능한 미가엘과 그의 사자들이 먼저 용에게 싸움을 걸었다.

미가엘을 대동하신 인자는 바사군 곧 바사의 우두머리를 대적하여 싸운다. 세상의 통치자로, 이 세상 신이라 불리는 사탄은 겉보기에 승승장구한다. ‘작은 뿔’이 성도들과 싸워 강력한 힘으로 성도들을 제압한다. 요한은 다니엘서의 침울한 전쟁 양상을 뒤집는다. 미가엘의 막강한 힘이 짐승(‘작은 뿔’)을 이긴다. 짐승이 성도들을 이기는 것은 단지 외형적이며 육체적일 뿐 성도가 오히려 짐승을 이긴다.

짐승을 이기는 것은 어린양의 보혈과 자신의 증거를 통해 드러난 말씀의 능력이다. 주님이 지상 사역을 통해 이루신 승리가 하늘의 영적 전쟁에서 미가엘이 승리할 발판을 제공한다. 미가엘의 승리는 원천적으로 주님의 승리다. 주님 없이 미가엘의 승리는 불가능하다. 주님께서 이루신 십자가의 승리로 미가엘은 가볍게 승리를 쟁취했다.

사탄은 한때 영광스러운 천사장의 하나였다. 사탄은 하나님의 보좌로 나아갈 수 있는 아주 좋은 위치에 있었다. 북극 집회의 가장 높은 곳에서 지극히 높으신 자와 비기려 시도했던 교만의 왕자는 하나님의 보좌에서 공중으로 추방당했다. 전쟁에 완패한 용과 그의 사자들은 주 활동무대였던 공중에서의 발판을 잃고 땅으로 내쫓긴다. 사탄은 자신이 빼앗긴 공중을 다시 탈환할 수 없다. 그는 하늘의 보좌를 잃었다. 뜨인 돌에 산산조각 난 신상처럼 되었다.

세대주의자들의 견해에 따르면 이렇게 평정된 공중에 주님께서 강림하실 때 휴거가 일어나고 용이 내려온 지상에는 전대미문의 대환난이 시작된다. 이를 일컬어 '7년 대환난'이라 하고 공중에는 첫째 부활에 참여한 성도들과 휴거한 성도들이 어린양의 혼인잔치에 참여한다. 사탄의 운명은 언제나 밑으로 곤두박질을 친다. 하늘에서 땅으로 떨어진 사탄은 땅에서 심연으로, 그리고 심연에서 잠깐 놓인 후에 다시 불못으로 영원히 떨어진다.

하늘의 투쟁은 영원히 막을 내렸고 세상의 마지막 전쟁을 앞두고 대환난이 시작되었다. 십자가에서 머리가 깨졌어도 끝까지 하나님 대적하기를 포기하지 않던 사탄은 미가엘에게 패하여도 완전히 항복하지 않는다. 그는 패했지만 마땅히 경계해야 할 적이다. 독침은 제거되었지만 여전히 쏘는 힘은 남았다. 두려워할 이유는 없으나 대적할 능력을 길러야 한다. 바벨론을 지탱시키고 융성하게 만들었던 사탄은 하늘에서 쫓겨났다.

주님은 사탄이 번개처럼 하늘로부터 떨어지는 것을 보셨다. 주님은 십자가를 통해 사탄이 세상의 통치권으로부터 밀려날 것을 미리 아셨다. 4절에서는 용이 자신의 꼬리로 하늘 별 1/3을 "끌어다가 땅에 내던졌는데" 이제 용 자신이 내던짐을 당한다. 용이 별들에게 했던 것과 동일하게, 아니 더 엄청난 강도로 되갚아진다.

사탄은 속이는 자다. 그는 속임으로 자신의 존재를 천명하고 속임으로 사악한 힘을 키운다. 그는 '온 천하를 꾀는 자'다. 사탄과 그에게 속한 악령들은 성도를 속이고 불신자들을 속이며 하나님까지 속이려 든다. 그의 기만술은 시험과 궤계를 활용하며 자신을 천사로까지 변장시킨다. 지상에 맨 최초로 나타난 사탄의 모습은 하나님의 첫 창조물인 사람을 속이는 사기꾼이었다. 많은 경우에 사탄은 중요한 일에서 대성공을 거두었다. 천사들이 타락했고 탁월한 하나님의 종들이 실족했다. 구약 시대에는 적지 않은 예언자들이 거짓 영에 사로잡혀 하나님의 구원 계획을 망치는 일에 협조자가 되곤 했다.

하늘의 거주자들이 즐거워할 이유가 있다. 하나님의 어린 양 그리스도의 권세는 이루어졌고 사탄은 땅으로 쫓겨났다. 이로 인해 땅에는 전대미문의 참혹한 재앙이 불어 닥치지만 주님의 신실한 백성은 넉넉히 이긴다. 그들은 더 이상 박해에 짓눌려 사는 상한 영혼들이 아니다. 고난 속에서도 믿음을 지키며 어떠한 불이익에도 물러서거나 타협하지 않았던 올곧은 심령이 승리의 함성을 울리게 되었다.

성도들에게 쏟아졌던 화가 이제 모두 악한 자들의 몫이 되었다. 그들은 어린양의 보혈과 하나님의 말씀으로 악한 자들을 이긴 자들로서 사탄을 대적하기 위해 포진한 주님의 용사들이다. 한때 그들은 예수의 선한 일꾼으로서 믿음의 선한 싸움을 싸운 군사였다. 이제 그들은 주님의 좋은 군사로 만족하지 않는다. 그들은 거룩한 싸움에 탁월하기를 원한다. 영적 전쟁의 승리자가 되기 원한다. 요셉밧세벳, 엘르아살, 삼마의 '세 용사'와 우리아를 비롯한 '30인 용사'가 다윗의 용사로 여호와의 큰 구원을 이루었듯 주님의 용사가 되어 원수의 맹장인 사탄과 더불어 싸워 이기고자 한다.

마귀는 지혜로운 존재다. 그의 지혜는 '뱀 같은 지혜'라 일컬을 만큼 뛰어나다. 그가 지혜로운 것은 자기의 때를 알기 때문이다. 주님도 자기의 때를 아셨다. 주님의 사역 중심은 항상 하나님의 때에 자기의 때를 맞춤이었다. 자기의 때가 아니면 행치 않으셨다. 사람들은 자신의 때를 잘 모른다. 머무를 때와 나아갈 때를 모른다. 부르짖을 때와 침묵할 때를 모른다. 지혜자는 "범사에 기한이 있고 천하 만사가 다 때가 있음"(전 3:1)을 아는 자로서 후세들을 일깨운다.

내 때를 아는 것이 최우선적이다. 사역도, 비전도 자신의 때와 주님의 때에 대한 정확한 인식이 선결되어야 한다. 때를 아는 것이 지혜요 은혜이며 축복이다. 때를 아는 자가 세월을 아낀다. 시간은 쏜살같이 휙휙 지나가고 삶의 길이가 얼마나 짧은지 모른다. 자신의 종말과 '남은 날 수'가 얼마인지 아는 것이 지혜이다. 나의 시간은 오직 주의 손에 있다.

주님은 선지자들이 예언하고 의의 백성이 소망하던 그 '때'를 단축하지 않으셨다. 정확한 때에 오셨다. 주님은 자신의 때가 얼마 남지 않음도 아셨지만 슬퍼하거나 분노하지 않으셨다. 오히려 세상에 있는 자기 사람들을 사랑하시되 끝까지 사랑하셨다. 마귀는 자기 때가 얼마 남지 않은 것을 알고 분노했다. 이것이 차이다. 주님의 백성은 자신의 남은 때를 기뻐한다. 살아도 주님의 뜻 행할 수 있음을 기뻐하며 죽어도 주님의 뜻을 이룰 수 있어 기뻐한다. 그들은 살아도 주를 위해 살고 죽어도 주를 위해 죽기에 철저히 주님께 속한 사람이다.

마귀에게 남은 짧은 때는 성도의 영원한 승리가 결코 멀지 않았음을 시사한다. 사탄이 마지막 발악을 해서 견디기 힘든 시간이 주어지겠지만 칠흑 같은 어둠이 밝은 새벽 먼동을 앞당기듯 사탄의 넘치는 분노는 세상의 구원이 된다. 그는 혼신의 힘을 쏟아 부어 주님의 신실한 백성을 진멸코자 한다. 얼마 남지 않은 시간이 그에게 맹렬한 화력을 집중시키도록 만든다. 이 '짧은 시간'은 영원한 왕국의 도래와 함께 사탄의 멸망이 목전에 이르렀음을 알려 준다. 하늘의 전쟁에 대한 해석은 다양하다.

① **과거주의적 관점**: 임박한 심판으로 세상 임금이 쫓겨나리라는 주님의 말씀에 근거하여 큰 용의 추방은 십자가의 구속과 부활로 이룩한 하늘 전쟁의 결과로 해석했다. 그리스도의 죽음은 사탄의 모든 역사를 폐하지 않았지만 형제들을 참소하는 자로서의 그의 역할을 마감시켰다.

② **역사주의적 관점**: 율리아누스 황제 때 야기된 기독교와 이교의 갈등이다. 콘스탄티누스 황제 이후 기독교 신앙을 견지

했던 황제들과 달리 그는 배교자로서 이교주의를 확립했다. 용의 추방은 율리아누스 황제의 죽음으로 이교주의가 몰락한 것이다. 10절에 묘사된 '우리 하나님의 나라'는 기독교 신앙을 지닌 통치자에 의해 로마가 통치되던 시대로서 기독교 왕국의 형성이 아니다.

③ **미래주의적 관점**: 다니엘을 통해 예언된 이 사건은 대환난의 시작을 알린다. 대환난은 7년이지만 특히 후반기 3년 반을 일컫는다. 다니엘 12장의 예언과 계시록 12장의 사건은 같다. 사탄은 천상에서 추방되어 활동 영역이 땅에 국한된다. 사탄의 패배와 추방은 교회의 휴거 초기 곧 다니엘의 70주에서 아주 이른 시기거나 대환난의 중간에 일어난다. 사탄이 패했지만 싸움은 완전히 끝나지 않았다. 천상에서 사탄이 행하던 참소자로서의 기능은 끝났지만 대환난기를 맞은 지상에서는 성도들을 향한 사탄의 공격이 지속된다. 성도들은 천상에서 이루어진 영적 배경으로 사탄의 공격에 결연히 맞선다.

④ **이상주의적 관점**: 1-6절에 묘사된 영적 갈등을 천상적 관점에서 재론한 것이다. 그리스도의 죽으심과 부활로 인해 흑암의 나라가 지리멸렬해지고 그 마지막 국면이 바로 참소자의 추방이다. 욥과 대제사장 여호수아를 참소하던 사탄은 주님의 구속으로 인해 참소의 모든 근거를 상실했다. 성도들을 참소함에 있어 사탄이 꾸며대던 온갖 의의 가장들은 모두 제거되었다. 천상에서의 사역은 원천 봉쇄되었고 대적자로서의 기능은 지상에 있는 성도들의 양심과 자기만족의 영역만으로 국한되었다. 10절의 찬양은 그리스도의 부활로 인하여 사탄을 꺾고 새 언약의 시대가 이르렀음을 축하하는 것이다.

3. 땅의 전쟁(12:13-17)

땅에 근거지를 마련한 용이 준비한 마지막 투쟁의 화살은 지상에 남은 여자와 여자의 후손들을 겨냥한다. 사탄이 주님의 교회를 집요하게 박해함은 그가 하늘에서 땅으로 쫓겨났고 땅에서도 메시아 제거에 실패했기 때문이다. 두 번의 대격전에서 참패하여 지칠 대로 지친 사탄은 전열을 가다듬어 보다 쉬운 공격 목표를 찾아 나선다. 남자아이를 진멸할 계획까지 수포로 돌아간 그에게 남은 공격 대상은 남자아이를 잃고 기력이 쇠해진 여자다. 주목표를 상실했지만 사탄에게 남자아이를 해산한 여자는 매우 적절한 과녁이다. 남자아이를 죽이지 못했지만 여자를 죽이면 남자아이를 상하게 할 것이기 때문이다. 이는 교회를 핍박하는 것이 곧 주님을 핍박하는 것과 같은 이치다. 지극히 작은 자에게 하거나 하지 않음이 곧 주님께 대한 것과 같은 원리다. 결론적으로 여자가 낳은 남자아이와 여자에 대한 공격 역시 실패한다.

용이 자신의 추방된 처지를 보았음은 천상에서의 추방 사건이 매우 순간적이고 저항할 수 없는 힘에 의한 것임을 강력히 암시한다. 방금 전까지 사탄은 하늘에서 미가엘과 싸웠다. 그런데 한순간 사탄은 땅에 있는 자신을 발견했다. 이것이 그를 격노케 하여 여자를 맹렬히 쫓는 추격자가 되게 했다. 용은 자신을 추방한 주님이 자신의 몸인 교회와 하나 됨을 알기에 교회를 박해하는 일에 혼신의 힘을 쏟는다. 성경은 용과 그의 사자들이 주님의 교회와 하나님의 백성을 박해하는 주체임을 곳곳에서 밝힌다.

용은 하늘에서 쫓겨났고 남자아이를 낳은 여자는 용의 분노를 피해 광야로 도주했다. 용은 단지 여자를 추격할 뿐 아니라 박해한다. 용이 여자를 핍박하는 것은 남자아이에 대한 살해 의욕이 완전히 꺾이지 않았기 때문이다. 여자는 추격을 당하면서 박해의 고통을 겪는다. 이 도주는 하나님께서 베푸신 초자연적 조처로 이루어졌기에 여자는 안전하다. 용이 추격하며 박해를 가한 여자는 대체 누구인가? 결론적으로 여자는 교회가 될 수 없다. 교회가 메시아를 낳은 것이 아니라 메시아가 교회를 낳았다. 교회는 예수의 추종자들의 어머니라고 불릴 수 없다. 여자는 하나님의 이상적인 백성으로서 메시아적 공동체다. 옛 언약과 새 언약을 포함한 하나님의 이상적 백성이다.

용의 여자 박해는 이전에 비해 훨씬 강하고 발악적이다. 그는 박해의 강도를 급상승시키는데 분노가 주원인이다. 용이 분노하는 것은 하늘에서의 전쟁 패배라는 충격과 함께 자신의 활동 무대가 좁아졌고 역사할 시간도 얼마 남지 않았기 때문이다. 용은 주님이나 미가엘에게 직접 공격을 가할 엄두를 내지 못한다.

그가 고른 과녁은 여자다. 남자아이를 낳은 여자, 자신의 위협에 광야로 도주했던 여자, 역사적으로 일전일퇴를 거듭하며 용에게 승리의 짜릿한 맛을 안겨주었던 여자, 주님께 충성할 때는 가시 같았지만 변절하고 난 뒤에는 자신의 측근이 된 가룟 유다나 니골라 같은 교회였다. 그래서 주님의 기쁨인 한편 근심의 대상인 교회에 용은 총공세를 펼친다.

주님의 종들이 핍박을 받는 것도 같은 맥락이다. 사탄과 그의 추종자들은 죽음으로도 죽일 수 없었던 주님 까닭에 주님의 추종자들을 박해하는 일에 모든 열정을 쏟는다. 교회는 주님의 몸으로서 머리 되신 주님과 유기적으로 연합되어 있음을 사탄 역시 잘 안다. 주님의 영광이 곧 교회의 영광이요 교회의 고통이 곧 주님의 고통임도 잘 안다.

성경을 보면 주님이 자신을 교회와 동일시하는 경우가 많다. 사탄의 교회 핍박은 역사적으로 많은 순교자를 배출했다. 허물과 죄로 인해 이지러지던 교회도 박해를 극복한 순교의 피로 말미암아 새 힘을 얻어 다시 만월의 영광으로 나아가곤 했다.

여자가 도망간 곳은 하나님의 예비처였다. 여자의 도주는 용의 분노를 피함이다. 여호와를 앙망하는 백성에게는 환난의 때도 영혼에 독수리의 날개가 돋는다. 독수리의 두 날개는 하나님의 전반적인 인도하심과 궁극적인 보호하심의 상징이다. 여자는 독수리의 두 날개를 받아 광야의 '자기 곳'에 안착했다. 이스라엘 백성이 애굽의 학정을 피해 광야를 거쳐 가나안 복지에 이르기까지 하나님은 불기둥과 구름기둥의 양 날개로 그들을 품어 이끄셨다.

광야는 단순한 도피처가 아니다. 신실한 주님의 백성이 필요할 때 보호는 물론, 육신적이고 영적인 모든 필요를 채워주시는 공급처다. 광야는 바벨론의 영화를 거절하고 하늘에 초점을 맞추는 참된 성도들의 주거지다. 거기서 용의 공격으로부터 보호받고 천국 시민권을 획득하여 새 예루살렘에 입주할 양육을 받는다. 광야가 여자의 도피처요 영적 훈련을 받기에 최적지임은 메시아가 장차 광야에서 나올 것이라는 종말적 기대감 때문이다.

4. 두 짐승(13:1-18)

패배한 사탄은 아직 항복 문서를 바치지 않았다. 그는 자신의 마지막 운명을 알지만 현시점에서 패배를 받아들이지 않는다. 도리어 모든 역량을 총동원하여 이 땅에 있는 하나님의 신실한 백성을 압박한다. 13장이 열리며 셋째 화가 계속된다. 12장 마지막 절은 여자의 후손들과 싸우려고 용이 만반의 준비를 갖춰 바다 모래 위에 선 장면으로 끝났다. 용은 바다 모래 위에 서서 두 짐승의 출현을 기다렸다. 13장이 열리며 사탄의 두 대리자가 출현한다. 첫째 짐승은 바다에서 나오고 둘째 짐승은 땅에서 올라온다. 첫째 짐승은 소름 끼칠 정도로 무섭고 흉측스럽다. 둘째 짐승은 첫째 짐승에 비해 덜 흉악하다. 그들은 사탄이 하나님을 대적하기 위해 마련한 최후의 대항마다. 흉물스런 짐승으로 상징된 그들은 막강한 힘과 능력을 보유한 인격이다.

첫 짐승은 바다에서 나온다. 계시록에서 바다는 악의 영역이다. 12장 마지막 부분과 13장 첫 부분을 연결하면 매우 극적인 장면이 연상된다. 용은 바다 모래 위에 서 있고 짐승은 바다 위로 서서히 올라온다. 처음에는 열 개의 면류관으로 번쩍이는 뾰족한 뿔들이, 다음에는 참람한 이름들이 기록된 일곱 개의 머리가 솟아오른다. 표범과 곰과 사자의 형체로 조합된 몸체가 윤곽을 드러낸다.

다니엘 7장에서는 네 짐승이 연속적인 제국에 대한 묘사였으나 이곳에서는 네 짐승의 형상들이 하나의 모습으로 그 기괴함을 더한다. 전통적으로 요한의 수신자들은 바다에서 나온 짐승을 외래적인 권세자로, 그리고 땅에서 올라온 짐승을 국내의 권세자로 이해하고 있었다.

사탄은 천상의 싸움에서 완패했고 여자와 남자아이를 향한 흉계마저 수포로 돌아갔다. 사탄은 마지막 수단으로 자신의 최측근인 적그리스도를 파송하여 땅 위에 남은 성도들을 박멸하려 든다. 바다에서 나온 짐승과 땅에서 올라온 짐승의 활약은 하나님을 적대해온 사탄의 최후 발악이다.

이 짐승을 로마의 황제숭배와 관련시키지만 그것은 짐승에게 묘사된 권세와 능력 특히 심연에서 올라와 땅의 모든 군대의 통솔자가 되어 메시아의 군대와 싸우는 이미지와 맞지 않다. 그에게는 인간적 인격에 악마적 능력이 보태졌다. 그는 이 땅에 스쳐간 숱한 적대자들을 능가하여 주님께 가장 막강한 적대자로 행세한다. 짐승의 일곱 뿔은 어린양의 일곱 뿔을 그대로 모방한다. 용과 첫째 짐승과 둘째 짐승은 삼위일체 하나님을 본떠 사악한 삼위일체를 이룬다.

'한 짐승'이 무엇일까? 무형의 정신일까? 사상일까? 아니면 제도일까? 총체적인 세속 권력일까? 그것이 인격이라면 누구일까? 역사적 실체라면 이미 지나간 인물일까? 현존한 인물일까? 아니면 머지않은 장래에 출현할 인물일까? 가장 손쉬운 해석은 짐승을 로마 제국으로 보는 것이다. 일곱 머리는 황제직을 승계한 일곱 황제로 본다.

교부 이레나이우스를 필두로 대부분의 교부들은 바다로부터 올라온 첫 짐승을 적그리스도로 해석했다. 적그리스도는 사탄의 그리스도다. 성부, 성자, 성령에 대항하여 사탄, 적그리스도, 악령이 있다. 사탄은 보이지 않고 감추어진 아버지격의 용이다. 적그리스도는 일곱 머리와 열 뿔을 가졌고 바다로부터 나온 첫 짐승으로서 배역의 아들, 마귀의 독생자, 사탄의 성육신, 죽었다 다시 살아난 유사(類似) 부활자, 무저갱에 갇혀 지내다 주님처럼 세상에 잠깐 나타나 보일 존재다. 악령은 용과 첫째 짐승에게서 나온 거짓 영으로 둘째 짐승의 모습으로 상징되었다.

적그리스도는 주님의 재림 직전인 마지막 때에 출현한다. 그는 큰 표적과 기사를 보이며 거짓 가르침으로 성도들을 미혹하거나 거짓 권세와 힘으로 교회를 파괴하는 전대미문의 박해자다. 구약에는 적그리스도의 모형이 여럿 나온다. 세상의 군왕들, 바벨론의 왕, 두로의 통치자, 마곡의 곡 또는 곡과 마곡, 작은 뿔, 북방 왕이다. 북방 왕은 매일 드리는 제사를 폐지하며 성소를 유린하고 자신을 신격화하지만 파국적인 종말을 맞는다. 신약에도 적그리스도의 모형이 있다. 복음서에는 자칭 그리스도들, 거짓 그리스도들, 그리스도의 이름을 빙자하여 올 이, 멸망의 가증한 것, 멸망의 아들, 광야의 그리스도, 골방의 그리스도다. 바울의 서신서에는 불법의 사람, 멸망의 아들, 자칭 하나님, 대적자, 불법의 비밀, 악한 자다. 요한의 서신서에는 적그리스도, 미혹자 적그리스도, 많은 적그리스도, 거짓말하는 자로 나온다.

그리스도가 한 사람의 인격이었듯이 적그리스도 또한 한 사람의 인격이다. 그것도 놀랄 만큼 매혹적이고 환상적이며 마력적인 인격의 소유자다. 사람들은 그의 영향력에서 떠나가지 못하고 그를 사랑하며 그의 영광을 즐거워한다. 그는 완전한 철인이요 모든 시대의 영웅으로 떠받들어진다. 그는 세계인들에게 우상적인 존재가 되며 세상의 왕들은 기쁨으로 자신들의 보좌를 그에게 양보하고 자신들의 권력을 그에게 위임한다.

모든 민족은 그의 영화와 지혜와 기적과 교훈과 행위 속에서 진정한 천년왕국이 도래했다고 기뻐한다. 두 짐승에 대한 해석은 달라도 그것이 교회를 박해하는 사탄적 대리자인 점에서는 모두 같다. 중요한 해석들을 간략히 정리하면 다음과 같다.

① **과거주의적 관점**: 두 짐승을 개인이나 국가와 같은 제도권으로 해석함에 있어 역사주의자들과 별 차이를 보이지 못했다. 바다에서 나온 짐승을 계시록의 본문이 지닌 열여섯 개의 특징을 들어서 로마 제국으로 해석하는가 하면 네로 황제나 줄리어스 시저 같은 개인으로도 해석한다.

② **역사주의적 관점**: 세 개의 설명이 주어졌다. 첫째, 바다에서 나온 짐승은 로마요, 땅에서 올라온 짐승은 로마의 이교 제사장직이다. 둘째, 바다에서 나온 짐승은 이교 세력의 총본산지로서의 로마 제국, 땅에서 올라온 짐승은 교황권으로 위장한 로마의 이교 세력이 다시 발현한 것이다. 셋째, 두 짐승은 교황권인데 바다에서 나온 짐승은 교황권이 행사한 정치권력, 땅에서 올라온 짐승은 교황권이 휘두른 무소불위의 교권이다.

③ **미래주의적 관점**: 대체로 바다를 세계의 이방 나라로 받아들인다. 다니엘서에 나타난 넷째 짐승과의 유사성에 근거해 로마 제국과 동일시하지만 17장에서 구체적으로 교회의 박해자라 묘사된 이 실체는 로마 제국을 넘어선 세속 권력의 신격화로서 마지막 시기에 가시화된다. 교회가 전 세기를 통해 직면했던 악마적인 권세는 종말의 때에 절정을 이룬다.

짐승이 로마 제국이라면 다시 일어난 로마 제국이다. 세대주의자들은 짐승을 이교적이고 제국적인 로마의 부흥체로 해석하지만 더 나아가 그가 세계의 지배자로서 사탄적 권세를 노골적으로 행사할 사악한 인물이란 점에 초점을 맞춘다.

④ **이상주의적 관점**: 바다는 하나님을 상습적으로 거역하는 세상의 정치제도다. 이곳에서 짐승을 나타내는 색깔이나 머리와 뿔의 숫자는 짐승이 사탄의 정치적인 현현체임을 암시한다. 헨드릭슨에 따르면 첫째 짐승은 세상 나라들과 그들의 정치 체제를 통해 역사하는 사탄의 가공할 힘이며, 둘째 짐승은 이 세상의 거짓 종교들과 철학과 같은 뒤틀린 사상을 상징한다.

열 뿔은 왕 혹은 왕적 권위를 나타내고 일곱 머리는 왕 또는 제국을 의미한다. 곧 수메르 제국, 애굽 제국, 앗수르 제국, 바벨론 제국, 메대 파사 제국, 헬라 제국, 로마 제국이다. 일곱 머리는 아우구스투스 이후에 로마 제국을 통치한 티베리우스, 칼리굴라, 클라우디우스, 네로, 베스파시아누스, 티투스, 도미티아누스의 일곱 황제다.

열 뿔은 네로 사후의 혼란기(18개월) 동안 황제 권력을 잠시 장악한 갈바, 오토, 비텔리우스를 일곱 황제에 합하면 열 황제가 된다. 세대주의는 일곱 머리를 일곱 황제로 받아들이되 변형을 가해 다섯 왕은 지나갔고 여섯째는 도미티아누스요 일곱째는 아직 이르지 않은 적그리스도라고 해석한다. 혹자는 열 뿔을 알렉산더 대왕에서 안티오코스 4세에 이르기까지 열 명의 셀레우코스 왕국의 통치자로 본다.

다니엘 7장에서는 사자 같은 첫 짐승, 곰 같은 둘째 짐승, 표범 같은 셋째 짐승, 유별나게 흉측스런 넷째 짐승이 순차적으로 뒤를 이을 나라로 상징되었는데 계시록에는 네 짐승의 부위별 특징이 한 짐승에게 나타났다. 다니엘서에 묘사된 세 짐승은 로마 이전에 일어났던 제국들을 상징했는데 제국들의 특징이 로마 제국에 그대로 드러났다. 즉 마게도냐의 신속한 정복력, 페르시아의 불굴의 의지, 바벨론의 탐욕이다.

13장의 첫째 짐승은 다니엘 7장 24절의 넷째 짐승과 동일하다. 이 짐승을 역사적으로 로마의 핍박이라 이해한다 해도 환상이나 예언의 이중적 구조로 인해 적그리스도의 이미지는 계속 남는다. 네로나 로마 정부는 적그리스도적인 인격이었고 제도였다. 그것이 제도이든 국가이든 개인이든 첫째 짐승이 지닌 권세와 능력은 온 세상 권력 집단의 절대적인 지지를 얻어 무소불위의 전권을 휘두른다. 지금도 현재적인 의미에서 적그리스도는 존재하거나 형성되는 과정에 있다. 지금까지 역사적으로 적용되었던 모든 인물이 적그리스도적이었으나 한 사람의 인격인 바로 '그 적그리스도'는 아니었다. 적그리스도는 미구에 반드시 출현한다.

사탄은 적그리스도에게 자신의 능력과 보좌와 큰 권세를 주었다. 사악한 대관식은 하나님이 자신의 능력과 보좌와 큰 권세를 주님께 주셨음을 그대로 본떴다. 주님이 면류관을 쓰면 적그리스도도 면류관을 쓰고 주님이 죽었다 다시 사시면 적그리스도도 죽었다 회생한다. 적그리스도가 받은 능력은 하나님을 훼방하고 주님을 부인하는 능력이다. 짐승은 사탄에게서 부여받은 모든 권세와 능력으로 세상이 하나님을 부인하도록 만드는 데 전력투구한다.

하나님을 훼방한 짐승은 하나님의 성도들을 핍박해 외견상 승리를 거둔다. 이 승리는 이미 무저갱에서 올라온 사자가 두 증인과 전쟁을 일으켜 이긴 사실로 예견되었다. 역사적으로는 안티오코스 4세의 유대인 학살과 성전 유린으로 일부 성취되었다. 사탄은 권세 있는 사역자다. 그의 권세는 전 세계에 미친다. 그러나 나라를 얻을 이는 사탄과 적그리스도가 아니라 성도들이다. 패하긴 해도 궁극적 승자는 성도들이다. 그들은 이 혹독한 싸움 곧 짐승과 그의 우상과 그의 이름의 수를 이기고 벗어난 자들로 하나님 앞에 선다. 영원한 권세로 무궁히 다스려질 오직 하나의 나라는 어린양의 나라뿐이다.

어린양의 죽으심과 부활로 얻은 영혼들이 기록된 '생명책'은 어린양의 책이다. 이 책의 성격과 목적은 생명에 있다. 영원한 생명이 성도의 영원한 안전장치다. 어린양만이 이 책의 소유권을 갖고 펴실 수 있다. 어린양만이 이름을 기록하고 이름을 제할 수 있다. 짐승 경배를 거부하고 짐승의 표 받기를 거절하고 오직 어린양 예수의 이름을 지키고 그의 말씀을 배반치 않은 자들만이 영원한 이름을 받는다. 생명책에 그 이름이 기록된 자들만 만국의 영광과 존귀를 가지고 새 예루살렘에 들어간다.

어린양은 만민의 대속을 위해 죽으셨다. 땅에 거하는 자들은 그들을 위해 임하신 어린양을 외면하고 짐승 경배의 길을 택했다. 이것이 그들의 이름을 생명책에서 영구히 제한 이유다. 어린양은 그들도 대속하셨지만 어린양을 거부한 그들은 어린양의 진노에서 숨는다. 어린양의 피는 구속함 받은 이들의 옷을 씻어 희게 만들지만 땅에 거하는 자들은 해당되지 않는다. 그들은 벌거벗은 상태 그대로 지낸다. 생명책에 녹명된 자들은 어린양을 하나님으로 경배하고 어린양은 천계에서 신부와의 결합을 기다린다. 열두 사도의 이름이 새 예루살렘 성문에 새겨지고 어린양은 성전이 되며 유일한 빛으로 성을 두루 비추신다.

계속된 박해는 성도들의 인내를 요구한다. 성도들의 믿음은 박해 속에서도 신실함을 잃지 않는 믿음이다. 그들은 혼자가 아니다. 박해받고 인내하고 믿음에 신실한 동료들이 주위 사방에 있다. 13장의 초점은 사실 첫째 짐승이나 둘째 짐승이 아니라 그들을 극복한 성도의 믿음과 인내다. 이것을 아는 것이 지혜다. 성도들의 인내와 믿음이 여기 있듯 성도들의 지혜도 여기 있다.

본서에 믿음은 충성만큼 자주 나타나지 않지만 여기선 인내의 의미를 강화시킨다. 믿음은 주님께 신실함으로 남아있음을 뜻하기 때문이다. 성도는 죽기까지 자신의 생명을 돌아보지 않음으로 사탄을 극복하며 순교의 희생 제물이 되는 한이 있더라도 하나님을 신뢰함으로 악의 세력을 꺾는다.

둘째 짐승이 땅에서 올라온다. 그는 적그리스도의 동료요 하수인으로서 사탄의 사역을 돕는다. 그의 출현은 오직 첫째 짐승의 사역을 돕기 위함이다. 바로가 스스로를 높여 여호와께 대항하고 모세와 아론을 대적할 때 애굽의 모든 술법사들이 바로를 도왔다. 모압 왕 발락이 이스라엘을 멸하고자 할 때 거짓 선지자 발람이 조력자로 나섰다. 압살롬이 다윗의 왕위를 찬탈하려 했을 때 아히도벨이 그를 도왔다. 아합 왕이 엘리야를 없애고자 했을 때 이세벨과 이방의 제사장들이 그를 도왔다. 사울이 다윗을 제거하려 했을 때 도엑이 그를 도왔다.

둘째 짐승의 돋보이는 역할은 '속임'과 '기만술'이다. 그의 속임과 기만술을 뒷받침하는 것은 이적이다. 그의 입에서 나오는 더러운 귀신의 영으로서 그의 이적은 천하 임금을 꾀기에 충분하다. 그의 모든 권세와 이적 행사의 능력은 첫 짐승에게서 나온다. 첫째 짐승에 대한 경배와 관련하여 그는 마술사 시몬처럼 '자칭 큰 자'요 사람들에 의해 '크다 일컫는 하나님의 능력'이라 칭송을 받지만 거짓 선지자에 불과하다.

이레나이우스는 첫째 짐승을 적그리스도로, 둘째 짐승을 골리앗의 방패 든 자와 같은 적그리스도의 심복으로 해석했다. 둘째 짐승은 거짓 선지자로서 모든 시대에 걸친 거짓 종교와 거짓 철학을 상징한다. 전 시대에 걸쳐 기독교의 형제애를 파괴하기 위해 마술과 미신 등으로 사탄의 숨겨진 의도를 나타낸 하나의 제도다. 땅에서 올라온 둘째 짐승은 바다에서 올라온 첫째 짐승에 비해 덜 악마적이다. 첫째 짐승의 흉포성에 미치지 못하지만 그의 입에는 교묘한 언변과 부드러움으로 치장된 속임의 칼날이 번득인다. 종교개혁자들은 시대적 상황의 요청에 따라 이를 가톨릭교회로 해석했다.

첫째 짐승은 '큰 말하는 입'을 받고 하나님을 향해 크게 입을 벌려 훼방했다. 둘째 짐승은 부드러운 유혹의 음성으로 사람들을 다독인다. 그는 속성상 용처럼 말하지만 외견상 평범하게 권한다. "첫째 짐승을 위해 우상을 만들라!" 이적에 놀란 사람들에게 크게 외칠 필요도 없다. 가만히 속삭여도 그들은 이내 우상 제조와 경배에 나선다. 둘째 짐승은 나중 '거짓 선지자'라 언급된 것처럼 종교적 역할을 담당한다. 새끼 양 같은 모습은 어린양을 모방하고 용처럼 말함은 사탄을 닮았다. 그의 존재 이유는 오직 첫째 짐승을 영화롭게 하고 사람들을 꼬드겨 첫째 짐승을 경배하도록 함에 있다.

종교개혁 당시에 두 짐승은 로마 교황권과 연관되어 해석되었다. 과거주의적 관점은 둘째 짐승을 1세기경 소아시아 지역에 편만했던 황제숭배의 제사장으로 보았다. 미래주의적 관점은 종말의 때에 나타날 거짓 그리스도로 보았다. 성경은 마지막 때에 많은 적그리스도와 거짓 교사들이 넘쳐날 것을 경고한다. 두 짐승은 말세의 끝자락 때 출현할 인격으로서 적그리스도와 그를 돕는 거짓 선지자다. 둘이 체제나 조직이 아니라 인격임은 그들이 던져질 불못의 형벌만 보아도 알 수 있다. 체제나 조직에 불못의 형벌은 무의미하다.

둘째 짐승은 땅에 거하는 자들의 모든 시선을 첫째 짐승에게로 쏠리도록 한다. 성령이 주님을 영화롭게 했으나 거짓 선지자는 적그리스도를 영화롭게 한다. 거짓 선지자는 자신의 모든 능력을 다해 사람들을 꼬드겨 거짓 경배로 미혹한다. '땅에 거하는 자들'은 하나님을 거스르는 모든 인류를 뜻한다. 사람들은 둘째 짐승이 행한 놀라운 기적을 보아도 첫째 짐승에게 경배한다. 둘째 짐승이 행한 모든 기적과 권세가 첫째 짐승에게 속했음을 알기 때문이다. 이로써 첫째 짐승이 받았던 영광은 그에게 큰 권세를 넘긴 용에게 고스란히 돌아간다. 둘째 짐승 자체는 아무 권세나 능력도 없다. 그는 적그리스도를 통해서만, 적그리스도와의 전략적 제휴를 통해서만 능력을 발휘한다. 첫 짐승은 사탄에 의한 정치권력, 둘째 짐승은 그 정치권력을 돕는 종교 권력이다.

우상은 사람들의 경배를 원한다. 우상의 주인인 사탄이 이것을 원하기 때문이다. 주님은 자신을 섬김에 있어 한 번도 강요한 적이 없으신데 짐승은 죽음으로 위협하며 경배를 강요한다.

느부갓네살은 자신의 금신상에 절하지 않는 자는 누구를 막론하고 죽이도록 하는 법령을 공포했다. 아론의 황소, 느부갓네살의 금신상, 도미티아누스의 신상, 안티오코스 4세의 제우스 신상은 한결같이 사람의 경배를 요구했다.

요한 당시의 도미티아누스 황제가 느부갓네살과 유사한 칙령을 내렸다는 역사적 정황은 없다. 그러나 15년 후에 플리니가 트라얀 황제에게 보낸 서한에 따르면 황제의 상에 절하고 향불 피우기를 거절한 크리스천을 죽였다는 보고가 들어 있었다.

'표'는 공제 제도의 상징이었다. 요한 당시에는 문서의 진정성이나 상품의 품질을 보장하는 뜻으로 도장을 찍었고 군인들에게는 다른 낙인을 찍었다. 통용되던 동전에는 황제의 두상을 새겨 넣었다. 고대 세계에는 불복종한 노예나 병사에게 문신을 그리거나 낙인을 찍던 풍습이 있었다. 자신이 섬기는 신들에 대한 복종의 표시로 문신이나 낙인을 새겼다. 이는 소유권과 충성을 나타내는 상징이다. 일종의 '충성에 대한 사무적인 증명서'였다. 전쟁에서 패한 병사나 탈출하다가 잡힌 노예에게 승자나 주인이 낙인을 찍는 관례도 있었다.

로마 제국은 후기의 박해시기에 이르러 디오클레시안 황제나 데키우스 황제가 황제숭배에 참석하는 이들에게 충성에 대한 표시로 일종의 증명서를 발부하였다. 한편 유대인들은 전통적으로 작은 성구함을 왼손과 이마에 부착하는 습관을 지켰다. 적그리스도에 대한 경배의 증거로 표를 받음은 곧 그에 대한 충성과 소유됨의 진정한 표식이라 할 수 있다.

박해는 많은 순교자를 낳았고 숱한 신자들에게 정신적 고통에 버금가는 물질적 어려움을 안겼다. 그들은 견디고 또 견뎠다. 그런 고통이 없을 지복의 세상이 그들에게 약속으로 허락되었기 때문이다. '표'는 정치-종교적 제재만이 아니라 경제적 압박의 상징이었다. 용에게서 수여받은 권세로 세상 권력을 장악한 적그리스도는 합법적인 모든 수단과 방법을 강구해 하나님의 백성에게 갖은 제재를 가했다.

지난 역사를 통해 교회가 겪은 다양한 수난은 사탄이 추구하는 바가 무엇이며 그가 취한 방도가 얼마나 악랄한지를 잘 알게 한다. 실제로 교황권이 최고조에 달했을 때를 보면 교황 칙령으로 이교도나 신교도의 교역을 금했다. 이에 있어서 1170년의 라테란 공의회를 통해 교서를 발표한 교황 알렉산더 3세는 대표적인 인물이다. 적그리스도는 합법적인 경로를 통해 세계 경제를 완벽히 통제하고 신자의 일상생활을 고통으로 얼룩지게 한다.

'표'는 가시적인 것일 수 있으나 하나님의 인침이 눈에 보이지 않는 것이라면 짐승의 표 역시 눈에 보이지 않는 것일 수 있다. 눈에 보이든 눈에 보이지 않든 짐승의 표는 곧 짐승의 이름과 수다. 짐승의 일곱 머리에는 '참람된 이름들'이 있었으므로 '짐승의 이름' 곧 '표'는 문자적이기보다 거짓 신성을 부각시키려는 상징으로 해석함이 적절하다. 하나님의 인침이 소유와 보호와 보증을 의미하듯 짐승의 '표'도 마찬가지일 것이다. 적그리스도가 통치하는 그날에는 하나님께서 다니엘처럼 성도에게 비상하고 특별한 지식을 허락하여 짐승의 숫자가 무엇인지 정확히 깨닫게 하실 것이다.

숫자는 사람을 의미한다. 고대에는 알파벳에 숫자를 붙여 사용했고 이를 '게마트리아'(Gematria)라 불렀다. 예를 들어 첫 아홉 글자로 1에서 9를 나타냈고 다음 아홉 글자로 10에서 90을 나타내는 이치였다. 모든 히브리어로 된 이름과 단어에는 분명한 의미가 담겨 있었다. 헬라어의 경우도 마찬가지였다. 예를 들어 헬라어로 예수의 이름은 888이다. 666은 하나님을 거역하는 인간성의 궁극수로서 완전수인 777에 한참 모자란 불완전과 죄의 상징임에 비해 예수의 이름은 777에 한참 넘치는 절대 완전의 상징이다.

이런 게마트리아의 영향으로 영어나 자국어의 알파벳에 숫자를 임의로 설정해서 '666'에 해당하는 그럴듯한 인물을 찾아내곤 했다. 키신저나 레이건은 그 직접적인 희생자였고 교황권이나 로마나 이슬람이나 나치 독일처럼 특정 종교나 직책, 심지어 국가까지 그 표적이 되었다. 이런 행위 자체가 일종의 표로 낙인을 찍는 처사다. 많은 학자들이 666의 뜻을 알고자 다양한 시도를 했다. 전문적인 신학자뿐 아니라 아마추어 종말연구가들까지 이런 시류에 가세하여 진지한 연구에서부터 기상천외한 방법을 동원해 666의 정체를 밝히려 무진 애를 썼다.

세계가 위기에 봉착하거나 전쟁 또는 자연재해의 대재난에 처할 때마다 계시록은 초미의 관심이었다. 그중에서도 '네 말'과 666에 대한 호기심은 잠재워지지 않았다. 사람들은 기독교인이 아니어도 666이나 '적그리스도'에 대해 어렴풋한 예비지식을 지니고 있다. 사람들의 호기심을 증폭시키는 이설들이 많고 피상적인 정보의 난립으로 인해 기독교적 바른 종말론을 확립시키는 데는 전혀 도움이 되지 못했다.

그럼에도 불구하고 교회는 666에 대한 역사적 해석들을 진지하게 살펴보려는 노력을 하지 않았다. 특히 이단 종파의 교주들을 주축으로 한 계시록의 독특한 해석과 기괴한 적용은 많은 영혼들을 혼미케 하여 교회에 큰 해악을 끼쳤다. 그들은 강경하고 확신에 찬 어조로 666을 특출한 개인이나 사조나 문명 현상에까지 적용시켜 믿음이 약한 이들을 불안에 빠트리고 진리에서 멀어지게 만들었다. 교회는 오래 전부터 666의 정체성을 밝히려는 노력을 강구해 왔다. 이제라도 건전하고 바른 해석의 지평을 열고자 한다면 666에 관한 다양한 정보들을 취합할 필요가 있다.

인류 역사를 통틀어 666보다 더 장구한 논쟁을 불러일으킨 숫자도 없고 이것은 성경 전체의 구절 중에서 늘 논쟁의 중심에 있었다. 역사적으로 666에 대한 개인적 적용의 예는 수백명을 능가한다. 요한은 말했다. "지혜가 여기 있다"(18). 요한은 분명히 666의 정체를 밝히기 전에 지혜를 전제했는데 이 경고는 묵살된 채 부주의한 중구난방 식의 해석과 적용이 마구잡이로 쏟아졌다. 말씀의 해석자이신 성령을 도외시하고 인간 스스로 말씀의 해석자로 나선 결과는 무참하고 어처구니없는 결과만 낳았다. 지혜의 영을 구하고 지혜의 은사를 얻어야 한다. '지혜 있는 자는 깨닫는다(단 12:10).

요한의 경고를 무시해서는 곤란하다. 연구의 진지함과 해석상의 신중함에 더해 극도의 용의주도함을 지녀야 한다. 이 숫자를 해석함에 있어 성령의 조명은 어느 성경구절보다 더욱 필요하다. 문제는 저마다 성령의 특별 계시를 받았다고 주장하는 이들이 너무 많다는 점이다. 어쩌면 요한의 독자들이 '666'의 정체를 파악하는 데 있어 21세기를 살고 있는 우리에 비해 더 맑은 영성과 밝은 정신세계를 지녔을지 모른다.

우리는 많은 자료와 풍부한 기도의 역사를 가졌지만 마음이 진리의 알맹이에서 멀다. 영혼의 순수성과 더불어 지혜와 계시의 영이 없이는 이런 통찰력은 지닐 수 없다. 요한은 자신의 독자들에게 수수께끼를 내지 않았다. 자신이 숫자로 암호화(encoding)해도 자신의 독자들은 능히 그것을 풀 수 있음(decoding)을 기대했다.

중세 시대에 교황과 루터가 서로 적그리스도라 매도하며 공방전을 펼치면서 666의 해석은 종교 전쟁과 교파 싸움의 뇌관 역할을 했다. 그 여파로 인해 아직까지 교황이나 교황 제도를 적그리스도로 간주하는 해석이 건재하다. 264대 교황 요한 바오로 2세가 재위에 있을 때는 그를 적그리스도로 간주한 흐름이 있었고, 베네딕토 16세가 265대 교황으로 재임 중에는 '붉은 사생아'의 베네딕토스에 근거해 그를 666의 화신으로 매도했다. 건강을 이유로 사임한 지금에 와서 그를 적그리스도라 우기던 소리는 빛이 바랬다.

미국 최초의 흑인 대통령으로 버락 오바마가 당선되자 그의 이름과 연관해 적그리스도로 해석하는 주장들이 지금까지 제기된다. 현존하는 정치, 종교, 경제 지도자를 선불리 적그리스도로 지목하려는 충동은 매우 위험한 발상이다.

계시록이 하나님의 계시라면 반드시 '풀어서 밝혀야' 하는 것이 원칙인데 무슨 까닭 때문에 요한은 그것을 숫자로 숨겼을까? 요한이 스스로 받은 특별한 계시를 당시 교회가 처한 상황을 고려하여 암호화했다면 어떻게 해독해야 하는가? 자신의 저술이 로마 당국의 손에 들어갈 경우를 대비하여 박해를 피하고자 황제의 정체를 은밀하게 묘사했다고 보기는 어렵다.

요한은 이미 밧모 섬에 유배 중이었고 더 이상의 고난을 두려워해야 할 아무런 이유가 없다. 자신의 수신자들에게 엄청난 박해를 만나더라도 죽기로 충성해야 할 것을 권고한 그로서 그들의 안전을 고려했을 까닭도 없다.

요한이 사용한 모든 숫자는 거의 대부분이 상징적 의미를 지닌다. 666이라 해서 예외는 아니다. 자주 사용된 숫자 '일곱'이 완전과 충만을 나타낸다면 '6'은 분명히 불완전과 부족을 의미한다. 여섯 개의 인도 일곱째 인이 없으면 불완전하고 여섯 개의 나팔도 일곱째 나팔이 없으면 불완전하며 여섯 개의 대접도 일곱째 대접이 없으면 불완전하다. 인 재앙과 나팔 재앙과 대접 재앙은 일곱이 되어야 사탄과 적그리스도와 거짓 선지자를 진멸하고 심판하기에 충분하고 완전한 '777'의 재앙이 된다.

성경에서 '셋'도 완전수의 의미를 가졌으므로 불완전한 수 '6'의 '세'(완전) 겹인 '666'(불완전하고 불완전하고 불완전한)은 '완전한 불완전'을 뜻한다. 사탄은 성부, 성자, 성령 하나님을 본떠서 사탄과 적그리스도와 악령으로 세상에서 역사하지만 사탄도 불완전하고 적그리스도도 불완전하고 악령도 불완전하다. 완전하신 성부, 성자, 성령 하나님 앞에서 그들은 티끌만치라도 완전을 이룰 수 없다.

인류 역사를 '창조 6일'과 연관시켜 '하루를 천년'으로 해석한 바나바 서신이나 이레나이우스의 《이단을 반박함》에도 분명히 드러난 입장은 세상 역사의 6,000년이 불완전과 부족을 뜻한다는 사실이다. 천년왕국이 이르기 직전인 여섯 번째의 천년에 해당하는 6,000년은 적그리스도의 시간이다. 천년왕국이 더해져 인류 역사는 완전과 충만함에 이를 수 있다.

666에 대한 개인적 적용은 흥미롭지만 결코 쉬운 일은 아니다. 요한이 당시의 네로나 도미티아누스와 같은 박해자를 일차적으로 의도하면서도 더 근원적으로 악마적인 인물을 심중 깊숙이 감추어 두었을 가능성은 얼마든지 있다. 해석자가 종교, 정치, 사회 전반에 걸쳐 당시의 역사적 상황을 반영해야 하기에 666을 통한 적그리스도의 정체성은 자꾸 바뀌게 마련이다. 이것이 상징적 숫자나 이미지를 현실적 인물로 적용해야 할 때 극복하기 어려운 점이다.

지금도 666에 대한 해석이 다양하게 시도된다. 그것이 제도든, 국가든, 사조든, 개인이든 주님의 사역과 삶에 정확히 상반적일 게 뻔하다. 666의 정체보다 더욱 중요한 사실은 주님의 제자로서 성도가 지녀야 할 바른 정체성이다. 적그리스도가 철권통치를 실현하는 상황에서도 주님의 제자 된 하나님의 백성은 두려워하거나 주눅 들지 않는다. 예수 그리스도가 '완전하고 완전하며 완전하신'(888) 분임에 비해 적그리스도는 '불완전하고 불완전하며 불완전한'(666) 존재다. 하나님이 '거룩하고 거룩하며 거룩하신' 존재임에 비해 사탄은 '불결하고 불결하며 불결한' 존재다. 사탄과 그의 적그리스도는 하나님과 그의 그리스도를 끝없이 모방하지만 실체에는 한 발짝도 미치지 못하고 늘 음울한 그림자에 머문다. 그것이 어둠에 속한 그들의 운명이다.

이 시대에 이르러 베리칩과 연관해 다양한 주장들이 제기되고 있다. 사람들의 폭발적인 관심은 베리칩과 관련된 일부 서적들의 판매나 그와 관련된 유인물들이 횡행하고 있음을 보아 알 수 있는데 이는 심히 우려할 일이다. 666은 적용 대상에 대한 호기심을 자아내지만 이는 단지 계시록의 일부 곧 적그리스도의 정체성에 대한 정보를 제공할 뿐이다. 적그리스도가 벌이는 다양한 활동은 더욱 베일에 가려 있다. 물론 찬반 입장에 따라 해석의 방향은 뚜렷하다.

컴퓨터가 세상에 처음 나왔을 때 사람들은 666의 정체에 대한 궁금증을 대거 증폭시켰다. 베리칩도 과학 발전에 따른 한 현상이다. 여기에 666과 연관시켜 해석하는 일 자체가 시류에 편승한 처사다. 666을 베리칩과 관련시키려는 어떤 해석학적 시도나 실제적 적용도, 그렇게 할 만한 아무런 성경적 증거를 확보하지 못한다. 단지 종말에 대한 기대감과 두려움 사이에서 갈팡질팡하는 사람들의 기대감만 키우고 두려움만 확장시킬 뿐이다.

베리칩이 세상에 알려지기 시작하면서 많은 사람들의 시선은 온통 미국에 집중되었다. 오바마 대통령의 의료개혁안과 맞물려 베리칩의 인체 삽입이 법제화되어 실시될 것이라는 우려감과 사실 확인에 대한 호기심 때문이었다. 베리칩으로 계시록의 온갖 비밀을 풀어낼 것 같은 주장이 곳곳에서 제기되었다.

소위 베리칩 전도사들은 공공연히 주장했다. 베리칩 시술은 법이 통과되어 대통령이 최종 서명한 2010년 3월 31일부터 3년 후인 2013년 3월 31일을 넘기지 않는 어느 시점부터 시행한다고 했다. 그러나 그날은 이미 지나갔다. 베리칩은 확인용 칩(verification chip)으로서 편의성을 기반으로 만들어졌다. 쌀알 크기의 작은 캡슐을 주사기를 통해 인체 내에 주입시키는데 칩 안에 유전자 정보와 고유번호가 저장되어 외부의 시스템과 연결되면 개인의 모든 정보가 드러난다. 신분 확인, 건강관리, 자산 관리처럼 다양한 목적에 이용될 수 있다.

베리칩을 짐승의 표와 동일시하여 누구든지 베리칩 주사를 맞으면 구원에서 제외된다는 가르침은 도를 한참 넘어섰다. 베리칩과 연계되어 계시록 특강을 한다거나 666의 정체를 밝히게 되었다는 온갖 주장은 대중을 호도하는 기만 행위다. 계시록은 그처럼 가볍게 다룰 책이 아니다. 성실한 학문적 탐구 정신과 처절하리만치 깊은 기도와 본문에 대한 전문가적 연구가 뒷받침되지 않고는 감히 '계시록 특강'과 같은 만용을 부리지 않을 것이다.

어떤 목회자는 베리칩 반대를 설교했다가 생명의 위협을 당했다는 기사도 읽었는데 이 정도 되면 베리칩 자체보다 베리칩과 연관된 일들이 얼마나 우리의 초점을 흐리게 하는 것인지 알 수 있을 것이다. 베리칩이 아니라 성경을 붙들고 더 많이 계시록을 읽되, 깊이 묵상해야 한다. 계시록만이 아니라 성경 전체의 맥락에서 계시록의 내용을 분별력 있게 파악해야 한다. 시간이 지나면 베리칩과 관련된 논쟁들도 한때의 해프닝으로 끝날 것이다. 설은 설로 그칠 뿐 진리 규명과 영적 성장에는 아무런 도움도 되지 않는다. 그저 호기심만 불러일으키고 사람들을 불안에 떨게 만들 뿐이다.

물론 베리칩일 가능성도 아주 없는 것은 아니다. 그러나 계시록 13장의 전후 문맥을 자세히 살피면 '666 = 베리칩'이란 도식이 얼마나 섣부른 단정인지를 알 수 있다. 우리가 진정 관심을 기울여야 할 것은 적그리스도의 정체성이 아니라 그리스도에 대한 바른 인식이다. 적그리스도의 대단한 활약상보다 그리스도가 이루신 놀라운 사역과 세상 역사를 주관하시는 그분이 우리의 구원자로 속히 이 땅에 강림하실 것이라는 사실이다.

베리칩과 관련된 중구난방 식의 주장은 사람들의 영혼만 들뜨게 하고 바른 논점을 흐리게 만든다. 베리칩(Verichip)은 실로 '가장 값싼'(very cheap) 성경풀이에 불과하다.

5. 144,000(14:1-5)

14장의 장면은 참으로 영광스럽다. 13장 전체는 바다에서 나온 짐승과 땅에서 올라온 짐승으로 인해 음침하기 짝이 없다. 666으로 13장의 뒷문을 닫자 어린양과 '144,000'의 밝은 모습이 새로운 환상을 가득 채운다. 14장이 열리면서 장면은 어린양과 구속함 받은 성도들의 존귀한 모습으로 전환된다. 이것은 놀라운 반전이며 극적인 대조가 아닐 수 없다. 짐승들의 박해와 두려운 대환난에서 저들의 먹잇감으로 노출되었던 성도들이 주님과 함께 메시아 왕국의 영광에 들어섰다.

이 장면의 실제적인 실현은 20장 이후에 가서 이루어지지만 요한은 오래지 않아 이르게 될 영광의 모습을 잠깐 보여줌으로 성도들의 인내를 더욱 두텁게 하고 믿음을 강인하게 만든다. 구속함 받은 성도들과 시온 산에 서신 어린양의 모습은 낯설지 않다. 예루살렘과 동의어로 사용되었고 구약에만 162회 언급된 시온 산은 메시아 왕국에서 중심적 역할을 한다. 시온 산은 지리적인 의미가 아니라 새로운 왕국에서의 이상적 장소를 나타낸다. 새 예루살렘이 천국을 상징하듯 시온 산도 그러하다.

시온 산은 살아계신 하나님의 도성인 하늘의 예루살렘과 견주어졌다. 지상 성전의 원형으로서 종말의 때에 지상에 강림할 것으로 알려졌고 천년왕국에 이르러 사랑받을 도성이다. 시온 산은 천국이 아니지만 메시아 왕국의 보좌임은 분명하다. 하나님의 보좌가 있는 '거룩한 산' 시온은 종말론적 관점에서 구원의 도성이다. 시온 산이 주목받는 이유는 종말의 때에 지닌 상징성 때문이다. 여기에서 심판이 행해지고 영원한 통치가 시작된다. 144,000은 구속받은 모든 백성을 가리킨다. 요한의 환상에서 시온 산은 천상의 장소다. '시온'이란 표현에는 '안전과 보호'라는 상징적 의미가 있다.

짐승에게 속한 자는 팔과 이마에 표를 새겼고 어린양의 추종자는 팔과 이마에 어린양과 아버지의 이름이 새겨졌다. 용이 바다 모래 위에 서서 짐승의 출현을 기다릴 때 어린양은 시온 산에 서서 승리한 성도들을 기다리신다. 144,000의 이마에 기록된 이름들은 시온 산이 종말의 도성임을 시사한다. 환상 중심부를 차지한 어린양은 장차 만국과 만민을 심판하실 분으로 일찍 죽임을 당했으나 다시 살아나 영원한 승리자가 되셨다. 이제는 시온 산에 서 계시지만 나중에는 위엄의 보좌에 앉으신 사자의 위용을 보이신다.

계시록에 비친 어린양은 온유함과 희생의 상징만이 아니라 부활을 통한 궁극적 승리를 암시한다. 어린양이 흘리신 희생의 피가 승리의 터전을 일구고 신실한 자들을 자신에게로 이끌게 했다. 연약한 모습의 어린양이 포악스러운 용과 짐승들을 이김은 실로 놀랍다. 둘째 짐승이 두 뿔 달린 '새끼 양' 모습을 취했지만 뿔이 없으신 '어린양'을 닮을 수는 없다.

두 짐승은 바다와 땅에서 올라오는 중에 있지만 어린양은 시온 산에 굳게 서 계신다. 어린양의 견고한 직립은 하나님의 계명을 지키며 예수의 증거를 가진 자들과 싸우기 위해 바다 모래 위에 '섰던' 용과 대조를 이룬다. 그는 부서지는 모래 위에 섰지만 어린양은 견고한 시온 산에 서 계신다. 그렇게 서 계신 주님의 발이 장차 감람 산 꼭대기에 우뚝 설 것이다.

7장의 144,000 앞에는 관사가 있으나 14장에는 관사가 없어 둘이 다른 그룹처럼 보이나 사실 둘은 같다. 그들은 여자의 남은 자손들로서 짐승 경배를 거절하다 순교를 당할 '특별한 그룹'이다. 그들은 자신의 목숨을 희생한 대가로 특별한 축복 가운데 거한다.

이마에 새긴 이름은 그들이 하나님께 소유되었을 뿐 아니라 하나님께서 친히 그들의 보증이 되시며 보호하실 것임을 상징한다. 이마에 새겨진 이름은 7장의 인침과 동일하다. 그들은 하나님께 속했으며 박해 속에서도 신실함을 지켜 하나님의 진품 보증이 되었고 하나님의 철저한 보호 대상이 되었다. 7장의 인 맞았던 144,000은 한 사람도 실족하지 않고 완전한 144,000으로 시온 산에 섰다. 144,000은 종말의 때에 있을 유대 민족의 남은 자나 교회의 남은 자를 의미하지 않는다. 모든 시대를 거쳐 형성된 참 이스라엘로서 하나님 백성의 완전함을 상징한다.

정절이 있는 자는 독신이 아니다. 독신은 영적 고양의 잣대가 될 수 없다. 성경은 결혼관계에서의 성적 결합을 죄로 여기지 않는다. 독신은 하나님의 은사로서 특별한 사역을 위해 주어지는데 모두의 것은 아니다. 하나님은 육신에 죄를 정하셨다. 하나님의 은혜는 육체가 아니라 영에 머문다. 영에 머문 은혜로 인해 육체는 의의 도구로 사용된다. 독신주의는 결혼과 생식을 사탄에게서 온 것이라 주장하는 영지주의 계열에서 일찍부터 채택되었다.

'정절이 있는 자'란 어떤 상황에서도 신랑 되신 주님의 충실한 정혼녀로 남기를 결심한 모든 신자에 대한 은유다. 결코 결혼하지 않은 사람을 의미함이 아니라 하나님께 대한 깊은 성실성을 나타낸 상징적 표현이다. 짐승 경배를 거절한 이들, 인 맞은 이들, 어린양의 생명책에 녹명된 자들, 모두가 정절이 있는 자다. 육신적 정절보다 영적 정절로서의 순결함으로 이해함이 옳다.

구속함 받은 144,000의 두 번째 영적 특질과 상태는 어린양이 인도하는 대로 따라간다. 그들은 땅에 거할 때도 따를 수 없는 상황을 극복하고 주님의 뒤를 신실하게 따랐다. '따름'은 제자도의 뚜렷한 표식이다. 구속함 받은 성도들은 목자의 음성을 알아듣는 양으로서 따른다. 대장 되신 주님의 명령에 절대 복종하는 군사로서 따른다.

신랑 되신 주님의 사랑에 이끌려 동행하는 신부로서 따른다. 선생의 가르침을 존중하여 행하는 제자로서 따른다. 고난과 죽음이 기다려도 '어디든지' 따른다. 주님을 따르려면 자기 부인과 자기 십자가를 감수하는 결단이 선행되어야 하고 그것은 자기 목숨을 돌아보지 않는 절박한 순종으로 반드시 보증되어야만 한다.

세 번째 특질은 그들이 사람 가운데서 구속함을 받아 처음 익은 열매다. '처음 열매'는 하나님께 대한 전적인 성별을 뜻한다. 모든 성도는 창조의 첫 열매다. 그들은 세상에 거했지만 세상에 속하지 않았다. 육체는 땅을 벗어나지 못해도 영혼은 하나님을 향했다. 뿌리의 거룩함으로 거룩해진 가지로서 포도나

무이신 주님께 속했다.

성령으로 거듭나고 새롭게 되어 영에 속한 자로서 성령께 속했다. 하나님의 주권을 인정하고 통치에 순응하는 백성으로서 왕이신 하나님께 속했다. 주님께서 값비싼 희생을 치르고 성도들을 사서 하나님께 드렸기에 구속함 받은 모든 영혼은 오직 하나님과 어린양 그리스도께만 속한다. '속함'은 소속만이 아니라 소유됨을 의미한다. 성도들이 하나님과 어린양에게 속했다는 증표로 주어진 것이 바로 인침이다.

구속함을 얻은 그들은 주님이 이끄시는 대로 따라가는 양떼다. 양은 목자를 닮는다. 이리가 아니기에 거짓말이 없다. 어린양이 죽임을 당했듯이 그들 역시 죽임을 당하였다. 어린양이 충성된 증인이었듯이 그들도 충성된 증인의 길을 걸었다. 주님의 참된 추종자들은 타협을 거절하고 증거의 중심을 지킨다. 거짓 선지자는 거짓말쟁이인 까닭에 메시아 왕국에는 결코 들어가지 못하고 성 밖으로 쫓겨나서 슬피 울며 이를 가는 신세가 된다.

둘째 사망인 불과 유황으로 타는 못에 들어간다. 구속함 받은 자 곧 하나님의 남은 자는 실제로 거짓을 말하지 않는다. 주님은 흠과 점이 없어 거룩한 분이다. 주님의 추종자로 144,000은 주님의 긍휼 안에서 흠 없는 자가 되며 거룩한 자로 부름 받는다. 흠이 없는 거룩함을 이루어 주님을 뵌다.

*** 셋째 막간: 심판의 환상**(14:6-20)

계시록에는 세 개의 막간이 있다. 첫째 막간은 여섯째 인과 일곱째 인 사이에 있던 '구원의 환상'(7:1-17)이요 둘째 막간은 여섯째 나팔과 일곱째 나팔 사이에 있던 '사역의 환상'(10:1-11:13)이며 셋째 막간은 넷째 환상(빛과 어둠의 투쟁)과 다섯째 환상(일곱 대접) 사이에 있는 '심판의 환상'이다. 세 개의 환상이 연대기적 배열은 아니지만 주요 환상들을 잇고 완급을 조절하는 역할을 한다. 세 막간은 모두 환상이며 전체적으로 계시록은 대(大)환상 일곱과 막간 속의 소(小)환상 셋, 모두 '열 개의 환상'으로 이루어졌다. 셋째 막간은 알곡 추수와 포도 수확으로 임박한 심판을 실감나게 그린다.

심판 환상의 전체 주제는 심판을 통한 구원이다. 심판은 매우 포괄적이며 지구적인 규모로 진행되고 마지막 추수 장면이 중심에 있다. 큰 성 바벨론의 붕괴로 인한 세상의 대혼란은 뒤이어 들이닥친 심판으로 인해 미처 수습할 틈조차 없다. 이곳에서의 중심인물은 '구름 위에 앉은 인자 같은 이'다. 알곡 추수와 포도 수확이 구원과 심판의 환상인지, 아니면 심판 환상인지에 대한 해석도 결코 쉽지 않다. 심판은 이한 낫을 휘두르고 진노의 포도즙 틀에 익은 포도송이를 집어넣고 밟는 상징으로 두려운 현실감을 더한다.

환상의 주제는 신실치 못한 자들에 대한 경고와 신실한 자들이 받을 보상으로 네 메시지가 나온다. '다른 천사'가 전한 영원한 복음의 선포, '또 다른 천사'가 전하는 바벨론 붕괴의 선포, '또 다른 천사'가 전하는 짐승 경배자가 받을 고난의 선포, '하늘의 음성'이 전한 신실한 자들이 누릴 지복의 선포다. 세 천사의 선언은 점진적이다. 영원한 복음을 가진 첫째 천사는 심판이 이르기 전에 회개로 하나님께 영광 돌릴 것을 주문한다. 둘째 천사는 심판 이유를 언급하고 셋째 천사는 심판의 이유를 밝히 설명하며 심판 내용을 밝힌다.

네 선언은 짐승의 미혹을 극복하고 끝까지 어린양에게 붙어 하나님께 영광을 돌리도록 격려하기 위함이다. 혹독한 박해 환경에 짓눌려 살던 성도들에게 적들은 패하여 심판에 넘겨지고 형언할 수 없는 천상의 즐거움이 예비되었음을 보여 줌으로 끝까지 신실한 자로 남기를 격려한다. 물론 하나님을 두려워하고 그에게 영광을 돌려야 할 우선적인 대상은 불신자들이다. 동시에 다가올 파멸을 언급하여 미지근한 신자들에게 깨어 있도록 경고한다.

공중에 나는 천사의 영원한 복음은 8장 13절의 '공중에 나는 독수리'가 외친 '세 화'와 연관시키면 화의 복음 곧 심판의 복음이다. 구원의 복음과 달리 이 복음은 희생의 피나 회개의 초청이 없다. 연이은 "하나님을 두려워하며 그에게 영광을 돌리라"는 내용도 화의 복음일 가능성을 높인다. 영원한 복음의 대상은 여러 나라와 족속과 방언과 백성으로 구체화되었다. 기쁜 소식으로서의 '영원한 복음'은 요한이 작은 책을 먹었을 때 입에는 꿀같이 다나 배에서는 쓰디썼다.

항상 복음은 달고 쓰다. 약속은 달고 심판은 쓰다. 축복은 달고 재앙은 쓰다. 복음을 받아들이는 자들에게는 경고가 달게 들리지만 복음을 거부하는 자들에게는 쓰게 들린다. 이 복음은 한시적인 것도, 어느 특별한 시대의 구별된 사람들만을 위한 것도 아니다. 악인이나 선인, 죄인이나 의인 할 것 없이 모든 사람, 모든 세대, 언제, 어디서나 필요한 복음 곧 '영원에서 영원'으로 이어가야 할 영원한 복음이다. '영원한 복음'은 마지막 때에 천사가 행할 특별한 사역이 아니라 사람들을 통한 사역이다.

'큰 성 바벨론'은 창조주 하나님 대신 각종 우상을 섬기게 하는 불신과 배역의 영을 상징한다. 바벨론 앞에 붙은 '큰'은 바벨론이 지닌 악의 영향력을 강조한다. 큰 성 바벨론이 붕괴되었다. 바벨론의 붕괴는 모든 세계 질서의 붕괴이며 세상을 종말로 이끄는 선봉이다. 하나님이 행하실 우주적 심판의 중심에는 바벨론이 있다. 모든 나라에게 진노의 포도주를 먹여 음행케 하던 바벨론은 결국 하나님의 심판으로 무너진다. 강제로 사람들에게 술을 먹이던 그에게 하나님께서 진노의 포도주를 마시게 하신다. 진노의 포도주는 심판을 구체화하는 상징으로 견디기 힘들 만큼의 극심한 고통을 반영한다.

하나님께서 내리신 진노의 포도주는 독주 중의 독주여서 취한 상태가 끝없이 이어진다. 다른 성분이 전혀 섞이지 않아 100% 순도를 자랑하는 진노의 포도주다. 은혜나 회개의 기회 같은 요소가 철저히 배제된 순수한 진노의 진액이다. 자비나 긍휼이나 사랑이 완전 배제되었다. 지옥불과 같은 화염의 분노로 충만하다.

하나님께서는 이 진노의 포도주를 위해 잔까지 준비하셨다. 찰랑거려서 넘치지 않게 가득 채운 진노의 잔이다. 1세기경의 사람들은 포도주와 물의 비율을 반반, 3:2 혹은 3:1의 비율로 물을 더 많이 타 마셨다. 하나님의 포도주는 아무 것도 섞이지 않았다. 이는 비할 바 없는 진노의 강도를 강조한다. 하나님의 포도주를 마신 자는 만취해서 다시는 일어나지 못한다.

하나님께 속한 백성은 하나님의 계명과 예수 믿음을 지킨다.

'하나님의 계명'은 성경 말씀이다. 예수 믿음을 지킴은 말씀이신 예수를 지킴, 곧 말씀을 지킴이다. 믿음의 근원은 살아 있는 말씀에 있다. 영생하신 말씀 안에 있기에 살아 있는 믿음이다. 하나님의 말씀을 지키려면 값비싼 희생이 따른다. 충성의 대가는 싸구려가 아니다. 천하보다 귀한 생명을 포기할 수 있다. 그만한 가치가 있다.

순교의 고귀함은 생명을 지불하면서까지 가장 값어치 있는 것을 선택했음에 있다. 고통스런 죽음으로 모든 것이 끝나는 것이 아니다. 짤막한 죽음 후에는 영원한 안식이 있다. 성도들의 인내를 기다리는 것은 죽음이 아니라 영원한 안식이다. 죽음의 열린 문을 통해 영원의 현관으로 들어간다. 죽음에 처해서도 죽음을 두려워하지 않음은 놀라운 복이요 은혜다.

하나님께서는 성도의 죽음을 귀하게 보신다. 이 복은 계시록에서 증거한 일곱 복 중의 두 번째다. 하나님의 계명과 예수 믿음을 위해 생명을 포기했기에 하나님은 생명의 면류관으로 갚으신다. 주님의 영광 받으심이 이를 보장한다. 순교한 영혼들이 누린 안식이 일시적이라면 이 안식은 영원한 안식이다. 시간에서 차이가 나지만 질적으로 다르지 않다. 안식의 원천은 그들이 목숨 걸고 지켰던 어린양의 이름이다. 그 이름에서 권세와 능력이 나온다. 하나님께서 창조 후 안식을 취하셨듯이 성도들도 자기 일에서 놓여나 쉬게 된다.

전반부의 임박한 심판 예고 후에 나오는 두 개의 작은 환상은 마지막에 이루어질 심판을 다룬다. 먼저는 알곡 추수에 관한 것이고 나중은 포도 수확에 관한 것이다. 이것은 실제 상황이 아니라 상징을 이용해 종말의 때에 일어날 사건을 극적으로 처리하고 있다. 요엘 선지자의 경고 예언을 상기하면 알곡 추수와 포도 수확의 두 환상은 모두 심판을 상징하는 것으로 볼 수 있다.

> "너희는 낫을 쓰라 곡식이 익었도다 와서 밟을지어다 포도주 틀이 가득히 차고 포도주 독이 넘치니 그들의 악이 큼이로다" (욜 3:13).

곡식 추수와 포도 수확 환상은 마지막 일곱 재앙에 대한 서론 격이다. '사람의 아들 같은 이'는 '옛적부터 항상 계신 자'에게서 권세와 영광과 나라를 받은 인자다. 권능의 보좌에 앉은 이가 구름 위에 앉은 인자다. 인자이신 주님은 구름 위에 계시고 금 면류관을 쓰셨고 이한 낫을 가졌다. 낫은 마지막 추수 때 나타날 하나님의 심판을 상징한다. 강조는 낫 자체보다 낫의 날카로움에 있다.

금 면류관은 왕적 권위를 나타낸다. 두 수확은 정황상 비슷해도 성격이 다르다. 포도 수확이 악인에 대한 심판이 분명한 이상 곡식 추수는 의인을 거둬들임이다. 우주적 규모인 곡식 수확의 원형은 144,000에서 발견된다. 그들은 구속 받은 성도들로 하나님과 어린양에게 바쳐진 곡물이다. 이는 가나안에서 거둔 곡물의 첫 이삭에 해당한다. 한편 하나님께서 예비하신 진노의 포도주를 마실 자들에 대한 원형 역시 짐승과 그의 우상에게 경배하고 이마나 손에 짐승의 표를 받은 자들에게서 발견된다.

첫 수확은 일회적이지만 둘째 수확은 포도를 수확하고 다시 포도주 틀에 넣는 두 국면으로 진행된다. 은혜의 추수는 인자가, 진노의 수확은 다른 천사가 한다. 곡식 추수는 악인들 가운데서 의인을 거둬들이는 것이기에 추수꾼인 인자가 친히 나섰고, 포도 수확은 원수와 박해자들에 대한 심판이기에 진노의 천사가 맡았다.

포도 수확 이후에 포도주 틀을 밟는 이가 주님이시면 곡식 추수에선 구원주로, 포도 수확에선 심판주로 드러난다. 이는 곡식 추수를 열방의 회심이라는 긍정적인 잣대로, 포도 수확을 회개치 않는 열방에 대한 부정적인 진노의 이미지로 이해함이다. 두 수확에 대한 해석은 이렇다.

① **과거주의적 관점**: 두 개의 다른 사건으로 보는가 하면 한 사건의 다른 묘사로도 본다. 곡식 수확과 포도 수확이 의인과 악인의 모아들임에 대한 묘사인가, 아니면 둘 다 악인의 모아들임에 대한 묘사인가에 대해서는 견해차가 있다. 많은 주석가들은 곡식 수확을 66-70년경에 펠라로 유대 크리스천들이 피신한 사건으로 여기고, 포도 수확을 70년에 일어난 예루살렘 멸망으로 보며, 이를 마태복음 24장 31-34절의 예언 성취로 본다. 70년의 예루살렘 멸망은 하나님의 포도나무인 이스라엘이 베임 당한 것으로 해석한다.

② **역사주의적 관점**: 이전의 환상들로 설명된 심판 주제가 14장에서 곡식 추수와 포도 수확 이미지로 그 내용이 더욱 선명해진다. 원래 이스라엘에선 곡식 추수는 봄에, 포도 수확은 늦여름에 시행했다. 곡식 수확은 종말의 때에 의인들을 왕국으로 모아들임이요 포도 수확은 악인들을 진멸함에 대한 언급이

다. 1600(40×40) 스다디온은 심판의 숫자로서 엄중한 심판을 상징한 것이라 본다. 거대한 살육이 일어나 강과 바다는 피로 물들고 교회의 원수들은 완전하고 최종적으로 파멸되어 궁극적 승리가 교회에 주어진다.

③ **미래주의적 관점**: 포도 수확의 첫 단계인 익은 포도송이를 거둠이 심판 전에 성도를 모아들임인지 전체적인 심판의 묘사인지에 대해선 이견이 있다. 대부분은 심판 장면으로 여긴다. 포도는 배역한 이스라엘만이 아니라 모든 사악한 자들을 가리킨다. 구름 위의 인자는 주님이다.

다른 천사가 '이한 낫 가진 그리스도'를 향해 명령함은 성도가 드린 신실한 기도에 대한 응답이다. 의인들의 곡식 추수는 '인자의 낫'으로 거두지만 악인들의 심판인 포도 수확은 '천사의 낫'을 쓴다. 하나님의 진노의 큰 포도주 틀은 지옥이 아니라 지상에서 일어나는 심판 사건으로서 아마겟돈 전쟁에 대한 최초의 언급이다.

④ **이상주의적 관점**: 두 종류의 수확을 모두 사악한 자의 심판으로 여기지만 곡식 추수는 의인들의 모아들임이며 포도 수확은 악한 자들에 대한 것이다. 가라지 비유에 의하면 곡식 수확은 의인과 악인에 대한 것이다.

VI. 다섯째 환상: 일곱 대접(15-16장)

환상은 끝나지 않았으나 '일곱 대접'으로 모든 재앙이 끝난다. 일곱 인과 일곱 나팔에 이은 마지막 재앙은 일곱 대접으로 상징된다. 이는 하나님의 진노의 대접이다. 대접 재앙은 전적으로 짐승의 표를 받은 자인 하나님의 원수들에게 쏟아진다. 회개하지 않은 그들에게 하나님의 징벌은 더욱 엄중하다. 심판은 더욱 강화되고 세상은 마지막 종말의 시점으로 진군한다.

8장 13절에서 공중의 독수리는 세 화를 외쳤다. 황충의 첫째 화와 마병대의 둘째 화는 이미 지나갔다. 셋째 화에 대해서는 두 번에 걸쳐 언급되었지만 두 화처럼 드러나지 않는다. 요한에게 세 화는 중요한 의미가 있다. 그렇지 않았다면 굳이 '화, 화, 화'라 말하지 않아도 되었다.

대환난의 과정에서 세 화의 비중은 대단히 높다. 셋째 화는 반드시 주님의 강림 이전에 이뤄져야 한다. 셋째 화는 일곱 대접이다. 일곱 대접이 마지막 재앙이며 이것으로 하나님의 진노가 끝나기 때문이다. 일곱 대접이 셋째 화가 아니라면 일곱 대접 이후에 셋째 화라 부를 만한 재앙이나 심판이 찾아와야 한다. 첫째 화와 둘째 화가 하나의 재앙으로 임해 왔음에 비해 셋째 화는 단일한 모습이 아니라 일곱 대접의 통합으로 임한다. 일곱이 완전수임을 감안할 때 요한은 마지막 셋째 화를 완전한 일곱 대접의 구조 속에서 정리하여 셋째 화답게 의미를 부여하려 했을 수 있다.

1. 모세의 노래: 어린양의 노래(15:2-4)

15장은 길이가 가장 짧지만 내용은 결코 가볍지 않다. 마지막 재앙을 준비하고 가장 경이적인 환상의 하나인 모세의 노래(어린양의 노래)가 실렸다. 일곱 대접이 마지막 재앙인 것은 그것이 종말의 시점을 향했고 그 방향으로 실제 이끌어가기 때문이다. 세상에 임하는 심판의 재앙은 일곱 인, 일곱 나팔, 일곱 대접의 '일곱' 시리즈를 통해 요한의 독자들이 충분히 인식할 수 있다. 마지막 재앙인 일곱 대접은 출애굽의 재앙과 비슷하다.

16장의 일곱 재앙을 준비하는 마중물 역할인 15장에서 '이긴 자들'이 부르는 모세의 노래가 단연 압권이다. 사실상 재앙은 14장의 '하나님의 진노의 포도주'로 이미 시작되었고 곡식 추수와 포도 수확의 환상으로 강조되었는데 16장의 일곱 대접 환상에서 구체화되었다. 일곱 인과 일곱 나팔을 통해 선언되고 일부 실현되었던 심판이 일곱 대접의 재앙을 통해 모두 실행된다. 문학적인 관점에서도 일곱 나팔은 일곱 인, 일곱 대접은 일곱 나팔의 확장판으로 비쳐진다.

'어린양의 진노'에서 출발한 심판은 7장의 인침 역사가 끝나고 8장에 들어서며 일곱 나팔로 임한다. 다섯째 나팔부터 일곱째 나팔까지의 '세 화'는 심판의 강도를 더한다. 특히 여섯째 나팔의 세 재앙으로 인해 인류의 1/3이 파멸된다. 셋째 화는 마지막 재앙인 일곱 대접을 포함한다. 이로써 일곱 나팔로 시작된 하나님의 종말적 심판이 대접 재앙에서 마무리된다. 마지막 재앙은 주님의 종말론 강화에서 말씀하신 '그날 환난 후에' 즉시 일어난다.

15-16장의 일곱 대접 재앙은 세상을 향한 궁극적인 경고다. 아직도 회개와 갱신의 가능성은 있다. 그것은 하나님께서 유예하신 은총의 시간이며 사람들에게는 마지막 기회다. 일곱 인에서 시작되어 일곱 나팔을 거치며 심판 분위기는 더욱 고조되고 상승되었다. 이제 일곱 대접에 이르러 환상은 최고의 극점으로 치닫는다. 완성을 향한 구원 역사의 마지막 시점에서 하나님의 진노가 성취된다.

메시아 왕국이 이르기 전에 끔찍했던 모든 형벌이 종료된다. 실질적인 원수의 진멸과 영원한 완성은 나중에 이루어진다. 마지막 재앙은 재앙 시리즈의 마지막일 뿐 아니라 인류 역사의 마지막 심판이다. 일곱 재앙이 끝나면 최후의 심판이 뒤따른다. 일곱째 인 속에 일곱 나팔 재앙이, 일곱째 나팔 속에 일곱 대접 재앙이 들어 있으나 일곱째 대접에는 재앙의 내용만 담겨 있다. 일곱 대접이 마지막 재앙임을 이것으로도 알 수 있다.

15장은 근본 주제로서 새로운 출애굽을 보여 준다. 모세의 노래는 짐승과 그의 우상과 그의 이름의 수를 벗어났음이 바로의 철병거를 벗어난 이스라엘의 경험임을 암시한다. 종말적 의미에서 하나님의 의인들은 영적 출애굽을 경험한다. 이번에는 불완전한 가나안이 아니라 영광과 안식만 존재하는 영원한 처소다. 16장의 일곱 대접을 준비하며 15장은 승리한 성도들의 구원을 찬양한다. 한편은 유리 바닷가에서 거문고를 타는 승리자들이, 다른 편은 하나님의 진노가 담긴 금 대접을 받은 일곱 천사가 시위해 있다. 출애굽의 재앙처럼 천상에서는 일곱 재앙을 가진 일곱 천사가 하나님의 명을 기다린다. 마지막 일곱 재앙은 애굽에 내린 열 재앙과 본질적으로 일치한 경험이다.

일곱 재앙 중에서 다섯은 애굽인들에게 내렸던 열 재앙(출 7-10장) 가운데 다섯을 연상시킨다. 첫째와 셋째의 대접 재앙은 하나님께서 애굽인들을 치심으로 자기 백성을 해방시키신 사건을 연상시킨다. 일곱 대접 시리즈에는 단지 재앙뿐만이 아니라 홍해를 건넘(16:12), 모세의 노래(15:3), 시내 산의 연기 중에서의 율법 수여(15:8), 증거 장막의 세움(15:5) 등이 들어 있다. 일곱 재앙을 통한 메시지는 분명하다. 출애굽에서처럼 자기 백성을 원수의 압제에서 해방시켜 약속의 땅으로 이끌어 가신다는 '구원의 테마'다.

재앙의 소용돌이 속에서 짐승과 그의 우상과 그의 이름의 수를 이기고 벗어난 자들이 부르는 노래는 '모세의 노래' 곧 '어린양의 노래'다. 노래의 주제는 '만국이 만국의 왕께 드리는 경배'다. 불의와 불공정한 세상을 어린양의 죽으심과 부활로 승리케 하신 하나님의 의도는 놀랍고 기이하다. 불가능한 승리를 일궈내신 하나님의 전능하심은 그분을 전능자로 호칭하며 노래를 시작함에서 알 수 있다.

출애굽기 15장과 계시록 15장은 심판과 승리의 노래라는 측면에서 많이 비슷하다. 이스라엘이 애굽의 속박에서 해방되고 적대자들에게 퍼부은 심판 재앙에서 벗어났음은 어린양의 추종자들이 짐승과 그의 우상과 그의 이름의 숫자를 벗어난 승리의 사건과 더불어 역사 속에서 행하시는 하나님의 공의를 충분히 드러냈다. 모세의 노래, 어린양의 노래는 구원의 노래라기보다 심판의 노래다. 그와 같은 심판은 천하 만민과 열방의 제 민족들로 하여금 하나님의 의로우신 심판을 긍정하게 만든다. 하나님께서는 자신의 진노를 담은 대접을 천사들이 지상에 쏟음을 통해 영광을 받으신다.

2. 일곱 대접(16:1-21)

미래학파 중에는 일곱 대접 재앙이 일곱째 나팔의 내용이거나 셋째 화의 내용이며 일곱 나팔은 일곱째 인의 내용이라 여기는 이들이 많다. 큰 틀에서 재앙의 골격은 '일곱 인: 일곱 나팔: 일곱 대접'의 순서를 따른다. 지상에서 천상으로 영적 출애굽함을 상징한다면 유리 바다는 홍해를 상기시킨다. 때문에 캐어드는 '천상의 홍해'라고 불렀다. 이에 비해 '불이 섞인 유리 바다'는 악을 상징한다. 불 섞인 유리 바다를 순교자들이 순교의 바다를 안전히 건너 하늘의 해변에 도착한 것으로 묘사하며 '순교자의 홍해'(스웨트)로 부른 것은 적절하지 않다.

천국에는 바다가 없다. 바다는 악의 이미지를 갖는다. 유리 바다는 하늘의 바다로 그 뒤에 하나님의 보좌가 있다. 솔로몬 성전에서 물두멍은 '바다'로 불렸다. 불은 하나님의 심판을 상징한다. 불 섞인 유리 바다는 적그리스도가 올라온 바다인 동시에 음녀가 앉은 곳이다. 적그리스도는 보좌 앞의 유리 바다마저 모방했다. 짐승의 수를 이기고 벗어난 성도들이 유리 바닷가에 섰음도 그들이 바다에서 나온 첫째 짐승과 더불어 싸워 이겼음을 반증한다. 그들은 막 이기고 바닷가에 섰다.

'이김'은 계시록의 가장 중요한 주제 중 하나다. 성도는 주님의 승리하신 길을 본받아 이긴다. 그들은 불의한 세상을 믿음으로 이기고 악의 권세를 의의 능력으로 이긴다. 짐승이 성도들을 죽임으로 패한 것 같은 상황에서도 오히려 성도들은 어린 양의 피와 자신들의 증거로 인해 짐승을 이기되 넉넉하고 완벽히 이긴다. 이기신 주님과 함께 있음으로 확실하게 이긴다.

성도들은 주님으로 말미암아 부르심을 입고 빼내심을 입은 진실한 자들이기 때문이다. 죽음은 허망한 끝이 아니라 진정한 승리의 첩경이다. 죽음으로 이김은 십자가의 죽음으로 사망을 정복한 주님의 영원한 승리를 영락없이 닮았다. 이김이 사망을 삼키고 거룩한 죽음이 사악한 죽음의 주체를 꺾는다. 성도들은 죽음으로 땅에서 제해져도 하늘 처소를 얻고 새 하늘과 새 땅에서 영주한다.

성도는 이기는 자로서 생명나무의 실과를 약속받는다. 이기는 자로서 둘째 사망과 상관이 없게 된다. 이기는 자로서 감추었던 만나를 얻는다. 이기는 자로서 열방과 만국을 다스리는 권세를 얻는다. 이기는 자로서 흰 옷을 받고 흐려지지 않을 이름으로 생명책에 녹명된다. 이기는 자로서 하나님 성전의 기둥이 되고 하나님과 그리스도의 새 이름으로 그 위에 새겨진다. 이기는 자로서 하나님의 보좌에 주님과 함께 앉는다. 성도의 이김은 짐승을 이기고 그의 우상을 이기고 그의 이름의 수를 이긴 구체적인 승리다.

주님만이 홀로 거룩하시다. 이는 도덕적 순결만이 아니라 창조주로서 피조 세계와 구별됨을 뜻한다. 무죄성보다 높으신 위엄을 가리킨다. 오직 주님 홀로 존귀하시고 주님 홀로 능하시며 주님 홀로 거룩하시다. 그분은 세상 모든 것에서 거룩하게 구별되어 존재하심으로 거룩하시다. 심판에 공의롭지 못한 티끌이 전혀 끼어들지 않기에 거룩하시다.

죄를 차마 보지 못하는 정결하신 눈으로 인해 거룩하시다. 악을 멸하심에 불길처럼 타오르는 적개심이 있으시기에 거룩하시다. 이 절대적인 거룩함이야말로 하나님을 두려워하고 경배해야 할 충분한 이유가 된다. 하나님의 구속과 심판 행위가 경외의 이유임은 그리스도께서 다시 오실 때 구속받은 열방의 모여듦으로 증명된다.

재앙 내용을 담은 금 대접을 천사들이 손에 들고 있다. 그들의 가슴을 두른 금띠는 세마포와 함께 왕과 제사장의 기능을 상징한다. 빛나는 세마포와 가슴의 금띠는 대제사장의 복장이었다. 대제사장은 하나님을 대리하여 죄의 진노를 희생 제물에게 붓고 하나님의 천사는 하나님을 대리하여 심판의 진노를 세상의 악인들에게 붓는다. 네 생물 중의 하나가 일곱 천사에게 일곱 대접을 주었다. 증거 장막의 성전에 나타난 연기는 일곱 재앙이 끝나기까지 성전을 가득 채웠다.

하나님의 진노로 가득 찬 금 대접과 영광의 연기로 가득 찬 성전은 매우 대조적이다. 일곱 나팔의 경우는 나팔 불 예비 시간이 주어졌지만 일곱 대접은 심판 실행의 명령이 바로 떨어졌다. 일곱 천사는 하나님의 명령에 순응해 곧장 진노의 대접을 땅에 쏟고자 앞으로 나아간다. 대접이 쏟아지며 이전 재앙에서 부분적으로 제한되었던 영역이 모두 철폐된다. '바다 가운데 생명 가진 피조물의 1/3'이 아니라 '바다 가운데 모든 생물'이 죽는다.

물을 차지한 천사와 의인화된 제단과의 간단한 문답을 제외하면 심판은 매우 빠르게 진행된다. 신비로운 대화의 주제는 하나님의 의로우신 심판이다. 요한은 이전의 일곱 시리즈에 비해 마지막 재앙인 일곱 대접을 간략히 소개한다. 첫째 천사의 경우만 명령이 주어졌고 둘째부터는 명령의 언급 없이 심판은 차례대로 진행되었다. 심판은 대접의 내용물이 완전히 쏟아지기까지 완벽히 수행되었고 뒤이은 천사들의 대접 쏟음은 지체없이 계속되었다. 마지막 대접의 내용물이 완전히 쏟아지기까지 이런 과정은 되풀이되었다.

재앙의 밀도로 따지면 일곱 대접이 일곱 나팔보다 훨씬 강력하다. 일곱 나팔의 첫 네 재앙이 자연에 국한되었음에 비해 일곱 대접의 첫 네 대접은 사악한 백성들로 확대된다. 이런 차이를 제외하고는 일곱 나팔과 일곱 대접은 내용상 매우 비슷하다. 둘 다 같은 순서의 배열을 따라 땅, 바다와 피, 강들, 해, 흑암과 고통당하는 사람들, 유프라테스처럼 마지막 심판과 자연 현상들이 공통적으로 묘사되었다. 일곱 나팔과 일곱 대접은 별개의 심판을 다루지만 둘의 장면 묘사는 출애굽 당시에 목격했던 심판에 나타난 하나님의 심판 유형을 따르고 있음이 분명하다.

7나팔	7대접
땅, 피 섞인 우박과 불	땅, 악하고 독한 헌데
바다, 피, 불붙는 큰 산	바다, 피, 생물 전멸
강, 쑥, 타는 큰 별	강, 피
해와 달과 별이 빛 잃음	해가 열기 받아 사람들을 태움
황충, 어둠, 고통	어두움, 고통
유브라데, 3재앙, 마병대	유브라데, 3영, 동방의 왕
하늘, 큰 음성, 뇌성벽력, 지진, 우박	공기, 큰 음성, 뇌성벽력, 지진

일곱 천사는 네 생물 중의 하나로부터 일곱 대접을 받는다. 일곱 대접을 받았지만 천사들은 아무런 움직임도 보이지 않았다. 실제적인 재앙을 집행하기 위해서는 하나님의 허락이 떨어져야만 했기 때문이다. 15장에서는 마지막 재앙을 가져올 일곱 천사의 출현을 예고하고 16장부터 이전에 출현했던 순서(용, 적그리스도와 거짓 선지자, 바벨론)와는 역으로 바벨론(16:17-21, 17-18장), 첫째 짐승인 적그리스도와 거짓 선지자(19:17-20) 그리고 마지막으로 용(20:10)의 파국적인 운명이 그려졌다.

A. 첫째 대접(16:1-2)

첫째 대접은 애굽의 악질 재앙을 연상시킨다. 첫째 나팔 재앙과 내용상 유사하다. 첫째 대접이 쏟아진 곳은 땅이었다. 악하고 독한 헌데가 짐승의 표를 받은 사람들과 그 우상에게 경배하는 자들에게 났다. 적그리스도와 거짓 선지자의 시대에서는 그 표와 우상 경배가 신분의 안전과 번영을 약속하는 보증수표였는데 이제 그것이 재앙을 끌어들이는 흡입구가 되었다.

B. 둘째 대접(16:3)

두 번째 대접이 바다에 쏟아지자 바닷물이 피로 변해 모든 어족이 떼죽음을 당한다. 둘째 나팔의 경우는 불붙는 큰 산이 바다에 빠지고 바닷물이 피로 변했다. 어족의 1/3과 배들의 1/3이 죽거나 깨어졌다. 당시 상황을 고려할 때 바다의 이런 재앙은 매우 치명적이었음이 틀림없다. 왜냐하면 바다는 식량의 보고일 뿐 아니라 모든 상업 루트가 뱃길을 따라 이루어졌기 때문이다. 육로는 교통망이 제대로 형성되지 못했고 많은 위험을 감수해야 했다. 해로는 자연재해로 인한 태풍의 위협만 잘 피하면 가장 신속하고 안전한 루트였다. 특히 제국의 심장이었던 로마의 지형은 육상 무역에 많은 애로가 있었다. 둘째 대접으로 인한 바다의 재앙은 문명의 붕괴나 다름없었다.

C. 셋째 대접(16:4-7)

세 번째 대접이 강과 물 근원에 쏟아지자 물들은 곧 피로 변한다. 물을 차지한 천사가 공의로운 심판을 찬양하고 제단이 즉각 화답한다. 셋째 천사가 나팔을 불자 횃불같이 타는 큰 별이 강들의 1/3과 여러 물 샘에 떨어져 물들은 쑥처럼 쓰게 되고 그것을 마시는 자마다 죽게 된다. 셋째 대접 재앙은 애굽에 내렸던 첫 번째 재앙에 가까우며 셋째 나팔 재앙과 내용상 유사하다.

셋째 천사가 나팔을 불었을 때 횃불같이 타는 큰 별이 떨어져 강들과 물들의 근원 1/3을 쑥처럼 쓰게 만들어 사람 1/3이 죽는다. 셋째 대접의 경우는 강과 물들이 피로 변하는 것에 그쳤다. 표현하지 않았지만 이 재앙도 역시 셋째 나팔의 부분적 재앙에 비해 전체적인 규모의 재앙이었음이 틀림없다. 강과 물 근원에 쏟은 것의 내용물은 알 수 없지만 생수의 근원들이 모두 피로 변해 세계적인 기갈을 초래한 것은 실로 가공할 일이다.

D. 넷째 대접(16:8-9)

넷째 대접이 해에 쏟아지자 사람들은 열기에 태워졌다. 신실한 하나님의 백성이라면 낮의 해와 밤의 달이 상치 못하게 하실 것이지만 하나님은 천사를 통해 해의 가공할 열기로 사악한 자들을 태우셨다. 그래도 사람들은 회개를 거부했다. 연속적으로 쏟아진 세 대접은 땅과 바다와 강에 심대한 피해를 입혔다. 모두 '한가운데' 쏟아졌는데, 이는 천사의 심판이 얼마나 집중적인지를 잘 보여 준다. 나머지 네 대접은 모두 해와 짐승의 보좌와 유프라테스 강과 공기 '위에' 쏟아졌다. 이는 심판의 범위가 얼마나 광범위한지를 보여 준다.

E. 다섯째 대접(16:10-11)

다섯째 대접이 짐승을 향해 쏟아지자 극심한 흑암이 임하고 사람들은 고통과 종기로 인해 도리어 하나님을 훼방하고 회개를 거부한다. 이는 다섯째 나팔 재앙과 아주 유사하다. 다섯째 나팔을 불었을 때 나타난 황충의 재앙을 제외하면 어두움과 고통 재앙이 비슷하다. 지금까지 자연을 향해 내린 재앙과 달리 다섯째 대접은 사악한 자들의 조종자인 '짐승의 보좌'에 쏟아졌다.

짐승의 보좌는 짐승의 권위가 나오는 원천인 '사탄의 위'다. 사탄이 모든 권세를 가지고 세상 역사를 하나님의 구속 역사에 거스르도록 도모하는 곳이다. 궤휼과 사특한 지혜를 발산하는 곳이다. 반역과 불순종의 영을 파송하는 곳이다. 짐승은 다섯째 나팔 재앙으로 이미 1/3의 광명을 잃어버린 하늘 밑에서 지금껏 우상숭배와 세속적인 악을 부추기고 있었다.

짐승의 보좌에 쏟아진 내용물은 알 수 없지만 재앙의 결과는 끔찍했다. 이를 갈며 혓바닥을 깨물 만큼 지독한 통증과 종기가 생겨났다. 강도 높은 재앙을 당하면 당할수록 더 마음의 강퍅함을 키우던 애굽의 바로처럼 재앙에 살아남은 사람들은 오히려 하늘의 하나님을 훼방하고 회개할 의지를 전혀 보이지 않았다.

F. 여섯째 대접(16:12-16)

여섯째 대접 재앙은 여섯째 나팔 재앙과 내용상 유사하다. 두 곳에 모두 유프라테스 강이 언급되었다. 여섯째 나팔 재앙 때는 이만만의 마병대가 나오는데 여섯째 대접에는 마른 강에 동방의 왕들을 위한 길이 예비된다. 여섯째 나팔 재앙에는 마병대의 입에서 나온 불과 연기와 유황의 '세 재앙'이 있었는데 여섯째 대접의 재앙에는 개구리 같은 '세 더러운 영'이 용과 짐승과 거짓 선지자의 입에서 나온다.

요한은 바벨론 패망의 역사적 사건을 이용해 장차 땅에 임할 바벨론 세력의 붕괴를 그린다. 물론 이 바벨론은 문자적인 바벨론이 아니다. 유프라테스 강을 따라 연결된 고대의 바벨론을 찾으면 어렵지 않게 이라크, 시리아, 터키 같은 현대 국가의 이름이 떠오른다. 유프라테스가 상징하는 것은 '백성과 무리와 열국과 방언들'이다. 바벨론이 상징하는 것은 무엇인가? 바벨론은 '음녀요 음녀는 많은 물 위에 앉은 자'요 땅의 임금들을 다스리는 '큰 성'이다.

문자적인 바벨론이 아니라면 과연 무엇인가? 바벨론은 하나님을 대적하는 세상의 모든 정치 체제요 경제 질서이며 종교 현상이요 철학 사상이다. 하나님이 일체 배제되고 하나님의 말씀이 거부된 인간 중심의 삶이다. 바벨론은 모든 나라를 음행으로 인해 진노의 포도주를 마시게 하던 자다. 바벨론 붕괴는 이미 선언되었다. 가시적이고 완벽한 바벨론의 멸망은 18장 후반부에서 성취되지만 서서히 파멸의 길로 들어서기 시작했다. 하나님께서는 바벨론의 아가미를 꿰어 멸망의 길로 이끌어 가신다.

역사적 바벨론 제국에서 '동방의 왕들'은 고레스와 그를 따르던 제후들이었다. 계시록의 바벨론에게 '동방의 왕들'은 누구인가? 중동 지역에서 동방은 무엇을 의미하는가? 유럽과 미국이 배제되고 소련 연방도 해체된 지금 유일한 동방의 강국은 어디인가? 이만만의 대군을 유일하게 확보할 수 있는 중국과 그의 동맹국을 말함인가? 곡과 마곡은 전통적으로 북방의 왕들로 불리는데 그들이 이에 해당하는가?

북방 왕 곡과 마곡의 군대는 단지 북방 군대만이 아니라 '땅의 사방 백성'으로 이루어진 국제 규모의 혼성군이다. 그렇다면 '동방의 왕들'도 동방에 속한 통치자들을 지칭하는 것이 아니다. 그들 역시 전능하신 하나님의 큰 날에 함께 전쟁을 일으키고자 '온 천하 임금을 불러 모으는' 국제 규모의 혼성군이다. 그것이 영적 군대이든 실질적 군대이든 하나님을 대항하는 자세에서만은 동일하다.

사탄 자신과 정치권력의 옷을 걸친 적그리스도와 거짓 종교의 탈을 쓴 거짓 선지자는 하나님의 대적자다. 거짓 선지자의 존재 목적은 오직 하나다. 적그리스도를 영화롭게 함이다. 적그리스도의 존재 목적도 하나다. 사람들의 마음에서 주님의 형상을 완전 제거함이다. 그렇게 함으로 사탄을 영화롭게 한다. 거짓 영에 사로잡힌 거짓 선지자들은 거짓을 서슴없이 행한다. 마음도 생각도 말도 행위도 거짓으로 가득 차고 거짓으로 충만하다. 진실은 티끌만큼도 없다.

그들은 세속의 영으로서 교회 안에 들어와 어둠의 씨앗을 퍼뜨린다. 빛의 생명이 자라지 못하도록 원천적으로 은혜의 역사를 봉쇄한다. 외부에서는 흉포한 공격성으로, 내부에서는 회유책으로 교회의 생동력을 마비시키고 신자들의 영혼을 무력하게 만든다. 사탄도 적그리스도도 거짓 선지자도 모두가 인격을 지닌 영이다. '세 더러운 영'이지만 결국은 '하나의 거짓 영'이다. 그들의 형상은 개구리 같은 모습에서 같다. 개구리는 해롭지 않으면서 해롭다. 해롭지 않은 것은 그들의 변장술과 기만의 결과로서 그렇게 보일 뿐이다. 해로운 것은 그들이 인간성을 파괴하고 영혼을 무력하게 만들고 영적인 무감각에 이르게 하기 때문이다.

독을 지닌 개구리는 먹잇감에게 독을 뱉어 마비시켜 잡아먹는다. 애굽의 술사들은 술법으로 개구리 재앙을 재연했으나 그것은 재앙의 확장이었다. 하나님께서는 개구리 재앙을 통해 개구리가 지닌 속임의 상징을 보여 주셨다. 결국 개구리는 자신도 속이고 남도 속이고 그로 인해 남도 멸망시키고 자신도 멸망을 당하는 영이다.

개구리는 사탄과 적그리스도와 거짓 선지자의 존재 기반을 이루고 그들이 활동하는 주 무대는 바벨론이다. 바벨론은 해롭지 않은 듯해도 거주자들을 해하는 세속적 체제다. 세 더러운 영은 해롭지 않은 모습으로 사람들을 유혹하며 해로운 독성으로 죽인다. 그들은 바벨론의 으뜸가는 거주자다. 거짓과 이적으로 세상을 현혹하여 지배하는 사악한 통치 그룹이다.

바벨론에는 온갖 귀신들과 더러운 영들이 모여 성도를 대적하고 교회를 대적하고 하나님을 대적하는 일을 꾀한다. 세 더러운 영 중에서 이적을 행하는 주체는 거짓 선지자다. 그가 행하는 기적이란 적그리스도의 권능을 보여 주는 것이며 하늘에서 불을 내리는 것이요, 사람들을 굴복시키는 힘이고 우상을 섬기게 만드는 능력이요, 짐승의 표로서 세상의 정치와 경제를 굴복시키는 마력이다.

그 이적은 일반 대중이 아니라 권력층에게 집중된다. 자신들의 군대를 동원할 결정이 걸린 만큼 이적은 왕들의 마음을 사로잡는 아주 강력한 것이다. 땅의 통치자들은 세 더러운 영의 농간에 넘어간다. 가장 강한 군대인 어린양의 군대와 감히 싸우려 든다. 애굽에 내렸던 개구리 재앙에서 보듯이 개구리 재앙을 통한 거짓 능력은 바로의 마음을 강퍅하게 만드는 데 일조를 했다.

이런 어수선하고 긴박한 상황에 주님은 도둑같이 오신다. 도둑같이 오시는 주님의 모습은 신약에서 자주 언급된다. 이는 오심의 예기치 못함과 맞이할 자들의 미처 준비하지 못함을 암시한다. 계시록에 나오는 '일곱 축복'의 세 번째에 해당하는 영적 각성의 복은 주님의 재림에 동참할 기대감의 측면에서 가히 압권이다.

요한의 주된 관심은 사악한 자들의 소멸뿐만 아니라 성도의 영원한 복지에 있기에 15절의 권면과 지복 언급은 매우 타당하다. 실제로 세 더러운 영들이 왕들의 군대를 아마겟돈으로 모으는 이유도 온 세상에 흩어진 하나님의 성도들을 공격하기 위함이다. 그 잔혹한 전쟁이 언제 들이닥칠지 알 수 없기에 성도들은 깨어 있어야 한다. 예기치 못한 순간에 갑자기 들이닥칠 주님의 재림은 세상을 온통 경악 속으로 몰아넣을 것이다.

빛을 거부했던 이들은 번개의 번쩍임처럼 임하시는 주님의 재림을 순순히 받아들일 것이다. 빛의 아들들은 도둑 같은 재림의 순간을 피할 수 있다. 그들은 해산하는 여자에게 임하는 고통처럼 그 시기를 점차로 느낀다. 안전한 해산의 순간을 맞이하기 위해 깨어 있다. 도둑 같은 재림의 순간을 맞이하지 않는 길은 오직 경성뿐이다. 깨어 있는 자는 거짓 강림의 소식에 미동하지 않는다.

사데 교회 신자들은 주님의 도둑 같은 강림의 경고를 받았다. 그 경고는 모든 시대의 모든 교회를 위한 경고의 말씀이다. 영적 각성은 재림하실 주님을 영접함에 있어서 필수불가결한 요소다.

세 영이 천하 임금들을 아마겟돈으로 모았다. 그들은 더러운 영들의 사기에 걸려 파멸 전쟁의 주역이 되었다. 소집은 되었으나 실질적인 전쟁은 훨씬 나중에 이루어진다. 유브라데와 바벨론이 영적 의미를 갖는다면 아마겟돈도 지리적 의미보다 영적 의미를 지닌다고 할 수 있다. '아마겟돈'은 '666' 못지않은 비밀에 덮여 있고 해석하기도 어렵다.

므깃도 광야는 예루살렘 북쪽으로 걸어서 이틀 길이다. 원래는 가나안 영토였으나 이스라엘에 편입된 이후로 전략 요충지여서 전쟁이 쉴 새 없이 일어났다. 므깃도는 주전 1448년에 투트모세 3세가 가나안 왕들과 격전을 벌인 곳, 주전 1220년에는 메르넵타가 전쟁을 일으킨 곳, 드보라와 바락이 가나안 동맹군을 격파했던 곳, 기드온이 미디안 군대를 몰살시킨 곳, 사울이 블레셋 군대에게 참패를 당한 곳, 시삭의 전투가 있던 곳, 요시야가 애굽의 바로느고와 전쟁 중에 전사한 곳이다.

디글랏빌레셀 3세가 통치할 때는 앗수르 제국의 총독이 머물던 곳이며 로마 제국 하에서는 '대평원의 군단'이 거처하던 영구 주둔지였다. 요한 당시에는 이때 쌓인 토산으로 언덕 또는 산의 모습을 하고 있었다.

G. **일곱째 대접**(16:17-21)

일곱째 대접 재앙은 일곱째 나팔의 상황과 유사하다. 일곱째 나팔을 불었을 때 하늘로부터 큰 음성들이 나고 이십사 장로들이 하나님께 경배를 드렸다. 하늘 성전이 열리며 언약궤가 보이고 번개, 음성, 뇌성, 지진, 큰 우박 현상이 나타났다(11:15-19). 일곱 번째 대접이 공기 가운데 부어지자 성전에서 큰 음성이 들리고 번개, 음성들, 뇌성이 들리면서 땅에 대지진이 연쇄적으로 일어난다. 하나님의 원수들에 대한 이 엄청난 규모의 파멸 현상은 지엽적이지 않고 우주적이다. 일곱 대접을 쏟아 부음으로 하나님의 진노는 비로소 끝이 난다.

18절 이하의 종말론적 자연 현상은 하나님의 적대자들이 파멸될 것에 대한 상징이다. 악의 중심 세력인 바벨론이 세 조각 나고 '만국'이 붕괴됨으로 조직적이며 견고하기 이를 데 없던 악의 성채는 잿더미로 화한다. 땅의 임금들과 거주자들을 혹세무민하던 바벨론(17:2)은 이제 최후의 형량 선고와 함께 즉각적으로 형 집행을 당한다(19절).

20절의 현상은 땅이 녹아버리는 마지막 모습이 아니라 대지진으로 인해 섬과 산악이 종적을 감춘 것이다. 21절에 묘사된 거대한 우박의 강타도 종말의 뚜렷한 징조다. 엄청난 크기의 우박이 떨어져 사람들을 상하게 하지만 그들은 회개하지 않는다. 오히려 땅의 거주자들은 하나님께 등을 돌려 그분을 저주한다. 어쨌든 일곱 대접으로 말미암아 세상과 악의 세력을 향한 하나님의 종말론적 진노는 완료되었다.

아마겟돈 전쟁의 직접적인 결과는 타락한 세계 질서의 완전한 붕괴였다. 일곱 번째 나팔을 불었을 때처럼 일곱 번째 대접이 쏟아지자 역사의 완성을 알리는 '되었다'란 외침이 성전 보좌로부터 울려 퍼졌다. 이는 일곱 대접 재앙으로 하나님의 진노가 마치리라는 선언이 성취되었음을 뜻한다. 하늘 성전은 늘 하나님의 통치가 실현되었음을 선포하는 소리의 진원이다.

요한은 대자연의 파괴라는 미증유의 현상을 상세히 언급하지만 자연적 재앙이나 역사-정치적 격변을 알리는 것이 목적은 아니다. 요한은 그런 극적 사건들을 통해 하나님의 심판에 대한 형언할 수 없는 외경심과 함께 역사의 끝에 이르러 자기 백성을 구원하고 해방시키시는 하나님의 섭리를 보게 한다.

일곱 대접으로 하나님의 진노는 이루어졌다. 진노의 잔을 채웠던 포도주는 한 방울도 남김없이 땅에 쏟아졌다. 하나님의 심판 의지와 계획에 모자람 없이 모두 충족되었다. 마지막 심판의 때는 이미 왔고 하나님의 왕국도 이르렀다. 보좌로부터 들린 '되었다'는 마지막 재앙이 완성되었음이요, 일곱 인과 일곱 나팔과 일곱 대접의 재앙이 완성되었음이요, 바벨론의 멸망과 주님의 승리를 위한 준비가 완료되었음을 확인한 대만족의 선언이다.

지복의 완성 전에 심판을 통한 재앙이 먼저 완성되어야 한다. 악인들에 대한 마지막 심판이 이루어지고 옛 세상 질서가 완전히 파괴되면 새 창조 속에서 성도의 온전한 구속이 성취된다. 심판과 구원의 모든 과정은 아무 결점 없이 이루어졌다. 하나님의 심판은 이미 일어났고 우리는 역사의 마지막에 있다.

'큰 바벨론'을 황무하게 만드셨던 하나님은 마지막 날에도 큰 성 바벨론을 그렇게 허무신다. 그렇게 로마 제국을 무너뜨리셨고 그렇게 제3제국을 무너뜨리셨으며 그렇게 마지막 날이 되면 세계를 정치, 경제, 종교적으로 관장하던 악의 중심축이 순식간에 와해된다. 하나님은 바벨론의 교만을 잊지 않으셨다. 그의 음행과 악행을 기억하셨다.

어떤 무익한 말도 심판 날에 기억하시는 하나님이시다. 짐승이 참람한 말로 하나님을 훼방하는 모든 내용을 기억하신다. 하나님의 이름을 훼방하던 바벨론 거주자들을 잊지 않으신다. 이 기억은 심판으로 즉각 연결된다. 하나님은 바벨론이 나라로서 역사의 전면에 나타나기 훨씬 전부터 기억하셨다. 바벨론이 함락되어 파멸에 이를 것을 영원의 관점에서 미리 아시고 이사야에게 혹독한 묵시로 보이셨다.

바벨론의 붕괴는 바벨론이 저지른 음행으로 인해 하나님의 진노의 포도주 잔을 들이켜야 했던 마지막 들이켬이었다. 성도들에게 하나님의 기억하심은 은총이지만 악인들에게는 심판이다. 바벨론이 받을 재앙의 이유는 이미 6절에서 확실하게 명시되었다. 성도들과 선지자들의 피를 흘린 죗값에 걸맞게 피를 마시게 하는 '신적 복수'는 하나님의 공의와 제단 앞에 엎드려 신원의 날을 호소하던 순교자들에 대한 응답 약속을 위해 반드시 필요하다.

바벨론의 붕괴는 이미 셋째 막간인 심판 환상에서 임박한 심판을 예고했을 때 알려졌다. 그때 하나님의 진노의 포도주 마실 것을 언급했는데 섞이지 않은 순수한 진노, 그 맹렬한 진노의 포도주를 벌컥벌컥 들이켠다. 어린양이 진노의 포도주 틀을 밟아 순수한 진노의 포도주를 만드신다. 바벨론의 두려운 파멸 모습은 다시 17-18장에서 상세히 묘사된다.

VII. 여섯째 환상: 바벨론의 멸망과 그리스도의 승리(17:1-19:21)

바벨론과 짐승에게 내린 심판은 단연 압권이다. 그러나 요한의 초점은 바벨론 멸망 뒤에 찾아오는 주님의 승리에 있다. 장황하리만치 바벨론의 멸망을 다룬 것은 요한에게 의도가 있기 때문이다. 이 세상의 악을 진멸하고 오래전 선지자들로부터 사도들을 통해 전해진 의의 궁극적인 승리가 현실적으로 이루어지는 마지막 과정을 독자들에게 보여 주고자 하였다. 주님의 승리는 매우 결정적이며 영광스러움으로 가득하다.

'수난의 희생자'(the Victim)에서 '영광의 승리자'(the Victor)로의 변신은 놀랍고 기이하다. 주님의 승리는 곧 교회의 승리요 그를 신실하게 따르던 의인들의 승리다. 종말은 두 가지 모습으로 찾아온다. 하나는 '바벨론 멸망이라는 인류에 대한 재앙'이요, 다른 하나는 '주님의 영광스런 재림을 통한 승리의 달성'이다. 17-18장의 내용은 마치 색깔이 진한 그림처럼 사건의 극적 내용을 더욱 강화시킨다.

17-18장은 동일한 주제를 다룬 하나의 세트다. 17장에는 큰

성이 음녀로 묘사되었고 18장에는 큰 성이 바벨론으로 드러났다. 큰 성인 음녀와 큰 성인 바벨론은 같다. 음녀가 바벨론임을 본문이 증명한다. 음녀로 묘사된 큰 성 바벨론의 파국은 18장에 자세히 그려졌다. 바벨론의 정체는 알기 어렵다. 로마로 보는 경우에 여자가 앉은 일곱 산은 아우구스투스로부터 도미티아누스까지 일곱 왕조를 의미할 수 있다. 열 뿔인 열 왕은 로마제국의 식민지화를 경계하며 속국 상태에서 벗어나려고 애쓰는 약소국가의 통치자들을 의미할 수 있다.

바벨론을 로마로 보는 이유는 로마가 실제로 일곱 언덕 위에 세워졌고 당시의 유대인들과 크리스천들이 제후국들을 거느린 로마를 큰 성이라 불렀고 도미티아누스의 박해로 순교자들이 많이 생긴 역사적 사실에 근거한다. 그러나 바벨론을 과거나 미래의 어느 특정 국가로 한정짓기는 요한의 의도를 곡해하는 것이다. 큰 성을 영적으로 소돔이나 애굽으로 동일시하는 본문에 의해 역사적인 실체로 한정짓는 것은 어렵다. 그보다는 하나님께 적대적인 세력으로서 사탄이 배후에 있는 악의 실체로 받아들임이 타당하다.

하나님을 거역하고 우상을 섬기던 바벨론 체제는 나라나 도시의 형태로서 성경에 많이 예시되었다. 소돔, 애굽, 바벨론, 두로, 니느웨, 로마처럼 하나님의 통치 질서를 거스르는 모든 문명 현상과 세속 권력이 죄다 바벨론의 영향권 아래 있다. 세속적 가치관을 바탕으로 인류에게 영향을 미치는 바벨론 체제는 장차 도래할 거룩한 성인 새 예루살렘과 대조된다. 로마는 바벨론 체제가 국가 형태로 드러난 하나의 예다. 둘은 관계가 있지만 다르다.

큰 음녀가 등장하는 17장은 음녀와 짐승 그리고 음녀와 짐승과 열 왕의 관계를 다룬다. 바벨론의 심판을 다루는 18장에 이르면 천사가 바벨론 붕괴에 대한 선언을 하고 주님이 하나님의 백성들에게 경고의 메시지를 주신다. 바벨론 심판에 대한 애곡이 뒤를 잇는데 왕들과 상인들과 선원들의 애곡이다. 18장 끝부분에서 심판에 대한 찬양이 있고 여섯째 대접과 일곱째 대접을 통해 선포되었던 바벨론 멸망이 현실로 드러난다. 여섯째 환상의 마지막 부분을 차지한 19장에서 다시 한 번 심판에 대한 찬양이 있고 어린양의 혼인이 이루어진다. 혼인 잔치가 끝나면서 주님의 영광스런 재림이 이루어지고 주님의 승리가 온 우주에 선포된다. 내용은 여러 단락들로 나뉜다.

① 서론부(17:1-2)는 음녀가 받을 심판을 다루는데 죄목은 두 가지다. 땅의 임금들과 나눈 음행, 땅의 거주자들을 음행의 포도주에 취하게 한 일이다.

② 환상부(17:3-6)는 요한이 환상 속에서 본 음녀와 짐승을 서술한다. 두 부분으로 나뉜다. 환상 자체와 결론에 해당하는 요한의 반응이다.

③ 해석부(17:7-18)는 음녀와 그녀가 탄 일곱 머리와 열 뿔 지닌 짐승에 대해 설명한다. 짐승의 정체와 음녀의 운명이 서술되었다.

④ 비가부(18:1-3)는 의식적이고 시적 비가로 되었다(1-3절). 아운은 이 부분을 '예언적인 장송곡'이라 불렀다.

⑤ 경고부(18:4-8)는 삽입 부분으로서 재앙에서 벗어나도록 하나님의 백성에 대한 경고의 내용을 담고 있다.

⑥ 애가부(18:9-20)는 세 개의 애가로 구성되었다. 왕들의 애

가, 상인들의 애가, 선원들의 애가다.

⑦ 파멸부(18:21-24)는 바벨론의 궁극적인 패망을 다룬다. 천사가 큰 맷돌 같은 돌을 바다에 던지고 이 상징에 대한 해석이 주어진다.

1. 음녀의 멸망(17장)

요한은 많은 지면을 할애하여 음녀의 정체를 밝힌다. 큰 음녀는 큰 성 바벨론이다. 하나님을 거부하는 모든 사악한 세상 문명과 사조에 영혼을 팔아버린 모습이 마치 음탕한 여인과 같다. 서두에서 요한은 먼저 큰 음녀의 정체를 소상히 그린다. 음녀는 부요하고 자기 방종적인 창녀로 세속적이요 우상숭배적이며 압제적인 권력에 탐닉하면서 짐승과 놀아나다가 비참한 종말을 맞는다. 외적인 화려함과 내적인 더러움이 오버랩 되며 큰 음녀의 실제 모습이 드러난다.

음녀와 짐승의 관계를 다룬 부분에서는 일곱 머리와 열 뿔을 가진 사탄의 대리자가 어린양 그리스도를 대적하는 모습을 그린다. 마지막 부분인 12-18장에는 음녀와 짐승과 열 왕과의 미묘한 관계를 다룬다. 큰 음녀는 자신을 태워주고 받쳐주었던 괴이한 짐승에게 파멸된다. 내용적으로는 요한이 본 음녀의 환상과 그 환상에 대한 천사의 설명으로 이루어졌다.

요한은 많은 물 위에 걸터앉은 큰 음녀, 붉은 빛 짐승을 탄 큰 음녀를 본다. 큰 음녀는 우상숭배로 자신의 행위를 더럽힌 땅의 거주자들을 모두 포함한 큰 성 바벨론이다. 그녀는 모든 악행의 원천이며 근원이다. 큰 성 바벨론이 새 예루살렘 성과 대조적이듯 큰 음녀는 어린양의 신부와 대조적이다. 구약에는 배역한 이스라엘을 '음녀'라 불렀다. 그들은 여호와를 믿음으로 결혼한 아내가 되었는데 우상을 섬김으로 영적 간음녀가 되었을 뿐 아니라 아예 창기의 길을 걸었다.

예레미야 2장 20절부터 4장 30절에는 순전한 참 종자였던 유다가 행음함으로 이방의 악한 가지가 됨, 여호와의 신부인 그 백성이 하나님을 잊고 행음을 위해 치장함, 본 남편을 떠나서 타인의 아내가 됨, 창녀의 낯을 가짐, 아름답게 치장하지만 연인들의 살해 위협에 직면함 등의 언급들이 있다. 많은 부분에서 계시록의 음녀와 비슷하다.

음녀는 짐승과의 관계를 통해 거짓 종교의 영향력을 행사하며 열 왕과의 관계를 통해 정치권력을 실현하며 상인들과의 관계에서 부를 쌓았다. 그녀는 마지막 때에 나타나 세상을 다시 한 번 어지럽게 만들 재앙 덩어리다. 요한 당시에는 황제숭배만이 아니라 이교의 풍습이 팽배했다. 상인조합(길드)을 통한 무역체제를 비롯하여 우상과 생업은 불가분리의 관계에 있었다.

요한은 음녀의 출현을 경고하면서 성도들로 하여금 악하고 더러운 제도에 영합치 못하도록 경고했다. 음녀적인 현상은 전 아시아적, 전 세계적인 현상이었다. 음녀는 배역한 이스라엘, 배역한 교회에 대한 부분적 상징과 더불어 종말에 드러날 종교-경제적인 악의 구조로서 로마 제국을 상당 부분 반영한다.

많은 물 위에 앉은 음녀는 전 세계에 미치는 영향력을 상징한다. '앉아 있음'은 다스리는 권세를 말한다. 일꾼은 서서 일하고 백성은 엎드려 섬기지만 통치자는 앉아 다스린다. 보좌에 앉듯 물 위에 앉음은 세상 만민에 대한 음녀의 다스리는 권세가 막강함을 뜻한다. 음녀는 세상의 통치자들을 무기력하게 만들었다. 그녀의 부도덕하고 난잡한 삶의 원리 앞에 모두가 무너졌다. 그것은 우상숭배라는 거짓된 종교 정책과 영혼을 팔아 경제적 부를 약속 받은 맘몬의 경제 정책으로 나타났다. 그녀의 음행은 국가적이었고 세계적이었다. 그것은 완전한 중독이었다.

18장 3절에 임한 심판의 대상을 보아도 음녀가 끼친 악영향이 얼마나 대단했었는지를 알 수 있다. 땅의 왕들이 음행에 빠졌고 크고 작은 나라들이 무너졌다. 우상숭배 즉 하나님 신앙을 말살하려는 정책과 사조에 통치자들과 각 나라가 세뇌를 당했다. 음녀가 건네는 포도주에는 거절할 수 없는 마력이 있었다. 한 번 마시면 반드시 다시 찾게 되는 그런 포도주였다. 순결의 기운이라곤 전혀 없는 완전한 음행의 포도주였다.

물 위에 앉은 음녀의 모습은 세상 권력자들과의 관계를, 짐승을 타고 앉은 모습은 사탄과의 관계를 나타낸다. 음녀가 탄 '붉은 빛 짐승'은 용이다. 참람한 이름들은 음녀가 자신을 하나님과 견주어 높인 교만을 상징한다. 그 이름들의 목록이 상세히 밝혀지지 않았지만 하나님을 모독하고 훼방하는 것임이 분명하다. 5절의 몇 이름만 보아도 알 수 있다. '비밀', '큰 바벨론', '땅의 음녀들과 가증한 것들의 어미'와 18장 7절의 '여황으로 앉은 자' 등이다.

전체적인 내용으로 보아 스스로 '세상의 신'이라 칭했을 가능성이 높다. 음녀는 선지자들과 성도들뿐만 아니라 수많은 사람들이 피를 흘리게 했다. 음녀가 심판을 받는 이유 중의 하나는 바로 하나님의 종들이 흘린 피 때문이었다. 또한 그녀는 스스로를 '여황'에 비겼다. 음녀가 몸에 치장한 물품의 내용들은 18장 16절에서 다시 반복된다. 이것들은 장사치들을 통해 마구 사들이던 품목들 속에 포함되었다. 번영을 추구하고 사치와 허영의 삶을 조장하는 삶의 철학, 경제 원리, 정치 체제가 모두 음녀의 치장에 속한다.

옛 바벨론 제국이 헛된 영화와 우상숭배로 세상을 속였듯이 신 바벨론인 로마도 상업 지상주의로 인간의 본성적 탐욕에 불을 지른다. 로마의 정치 질서에 편승하여 황제숭배와 물질만능주의는 당시의 세계를 비도덕과 무질서와 정신적 황무지로 바꾸었다. 그런 로마가 일순간에 망함은 세계적인 경제 질서가 흔들리는 재앙이었다. 화려한 치장이 창기들의 호객하는 수단이듯 음녀는 자신이 쌓아올린 세상의 각종 호화로움으로 세상을 기만한다. 장차 하나님이 아닌 물질, 영원이 아닌 세속적인 가치에 절대적인 의미를 부여하는 운동이 사람들의 정신세계를 파고들 것이다.

금잔 속에는 가증한 물건들과 음행과 관련해 온갖 더러운 잡동사니들로 가득했다. 가증한 물건과 음행의 더러운 것은 당시의 상인조합과 어떤 연관이 있다. 각종 길드가 이익집단으로 굳어가면서 그들은 자신들의 업종에 맞는 수호신을 정했고 조합원은 반드시 수호신을 섬겼다. 상업적 이권을 보장받으려면 이런 종교 행위를 거역할 수 없었다. 정치가 종교와 혼합해도 세상을 위태롭게 만들지만 경제가 거짓 종교와 결탁하면 세상을 종말에 이르게 한다.

큰 바벨론, 큰 성, 큰 음녀는 하나님을 완전히 배제한 채 세속적이고 물질적인 기준에 따라 번영과 사치, 권력과 쾌락을 추구하는 세상의 모든 사이비 세력이다. 이 금잔은 음녀 바벨론이 사람들에게 강제적으로 먹이던 음행의 술잔이었다. 이것은 바벨론이 추종자들에게 약속한 경제적 번영과 안전에 대한 약속의 증표로서 번쩍이는 금빛 속에 일렁거리는 음행의 술은 영혼을 마비시키고 음행이 주는 쾌락의 나른함은 중독에 빠지게 했다. 사람들은 도취 상태에서 바벨론의 화려함에 감춰진 악의 실체를 눈치 채지 못했다. 그들의 진정한 풍요는 만유의 주이신 하나님께 있고 영원한 안전도 어린양의 품속에 거함임을 몰랐다. 그들은 음행에 빠져 몽롱함에서 벗어나지 못했다.

음녀가 '큰 바벨론'임은 그곳이 사람들의 거주지일 뿐 아니라 귀신들과 각종 더러운 영들과 가증한 새들이 모이는 장소이기 때문이다. 큰 바벨론이라 칭함은 그녀가 느부갓네살 같은 권세와 영광을 지녔다는 과시다. 그러나 그녀의 과시는 과신에 불과하다. 느부갓네살이 교만하여 자신의 능력과 권세와 위엄의 영광을 자랑했듯 마지막 때의 음녀도 자신을 높인다. 금 신상을 세워 자신을 경배케 했던 절대군주처럼 음녀도 자신이 이룬 부의 신상에 만국을 굴복시키고자 했다. 음녀는 고대의 이교주의에서 현대의 진화론적 범신론에 이르기까지 인간 정신에 더러운 영이 혼합된 모든 세력이다.

큰 음녀가 자칭 모든 음녀들과 가증한 것들의 어미임은 그녀가 우상숭배와 거짓 종교에 막강한 영향력을 지니고 있음을 뜻한다. 큰 음녀는 더러운 영들의 사주를 받아 이 땅에 퍼뜨리는 각종 이단의 우두머리와 하나님의 이름으로 행해지는 경제적 착취 행위를 관장한다. 큰 음녀는 멸망의 가증한 것의 누이요 멸망의 아들과 함께 멸망 받을 멸망의 딸이다. 음녀들의 어미는 조직화된 적그리스도로서 사탄의 신부다. 큰 음녀는 매음의 영으로 땅의 음녀들을 통제한다. 음녀는 이교주의의 거짓 종교들과 거짓 경배자들의 헌신을 통해 이 땅에 세력을 넓혀간다. 마지막 운명이 갑자기 파국으로 끝나기까지 그녀의 유혹과 위선과 사술은 중단되지 않는다.

요한은 큰 음녀의 기괴한 모습을 보고 심히 놀랐다. 그녀는 독주였다. 그녀를 가까이하는 자는 땅의 임금이든지 일반 서민이든지 늘 만취 상태였다. 술이 아니라 음행에 취했다. 큰 음녀는 앉아 있는 곳이 예사롭지 않았고 타고 있는 짐승 또한 기이하기 짝이 없었다. 외모를 꾸밈도 독특했고 이마에 적힌 글씨들은 참람하기 그지없었다. 땅에 거하는 높고 낮은 자들을 음행의 포도주로 취하게 했던 음녀는 정작 성도들의 피와 예수의 증인들의 피에 취해 있었다.

이것이 요한을 의아하게 만들었다. 천사는 요한에게 이상히 여기지 말라면서 여자와 그녀가 타고 앉은 일곱 머리와 열 뿔을 지닌 짐승의 정체를 알려 주기로 약속했다. 이전에 감춰진 비밀을 알려준 것처럼 지금도 알려 주겠다는 뜻이다. 내용상으로는 여러 비밀인데 천사는 하나의 '비밀'을 언급한다. 여러 현상으로 드러나도 본질적으로 하나이기 때문이다. 음녀의 비밀이 곧 짐승의 비밀이요 짐승의 비밀이 곧 음녀의 비밀이다.

짐승은 주님의 자기선언을 모방했으나 명백한 차이가 있다. 짐승은 전에 있었으나 주님은 전에 없었다('죽었다'). 짐승은 시방 없으나 주님은 지금 계시다. 짐승은 무저갱으로부터 올라와 멸망으로 들어가나 주님은 하늘에서 내려와 음부를 거쳐 보좌의 영광에 이르셨다. 짐승의 결국은 멸망이지만 주님은 결국의 상태가 없는 '산 자'로 영원히 존재하신다. 알파가 곧 오메가요 오메가가 곧 알파이신 주님에게 마지막이란 의미에서의 '결국'은 없다. 우리 주님은 생명으로 말미암아 생명의 권세를 잡으신 분이기에 영생의 근원 곧 영원한 구원의 근원이 되신다. 짐승은 사망으로 말미암아 사망의 세력을 잡은 마귀의 대리자답게 사망으로 그 운명이 귀결된다.

주님께서 심판자로 강림하심이 성도들에게는 영원한 승리의 순간이지만 사탄과 적그리스도, 거짓 선지자, 큰 음녀에게는 영원한 패배다. 주님의 추종자는 종국적인 구원과 영광에 이르지만 적그리스도의 추종자는 영속적인 파멸과 수치에 거할 것이다. 무저갱으로부터 올라온 짐승은 잠시 권세를 받아 성도들을 이기지만 결코 오래지 않아 올라왔던 무저갱보다 더 깊은 곳으로 내던져질 것이다.

'땅에 거하는 자들'은 믿지 않는 우상숭배자들이다. 그들은 하나님 섬기기를 혐오하는 악한 종자들이다. 그들은 창세 이후로 이 땅에 태어나 이미 죽었거나 살아 있는 모든 자를 통칭한다. 한 사람도 예외 없이 산 자와 죽은 자 모두를 포함한다. 그들은 하나님께서 주신 생기로 태어났으나 생명의 원천이신 하나님을 거부하여 불신자라 일컬어진 자들이다. 장차 나타날 짐승은 시방은 없으나 전에 존재했던 자다. 주님의 부활을 모방한 이 거짓 부활자에게 사람들은 매우 놀랄 뿐 아니라 지대한 관심과 애정을 표한다. 그 대가로 짐승의 표를 얻지만 그것이 그들의 안전을 책임지지 못한다.

그들이 받은 표는 성도에게 주신 하나님의 인과 근원적으로 다르다. 그들의 이마에는 짐승의 표가 있고 음녀의 이름을 자랑하지만 그들 영혼은 생명책에서 누락되었다. 주님의 이름을 자랑해서 세상의 수치가 되었고 주님을 사랑해서 땅에 거하는 자들로부터 온갖 멸시와 학대를 받던 성도들만 어린양의 생명책에 녹명되었다. 생명책에 녹명된 자만이 하나님의 거룩한 자다. 이 생명책은 어린양 그리스도의 생명책이다. 죽임을 당하신 어린양의 생명책이다. 이기는 자의 이름만이 흐리지 않고 빛나게 기록된 생명책이다. 의인의 이름만이 기록된 생명책이다. 심판의 책들 사이에 유독 한 권의 책으로 있을 생명책이다.

용에게서 능력과 권세를 받은 적그리스도의 회생은 땅의 거주자들로 하여금 이상히 여겨 그를 따르게 만든다. 그가 보인 놀람과 기이함은 사람들을 끄는 단순한 매력 너머의 마력으로 자연스럽게 종교적인 경배의 차원으로까지 몰아간다. 세상에 현존하는 유일한 경배 대상으로 사람들을 현혹시킨 그의 전략은 대성공을 거둔다.

마지막 때에 나타날 짐승의 존재는 인류의 지성과 양심을 처참하게 유린한다. 어린양의 이름을 지닌 자들은 하나님의 보호 속에 짐승의 악마적 공격을 견디며 짐승에게 경배하지 않는다. 짐승의 정체를 알기에 짐승을 두려워하지도 않는다. 그들에게는 참과 거짓, 참 하나님과 거짓 신, 어린양과 적그리스도를 분별하는 지혜와 통찰력이 있다.

천사는 짐승의 일곱 머리에 대해 여전히 기이해하는 요한에게 일곱 산과 일곱 왕이라는 두 방향으로 해석해 주었다. 일곱 머리는 일곱 산이다. 주전 1세기 중엽만 해도 '일곱 머리'를 로마의 '일곱 언덕'으로 해석해 짐승을 로마로 여김은 자연스러웠다. 일곱 왕을 황제가 아닌 일곱 제국으로 이해하는 학자들도 많다. 다니엘서에서 네 짐승은 네 왕이나 네 왕국으로 번갈아 적용되었는데 그렇다면 일곱 산은 개인이나 왕국에 적용 가능하다. 13장 1절에도 열 뿔 가진 짐승의 일곱 머리가 나온다. 많은 물 위에 앉은 여자의 모습은 짐승을 타고 앉은 모습에서 이제 일곱 산에 앉은 모습으로 변했다.

계시록이 저술된 시기와 연관해서 일곱 왕들 혹은 여덟째 왕을 로마 황제로 해석하는 경향이 역사주의적 관점에서는 강하다. 첫 황제의 시작을 줄리우스 시저로 보느냐, 아니면 아우구스투스로 보느냐의 차이도 있고 정변으로 권력을 잡은 갈바, 오토, 비텔리우스를 포함시켜야 하는지의 여부에 대해서도 이견이 분분하다.

찰스와 스웨트와 릿시는 요한이 베스파시아누스 통치 때 환상을 받았고 도미티아누스 치세 시에 정리한 것으로 보았다. 그럴 경우 베스파시아누스가 여섯째 황제가 되며 일곱째인 티투스 황제는 단명했다. 자연히 도미티아누스 황제가 적그리스도에 해당한다. 그러나 요한계시록에는 도미티아누스를 적그리스도로 여긴 분위기를 찾기 어렵다. 게다가 왕위 찬탈자인 갈바와 오토와 비텔리우스의 짧은 황제 재위를 설명할 길이 없다. 주님의 부활 이후에 집권한 최초의 반기독자요 사악한 황제였던 칼리굴라를 첫 황제로 보면 다섯 황제는 모두 기독교를 박해한 황제들이고 여섯째 황제는 도미티아누스가 된다. 그러나 왜 칼리굴라를 첫 황제로 보아야 하는지, 주님께서 돌아가실 당시의 황제인 티베리우스를 첫 황제로 볼 수 없는지에 대한 설명도 찾기 어렵다.

짐승은 전에 존재했다. 하나님께서 지으신 세상을 마구 휘젓고 하나님의 형상대로 지은 인간 영혼을 강탈하며 시대를 따라 교회에 무서운 박해를 가해왔다. 흑암의 왕자로서 사람들의 영혼에 은총의 햇살이 스며들지 못하게 부단히 애썼다. 그는 꽤 성공을 거두었다. 그러나 빛과 생명의 근원이신 주님의 십자가와 부활은 승승장구하던 짐승에게 결정타를 날렸다. 짐승의 머리는 깨지고 근거지도 뺏겼다. 그는 이제 있어도 없어진 존재다. 영원히 존재하시는 어린양과 하나님 앞에 한없이 무기력하다. 사탄의 보좌는 무너졌다. 영계의 싸움에서도 대패했다. 공중에서도 내쫓기고 땅에서도 내쫓기고 무저갱과 영원한 불못으로 차츰 내려가게 되었다.

하나님의 허락 속에 난동을 부리던 그의 활동 무대는 점차 축소되어 간다. 이미 시작된 하나님의 왕국을 대적할 힘이 그에게 더 이상 남아 있지 않다. 마지막 몸부림으로 짐승은 새로운 변신을 시도한다. 하나부터 일곱까지 그렇게 하나님을 대항하는 세력으로 온갖 실패를 경험한 그가 마지막 술책으로 내놓은 것이 여덟째 왕이다.

일곱에 속했으나 그들과는 다른, 같으면서도 같지 않은, 다르면서도 같은 여덟째 왕을 세상에 보냈다. 여덟째 왕은 어린양 예수를 모방한다. 창조 6일이 끝나고 일곱째 날에 안식하신 하나님께 여덟째 날은 새로운 창조의 시작이다. 주님은 6일째인 금요일에 죽으시고 8일째인 '주의 날'에 부활하셨다. 주님의 부활처럼 죽게 되었던 상처가 나은 짐승은 '666'의 표로 '888'의 어린양 예수를 모방하지만 '777'의 완전수의 벽에 걸려 넘어진다.

무저갱에 갇혔던 그는 지상으로 올라와 잠시 활동하지만 이내 멸망으로 들어간다. 여덟째 왕을 네로 부활 신화와 연관시켜 파르티아인과 함께 로마 진격으로 해석한 시도나 도미티아누스 황제로 국한시킨 해석은 악마적인 능력을 고려할 때 안이한 해석이다. 여덟째 왕은 일곱 왕들에 비해 특출하다. 일곱까지는 순차적으로 뒤를 이었지만 여덟째 왕은 일곱 왕들에게서 나왔다. '일곱 중에 속한 자'는 그들에게 속해 그들의 속성과 본질을 그대로 이어받았음을 가리킨다. 그는 일곱의 모든 죄성과 악행을 고스란히 받고 완전히 새롭게 태어난 '새 군왕'으로서의 여덟째 왕이다. 그는 일곱 중에 속했지만 더욱 특출하다는 면에서 이전의 그들과 차이가 있다. 사탄이 악의 역사를 시작했다면 여덟째 왕은 악의 역사를 끝내는 장본인으로서 특별하다. 그의 흉내 내기에는 결정적 한계가 있다. 주님의 나타나심이 모든 것을 완성시키는 영광의 파루시아(παρουσία)인 반면에 여덟째 왕의 출현은 멸망의 직전 단계라는 점이다. 천사는 짐승의 파멸적 종말을 연거푸 강조하면서 요한의 독자들에게 마지막 시련의 순간을 잘 극복하고 영원한 영광의 나라에 안착하게 되기를 염원한다.

음녀와 짐승과 열 왕은 상호보완적 관계에 있다. 그것은 친밀함이 아니라 저마다의 욕망이 서로 엉겨 붙어 생긴 결과다. 음녀는 짐승을 배경으로 하며 짐승은 열 왕을 통제한다. 서로는 한 묶음 같아 보이나 속사정은 다르다. 결국 음녀는 짐승과 열 뿔의 외면으로 망한다. 음녀는 짐승과 직접적인 관계를 맺고 열 왕과 우호적인 관계를 유지했다. 열 왕은 땅의 임금들과 구분된다.

'열 뿔'은 다니엘의 환상을 상기시킨다. 열 뿔이 어린양을 대항해 싸운 점으로 보아 그들은 대단한 능력의 소유자다. 그들은 통치자들인데 음녀가 그들을 타고 앉았다. 천하를 다스리는 열 왕은 음녀와 제휴해 어린양과의 전쟁을 준비한다. 정치 권력자들과 경제적이고 종교적인 유력자들이 힘을 합해 어린양과 그의 군대를 대적한다. 용에게 있던 열 뿔이 짐승에게도 있음은 짐승이 용에게서 동일한 권세와 능력을 부여받았음을 뜻한다. 열 왕의 배후에는 음녀가 있고 그보다 더 뒤에는 용이 버티고 있다.

여덟째 왕과 열 왕은 아직 나타나지 않았다. 둘 사이에는 어떤 관계가 있다. 짐승과 합세해 행사하는 통치는 '일시 동안' 지속된다. 이 시간은 짐승과 열 왕이 아닌 하나님께서 정하신 시간이다. 짐승과 열 왕의 제휴와 공동 통치도 하나님의 허락하심 안에 있다. 그들의 권세는 사탄이 아니라 하나님께로부터 주어진다. 하나님께서 주심으로 하나님에게서 받을 것이다.

열 왕의 짧은 권세는 짐승 자신의 것보다 더 짧을 수 있다. 짐승은 마흔두 달 동안 일할 권세를 받았다. 그 기간 동안 참람된 말을 하지만 그의 초인적인 활동도 중단될 것이다. 어쩌면 그의 힘이 사라지기 전에 열 왕들에게 자신의 권력을 나눠주고 그들을 통해 통치를 지속하려 들지 모른다. 지상에서 허락된 용의 시간은 결코 길지 않다. 일곱째 왕의 통치도 잠깐만 허락되었다.

열 왕은 '아직 나라를 얻지 못하였기에' 열 명의 황제로 해석할 수 없다. 파르티아의 열 총독도 아니며 로마 행정 구역상 열 총독도 아니다. 로마의 열 분봉왕도 아니며 로마에서 일어나 로마의 팔을 비틀어 로마를 파멸에 이르게 할 미래의 그 어떤 권력도 아니다. 열 왕은 종말론적 인물로 모든 시대에서 하나님의 권위와 공의를 뒤집어엎고 스스로의 힘을 과시하는 세속성으로서 적그리스도를 추종하는 세상 나라들의 집결된 힘이다.

래드 역시 열 왕을 적그리스도에게 공헌하는 만국이 지닌 권력의 총합이라 여겼다. 열 왕은 부족함이 없는 완전한 권세를 상징한다. 열 왕은 적그리스도를 도와 인류의 마지막 전쟁을 준비하고 참여하는 악의 세력이다. 미래주의적 관점에서는 열 뿔을 그리스도의 파루시아 직전에 나타날 로마 제국의 재흥으로 여긴다.

열 왕은 여덟째 왕과 구별된다. 열 왕의 마음은 하나였다. 그들은 '한 뜻' 안에 있었다. 그들은 충돌 없는 합의로 권력 이양을 결심하고 자신들의 통치권을 짐승에게 양보했다. 그들은 엄밀한 의미에서 짐승과 권력을 분할해 통치하는 것이 아니라 짐승의 통치권에 종속되어 권력의 하부 구조에서 통치하는 형국이었다. 그것은 열 왕의 분명한 의지였고 합의된 결론이었지만 그런 마음을 주신 분은 하나님이셨다. 그들이 연합한 목적은 단 하나, 어린양과의 싸움을 위해서였다.

그들의 연대적인 권세 반환은 현재 시제로서 극적인 장면을 더욱 돋보이게 만든다. 열 왕은 짐승에게서 권세를 받고 열 왕은 자신들의 통치를 통해 강화된 그 힘을 다시 짐승에게 돌려준다. 짐승이 열 왕의 권세를 양도받아 전권을 휘두르는 것은 하나님의 말씀이 응할 때까지다. 사탄의 흉계와 사특한 지혜까지도 하나님의 권세 아래 놓여 있다.

짐승과 열 왕은 역사상 가장 강력한 연합전선을 구축했다. 대단한 전투 장면이 예상되는 큰 전쟁이었지만 전쟁은 싱겁게 끝난다. 짐승과 열 왕의 연합전선은 어린양을 공격하지만 참패를 당한다. 대적자들은 이길 수 없는 싸움을 싸웠다. 다니엘의 환상에서는 뿔이 성도들과 싸워 이겼는데 여기에서는 어린양이 짐승과 열 왕의 막강 군대를 궤멸시킨다. 용에게서 권세와 능력을 부여받았던 짐승은 불패의 신화로 무적을 장담했었다. 그 불패의 신화가 상승장군이신 어린양의 발밑에서 여지없이 깨지고 말았다.

어린양 그리스도는 '만주의 주'요 '만왕의 왕'이신 전능자이셨다. 이 칭호는 어린양 그리스도의 절대적 주권과 불멸의 통치권을 나타낸다. 하나님과 하나이신 어린양을 천사가 '만주의 주, 만왕의 왕'으로 묘사함은 당연하다. 어린양과 함께 영광의 승리에 동참한 이들이 있었다. 그들은 내내 어린양과 함께 있던 자들이다. 승리의 동참자들은 저마다 세 가지 다른 칭호로 불린다. 이 칭호는 하나님의 은혜와 인간의 자발적인 충성의 협력을 보여 준다. 그들은 하나님께 '부르심을 입은' 자들, 하나님에 의해 '빼내심을 얻은' 자들, 하나님께 '진실한' 자들이었다. 주님은 이기는 자들에게 만국을 다스릴 권세를 주시되 철장으로 그들을 깨트릴 것을 이미 약속하셨다. 그들은 넉넉히 완전하게 이겼다.

그런데 삼각대처럼 든든하던 연합전선에 문제가 생겼다. 자중지란(自中之亂)이 일어났다. 갑자기 증오의 영이 그들을 내분상태로 몰아갔다. 둘이 하나를 대적했다. 짐승과 열 뿔이 음녀를 미워해서 망하게 했다. 악이 악을 징벌하는 기이한 현상이다. 음녀가 보였던 매혹과 이점들이 사라지자 기왕의 애정이 극단의 증오로 바뀌었다.

이런 급변 현상은 역사적 기원을 갖고 있다. 암몬이 이복누이인 다말을 연애하다가 "이제 미워하는 마음이 이왕 연애하던 연애보다 더한" 상태에까지 갔던 사례가 있다. 마지막 때도 유사한 일이 한 가족사의 비애가 아니라 전 세계적인 재난으로 나타난다. 사탄이 지배하던 왕국의 첨예한 분열은 마지막이 그다지 멀지 않았음을 시사한다. 이는 주님께서 말씀하신 그대로다.

> "만일 사탄이 자기를 거슬러 일어나 분쟁하면 설 수 없고 망하느니라"(막 3:26).

천사는 아무 설명 없이 요한에게 짐승의 세력들이 내부 분열로 소진될 것을 선언했다. 천사의 선언이 끝나자 바로 바벨론 패망의 환상이 18장을 통해 자세히 주어진다.

짐승과 그의 동맹들은 음녀를 망하게 하고 그 타깃을 바벨론으로 돌렸다. 열 왕과 짐승의 제휴는 순전히 바벨론의 와해에 있었다. 그것은 하나님의 의도였다. 하나님께서 '자기 뜻대로 할 마음'을 저희에게 주셨다. 시대를 거치면서 악한 세력들이 성도들을 박해하도록 허락하셨듯이 이제 때가 되어 짐승과 열 왕의 연대 세력을 통해 바벨론을 붕괴시키고자 하신다.

악인을 통해 의인을 담금질하시고 악인을 통해 악한 세대를 징벌하시는 하나님의 신성한 섭리다. 성경을 선신과 악신의 각축장 정도로 폄하하려는 이원론적 주장이 설 자리가 없어지는 근거가 된다. 하나님은 '한 뜻'을 자기 백성에게도 주시고 사악한 대적자에게도 주신다. 이 모두가 자신의 거룩한 목적인 하나님 자신의 '한 뜻'을 위해서다. 어린양을 대적하고 하나님의 우주적인 경륜을 저지하기 위해 하나가 되고 공동전선을 펼쳐 왔던 그들의 분열상은 그들 자신도 원치 않는 현상이요 그 누구도 예상치 못할 놀라운 사건이다.

분열의 조짐은 이내 재기 불능의 붕괴로 이어졌다. 계시록에서의 내란은 역사상 그 어떤 나라도 경험하지 못한 국제 규모의 대혼란일 것이다. 세계적인 종교-경제적인 체제로서의 큰 바벨론은 이스라엘이 온전히 의뢰한 동맹군에 의해 파멸되었던 예언(겔 16:37-41, 23:22-29)의 전철을 그대로 밟을 것이다.

하나님은 바벨론의 매로 이스라엘을 심판하셨다. 때로는 적군이 적군을 치게 하셨다. 하나님께서는 원하기만 하면 어느 시대, 어떤 세력이라도 얼마든지 들어서 자신이 쓰시고자 하는 곳에, 쓰시고자 하는 만큼, 쓰시고자 하는 시간 동안 철저히 사용하셨다. 하나님께서는 자신의 섭리에 따라 두 짐승을 사용하셨고 사탄까지도 하나님의 구속 목적을 위해 활용하셨다. 백마를 타신 주님의 승리를 위해서는 귀신의 영들이 천하 임금들을 꾀어 마지막 전쟁을 목적으로 모여야 했다. 모든 것은 하나님의 필요를 위해 존재하고 역사하며 마무리된다. 모든 것은 하나님의 말씀이 응할 때까지다. 모든 것은 말씀의 성취에 달려 있다.

요셉이 13년간이나 감옥에서 고난의 세월을 보내야 했던 것도 여호와의 말씀이 응할 때까지 기다린 것이었다. 천지와 만물도 말씀에 대한 응함으로 이루어졌다. 십자가에서의 완성도 말씀의 응함으로 이루어졌다. 일곱째 천사가 나팔을 불었을 때 하나님의 비밀은 선지자들에게 전해진 복음에 응해 이루어졌다. 이제 큰 음녀의 비밀, 큰 바벨론의 비밀과 일곱 머리와 열 뿔을 가진 짐승의 비밀이 '악에 의한 악의 멸망'이라는 예기치 못한 방법으로 이루게 되었다. 하나님의 말씀이 이루어져야 할 시기가 이르렀기 때문이다.

2. 바벨론의 멸망(18장)

계시록에는 두 개의 도성이 나온다. 하나님의 도성과 사탄의 도성인 바벨론이다. 영원한 도성인 새 예루살렘은 영광의 도성이요 바벨론은 파멸당할 도성이다. 바벨론에 대한 심판은 17장 1절에서 천사의 선언으로 알려졌는데 아무런 심판의 과정이나 구체적인 정경 없이 '망하게 하고'(16절)의 단 한 줄로 그친다. 18장에 들어와서야 심판의 내용이 상세히 그려진다. 18장의 사건들은 연대기적 순서를 따르지 않지만 순차적으로 진행된다. 서두에 해당하는 1-8절에서는 바벨론에 대한 심판이 천사에 의해 다시 언급되고 자기 백성을 향한 주님의 경고의 말씀이 계속되면서 구체적인 심판이 멀지 않았음을 알려 준다.

바벨론의 조력자들은 자신들의 파멸이 가까웠음을 인식하고 애곡하지만 성도들은 바벨론의 멸망을 즐거워한다. 18장의 배경은 두로와 바벨론의 멸망에 대한 예언적 애가에서 찾아볼 수 있다. 18장은 이른 바 '파멸의 노래'다. 바벨론의 멸망은 첨예한 해석상의 논쟁을 불러일으켰다.

① **과거주의적 관점**: 바벨론을 로마 아니면 예루살렘으로 간주한다. 전자의 경우라면 17-19장에서 묘사하는 것은 로마 제국 특히 음녀인 로마의 패망이며 후자의 경우라면 로마에 의한

예루살렘 멸망을 다룬 것이다.

② **역사주의적 관점**: 음녀인 바벨론의 멸망은 아직 이루어지지 않았지만 장차 이루어질 교황 제도의 종교적이고 정치적인 권력의 붕괴로 본다. 백마를 타신 분은 그리스도이시다.

③ **미래주의적 관점**: 바벨론을 가톨릭교회가 아니면 적그리스도 치하에서 형성될 거짓 종교로 본다. 그것이 아니라면 옛 바벨론 제국의 부활 내지 로마 제국의 재흥으로 본다. 진리의 적대 세력인 바벨론은 대환난이 끝나갈 즈음에 멸망을 당한다. 그리스도는 19장에 백마를 타시고 지상에 강림하신다.

④ **이상주의적 관점**: 바벨론을 미혹하는 세력으로서의 세계 체제로 본다. 종말의 멸망은 로마의 패망으로 가시화되었고 궁극적인 심판은 백마 타신 그리스도께서 강림하실 때 이루어진다. 또는 백마 타신 그리스도께서 복음의 능력으로 세계 체제를 점차적으로 정복해 가는 것으로도 해석한다.

거대한 상업도시의 파멸 장면에서 요한은 큰 음녀인 바벨론의 처참한 최후를 묘사한다. 바벨론 파멸의 상징에서 요한은 인간 역사와 세상의 흐름을 부패시킨 장본인으로 사탄적 체계에 가하는 하나님의 심판으로 묘사한다. 바벨론 파멸의 생생한 묘사는 고대 바벨론이나 두로에 관한 구약적 배경을 지닌다. 18장에 실린 애가는 가장 아름다운 시어로 인해 슬픔의 강도를 점증시킨다.

잊지 못할 장례 애가의 정점에 승리의 찬가와 슬픈 노래가 어우러졌다. 막강한 권세를 지닌 천사가 하늘로부터 큼지막한 소리로 바벨론의 파멸을 선고한다. 그 천사의 영광스런 출현으로 인해 세상은 한순간 광채에 휩싸인다. 이는 마치 예루살렘 성전이 재건된 후에 하나님의 영광이 동편에서부터 이르렀을 때에 땅이 그 영광으로 인해 빛난 것을 방불케 한다.

극심한 박해 속에 힘겨운 삶을 보내던 성도들에게 바벨론 파멸의 소식은 큰 격려와 희망이 된다. 큰 음녀 바벨론은 고대 바벨론이 겪었던 패망의 과정을 그대로 밟는다. 사람으로 북적대던 바벨론에는 인적이 끊기고 들짐승들의 거처로 화한다. 각종 더러운 영들과 귀신들이 모인 유령 도시로 변한다. 무너진 성벽의 높은 첨탑 위에 시체를 먹기 위한 까마귀 떼들이 군락을 이룬 정경이 상상되는 장면이다.

3절은 바벨론이 처참한 파멸을 당할 수밖에 없는 이유를 밝힌다. 만국을 무너뜨리고 땅의 왕들과 상인들과 거주자들을 잘못된 길로 이끈 음행의 포도주 때문이었다. 인간의 본능적 탐욕을 부추겨 헛된 세상의 영광과 부를 추구하게 만든 영향력이 주된 원인이었다. 음행과 사치의 관계는 바벨론과의 음행이 단지 제의적 음행의 차원을 벗어났음을 암시한다. 불의한 재물로 세력을 얻은 그들은 사치스런 생활로 힘을 과시했다. 바벨론과의 음행은 그런 그들의 생활방식이 구체적으로 표현된 것이었다.

'다른 천사'는 17장 1절에서 요한의 해석자로 자처하고 나섰던 그 천사가 아니다. 그는 큰 권세를 가진 천사로 소개되는데 이 천상적인 권세는 그가 전하는 심판에 정당성과 유효성을 갖게 한다. 땅을 환하게 밝힐 정도의 광휘를 소유한 천사는 지금까지 나타났던 천사들에 비해 상당한 지위를 소유했음에 틀림없다. 천사는 큰 성 바벨론의 파멸을 큰 소리로 외친다. 애가의 형식을 띠지만 천사의 논조는 비탄조가 아니라 조롱조에 더욱 가깝다. 죽음과 파멸을 선언하면서도 매우 의미심장한 즐거움을 느끼게 하는 표현이다.

바벨론의 음행은 만국의 패망을 이끌었고 장사치들에게는 더러운 이득을 챙겨주었다. 18장의 애가는 전장에서 선언한 음녀가 받을 심판에 대한 성취다. 17장 전체 내용은 1절에 언급된 심판의 당위성을 진술한 것들이다. 18장에선 더욱 확대된 모습으로 심판의 결과를 다룬다. 큰 성 바벨론은 세상의 악을 더욱 만연시켜 지옥 같은 현실로 망가뜨린 짐승의 탁월한 조력자였다. 이제 때가 되자 하나님의 진노가 바벨론에 임하여 산산이 흩으려 하신다. 이제 바벨론을 기다리는 것은 전염병에 의한 사망, 사별로 인한 애통, 흉년으로 인한 기근이다.

요한의 독자들은 큰 성 바벨론에 대한 천사의 선언이 갖는 파멸의 메시지에 완전히 압도당하는 한편 자신들의 박해도 거의 끝나간다는 위로를 얻는다. 18장의 애가들을 연대기적인 기술로 보기에는 미흡하다. 18장의 중요 내용은 큰 틀에서 이렇게 정리할 수 있다.

바벨론 파멸이 선언되었다. 바벨론 파멸 시에 그와 함께 고통을 받지 않도록 하나님의 백성은 바벨론에서 나와야 한다. 바벨론과 함께 제휴했던 세력들은 바벨론이 파멸될 때 애곡한다. 신실한 주의 백성은 바벨론의 실제 멸망을 기뻐한다.

바벨론 멸망의 주요 원인이 우상숭배에 있었듯이 종말의 바벨론 또한 영적 이유로 인해 패망을 면치 못한다. 바벨론은 악인들의 활동 무대만 된 것이 아니었다. 거기에는 온갖 귀신들과 더러운 영들이 우글거렸다. 거짓 종교와 우상숭배의 배후에는 반드시 더럽고 악한 영의 세력이 도사린다. 두아디라 교회는 자칭 여선지자 이세벨로 인해 음행과 연루된 우상숭배에 빠져 고통당했다.

두아디라에는 사탄의 깊은 것이 자리했는데, 바벨론에도 사탄의 깊은 것이 있었다. 귀신들과 각종 우상들과 더러운 영을 빌어 행하는 온갖 복술은 사람들을 영적 우매자로 변질시켜 더 큰 재앙의 길로 나아가게 했다. 더러운 영들은 용과 짐승과 거짓 선지자의 입에서 나온 귀신의 영인데 이적으로 권력자들의 눈을 멀게 하고 마음을 빼앗아 하나님을 대적하게 만든다. 이것은 인간 역사를 통틀어 진행되어 온 것으로서 사탄과 그의 졸개들이 벌인 대사기극이다.

바벨론의 파괴적인 성격은 미혹하는 힘에 있었다. 미혹은 거역하기 힘든 음행의 달콤함이었고 그로 인해 섞인 것이 없는 하나님의 진노의 포도주를 들이켜야 했다. 땅의 왕들이 그와 나눈 음행은 문자적이라기보다 상징적으로 취해야 한다. 왕들은 바벨론이 제공하는 물질적 부와 영적 현란함에 저항하지 않았다. 부와 이상야릇한 종교적 경험은 땅의 사람들이 외면하기엔 너무 매력적인 미끼였다. 바벨론의 경제적 부는 세상의 통치자들을 풍부케 하기에 충분했다. 가면을 쓴 경제-종교 세력과의 야합이 멸망의 지름길인 줄도 모르고 땅의 왕들은 음행을 즐겼다. 그로 인해 나라의 패망이 왔고 그것은 전 세계적인 현상이 되었다. 세상을 부패시키고 타락으로 이끌어가는 바벨론의 능란한 악의 기교와 그 배후에 있는 사탄의 음흉함이 느껴지는 모습이다.

바벨론은 허영과 사치의 보스였다. 바벨론의 욕구와 필요는 상인들의 상업적 이득과 맞물렸다. 상인들은 바벨론의 사치에서 생겨난 세력으로 치부할 수 있었다. 길드를 통한 경제적 결사 조직은 상인들에게 막대한 이권을 안겨주었다. 경제적 동맹의 끈을 쥔 바벨론의 손바닥에는 우상숭배의 더러운 영이 도사리고 있었는데, 그것이 상인들의 기업뿐 아니라 영혼까지 파멸에 이끄는 것임을 눈치 채지 못했다.

가장 견고한 바벨론이 실은 기둥 없는 건물처럼 와해 일보 직전에 있는 사상누각임을 알지 못했다. 바벨론의 치마폭에 머무르는 한 경제적 이득은 확보되었기에 그들은 바벨론과의 밀월을 즐겼다. 바벨론의 사치와 상인들의 이득이 손을 맞잡은 격이 되어 서로를 만족시켰지만 파멸의 동반자에 불과했다. 상인들은 작은 것을 얻고 큰 것을 잃었다.

하나님께서 천사를 보내 바벨론 붕괴를 선언하신 이면에는 자기 백성을 향하신 마음이 담겼다. 바벨론 붕괴보다 중요한 것이 자기 백성의 안위다. 이스라엘 백성이 애굽을 떠나고 롯이 소돔의 불비를 피해 떠나듯 멸망의 화염에 휩싸일 바벨론을 속히 떠나야 했다. 바벨론 패망의 메시지는 하나님의 백성에게는 경성과 돌이킴을 통해 새롭게 될 기회를 준다. 바벨론 파멸이 돌이킬 수 없는 지경에 이른 것은 죄가 하늘에 사무쳤기 때문이다. 그들의 죄가 하나님께서 정하신 한계선에 닿았다는 말이다. 심판은 확실하고 징계의 수위는 갑절로 무거우며 바벨론만이 아니라 그와 연관된 자들도 그 대상이 된다.

이 떠남은 정신적이고 영적인 격리만이 아니라 필요에 따라 육체적인 떠남도 의미한다. 롯의 소돔 체류 결정은 그가 비록 의인이었음에도 불구하고 영적이고 정신적인 떠남만 있었지 육체적인 떠남을 방치한 결과가 얼마나 심령을 상하게 하고 가족의 비극으로 이어지게 했는지를 잘 보여 준다. 요한은 일곱 편지에서 사악한 세상의 유혹과 올무에 대해 경고했다. 그들이 돌이켜 떠나지 않으면 이기는 자가 될 수 없고 결국 바벨론을 위해 예비된 재앙을 고스란히 받을 수밖에 없다.

성도는 바벨론의 무리들 중에서 나와서 따로 있어야 한다. 이것이 격리되고 분리됨이며 따로 구별됨이며 성결한 삶이다. 세상의 벗이 됨은 하나님과 원수 됨이다. 하나님과의 친밀함을 이룬 성도는 세상에 속하지 않은 자로서 세상에 있는 것들을 사랑치 않는다. 육신의 정욕과 안목의 정욕과 이생의 자랑은 모두 바벨론이 추구하는 삶의 열매다.

"떠나라!"는 명령을 문자적으로만 이해하면 바벨론을 떠나 멀리 도주하라는 것처럼 들리지만 그렇게 볼 수만은 없다. 하나님의 백성에게 주신 이 경고의 메시지가 비단 계시와 환상 내용에서만 그런 것이 아니라 소아시아에 흩어진 요한의 독자들을 위한 것이라면 다르다. 다시 말해 문자적인 떠남보다는 영적인 떠남으로 해석함이 옳다. 세상의 더러움을 피해 자신을 '구별'하는 것이 성결이고 세속의 더러움에서 자신을 지키는 것이 경건이다. 이는 어느 특정한 순간에서의 벗어남이 아니라 세상으로부터의 본질적인 떨어짐인 '거룩함'이다.

장망성을 떠난 기독도처럼 마지막 세대의 신자들에 대한 부르심이다. 발붙일 곳 없는 세상을 떠나 방주로 돌아온 비둘기처럼 하나님께로 회귀해야 한다. 육신을 입고 세상 사람들과 섞여 사는 성도들에게 '떠남'이란 실제로 세상을 떠남이 아니요 구별되는 삶을 말한다. 함께 살면서 다르게 살고, 섞여 살면서도 차이를 보이며 사는 것이 성도의 거룩한 삶이다.

바벨론은 극단적인 자기 과신에 빠졌다. 지나친 자기중심성은 자기 신격화와 같다. 바벨론은 마음으로 묵상할 뿐 아니라 마음에 말한다. "나는 여황이다. 과부가 아니다. 결코 애통을 당하지 않는다." 스스로를 부추겨 여황인 체해도 바벨론은 여황이 아니다. 스스로 마음에 하나님 같은 체를 해도 바벨론은 신적인 존재가 아니다. 바벨론은 부자이기에 아무런 부족이 없다고 자부하던 라오디게아 교회의 증상을 정확히 반복한다.

라오디게아 신드롬은 애통할 운명의 보증수표와 같다. 하나님은 애통을 당한다고 말씀하시는데 바벨론은 결코 그런 일이 생겨나지 않을 것이라고 주장한다. 하늘에서는 선고를 내리고 땅에서는 항변한다. 그들의 항변과 고집은 정해진 운명을 거스르지 못한다. 바벨론은 항변과 고집이 아니라 진실한 회개로 하나님 앞에 부복해야 마땅했다. 그러기에 바벨론은 이미 너무 커버렸고 엎드리기에는 자칭 여황이라 칭할 만큼 목이 뻣뻣해졌다. 바벨론의 자기 위안은 나름대로 근거가 있다.

그는 두 가지 근거로 인해 확신한다. 하나는 여황이라는 자신의 지위요 다른 하나는 자신이 과부가 아니라는 형편이다. 하나님께서 정하신 운명까지 거부하는 바벨론의 과신은 그 뿌리가 허탄한 자랑에 있다. 하나님의 뜻이라면 바벨론이 아니라 사탄도 정해진 운명에 순응해야 한다.

바벨론의 갑작스런 붕괴 앞에서 바벨론으로 인해 음행과 사치의 극을 치달렸던 왕들과 그로 인해 치부했던 상인들 그리고 선장과 해운 관련업자들과 노동자들이 애곡으로 반응했다. 그들은 멀리서 가슴을 치고 발을 동동 구르며 순식간에 임한 바벨론의 패망을 보며 슬피 울었다. 부정한 재물과 음탕한 열락으로 살찌운 그들이었기에 비통함의 깊이도 대단했다. 열거된 상품 거래의 목록은 모두 일곱 종류에 29가지 품목으로 나눌 수 있는데 이는 바벨론이 누렸을 사치와 영화를 짐작하게 한다.

바벨론의 붕괴를 바라보며 애통하던 왕들의 애곡은 바벨론이 아니라 모두 자신들을 위한 것이었다. 파멸과 붕괴의 운명을 전혀 예측하지 않고 세상 권력과 결탁했던 음행과 사치의 삶은 제동장치 없는 자동차처럼 극한을 향해 무한질주를 계속했다. 그런 그들에게 느닷없는 패망은 바벨론 자신만이 아니라 그에게 빌붙어 살아가던 무리들에게는 엄청난 재앙이었고 어떤 수습조차 할 수 없는 고강도의 충격이었다. 그들의 반응은 하나같이 절망이요 고통이며 망연자실이었다.

왕들은 사랑하던 정부를 잃었다. 정부를 통해 즐기던 세상 영화와 즐거움이 사라졌다. 바벨론의 파멸을 가장 애통한 선두주자는 땅의 왕들이었다. 그들은 누구보다 바벨론과의 음행을 즐겼다. 그녀와의 음행은 곧 사치를 의미했다. 그들이 바벨론과 통정을 나누는 만큼 사치와 영화의 규모도 커졌다. 바벨론의 갑작스런 패망은 부와 권세와 풍요로움을 자랑하던 그들 수중에 아무 것도 남지 않는 상실감을 안겨주었다. 바벨론 패망은 자신들의 패망이었기 때문이다. 실제로 당시의 소아시아 지역에서는 황제숭배를 통해 로마에 충성 맹세를 하고 각종 무역길드의 수호신을 섬겨야만 활발한 기업 활동을 할 수 있었다.

바벨론 혹은 로마와 어떤 형식으로든 제휴한 개인이나 사업은 상업 활동에서 여러 혜택을 누렸고 이는 급격한 부의 축적으로 이어졌다. 바벨론 패망은 이 모든 조직과 부와 영화와 열락의 종결을 의미했다. 왕들의 애통은 바벨론과 함께 누려왔던 물질적인 부의 한쪽 귀퉁이가 떨어져 나간 것에 대한 아픔이요 쾌락의 웅덩이가 메워졌음에 대한 분노이며 세상을 지배하던 소유를 빼앗김으로 상처받은 가슴앓이였다.

왕들이 내뱉은 화의 탄성은 저주의 말이 아니다. 믿을 수 없는 붕괴 현실에서 처절한 고통을 시적으로 표현한 말이다. 말은 짧지만 고통은 길고 시적 표현이지만 무서운 현실이었다. 왕들에게 경제적 후견인의 상실은 너무도 뼈아픈 고통이었다. 왕들은 당연한 몫의 상실에 참담함을 느꼈다. 물질적이고 경제적인 측면에서의 애통임은 15-16절에 나열된 품목에서 알 수 있다. "화 있도다 화 있도다." 이 화의 선언은 16절과 19절에서도 반복해서 나온다.

이는 나팔 심판의 세 화와 묘한 대조를 이룬다. 왕들은 초라하고 볼품없는 폐허더미로 내려앉은 바벨론을 보며 과거의 영광을 회상했다. 바벨론은 결코 작고 초라한 성이 아니라 '큰 성'이었다. 바벨론은 결단코 허술한 성이 아니라 '견고한 성'이었다. 그 이름도 '크고 견고한 바벨론'이었다. 큰 성 바벨론이 초라하게 무너짐은 그를 무너트리신 하나님 한 분만이 크고 강한 분임을 반증한다. 바벨론을 배경으로 권세를 누리면서 극도의 사치와 쾌락을 즐기던 통치자들로서는 폐허더미에서 과거의 영광을 회상하는 것 자체가 엄청난 고통이었다. 바벨론은 만국을 음행의 포도주로 취하게 함에 있어서 대단했고 왕들과의 제휴 능력에 있어서도 대단했으며 붉은 빛 짐승을 타고 있음에도 대단함을 보였다. 왕들은 바벨론의 처참한 멸망 앞에서 자신들의 앞날에 드리워진 어떤 그림자를 엿보았다.

두 번째 애곡의 주인공은 상인들이었다. 당시 상인들은 사회적으로 신분이 낮았다. 토지를 소유하지 못한 그들은 다양한 물품을 확보하여 구매자를 찾아나서야 하는 고달픈 직업인이었다. 그런 그들에게 로마의 황제숭배와 길드라는 조합 제도는 상업적 부를 키우는 길을 트게 만들어 주었다. 바벨론과의 연대는 상인들에게 이전보다 훨씬 안정적인 수입원을 보장받게 했다. 바벨론과 연계된 상인들의 모임은 회원제로 운영되었고 막대한 이윤 창출은 그들의 신분 상승에도 유리하게 작용했다.

그런 그들에게 순식간에 들이닥친 바벨론 붕괴는 받아들이기 어려운 현실이었다. 그들의 애통은 땅의 왕들이 울며 가슴치던 것과 별 차이가 없어 보였다. 그들이 멸망을 당한 바벨론을 위해 울고 애통하는 것은 최고의 고객을 잃었기 때문이었다. 그들이 준비한 물품들은 거의 고가품이어서 바벨론이 아니면 감히 구매할 엄두를 낼 수 없었다. 그들의 통곡은 이내 두려움으로 뒤바뀌었다. 큰 성 바벨론의 붕괴는 바벨론으로 인해 치부한 상인들에게도 두려운 파멸의 메시지였다.

바벨론의 파멸 앞에 애곡의 선두권을 왕들에게 빼앗겼지만 실질적으로 바벨론을 위한 애곡 내용에서는 상인들의 애가가 더욱 절실하게 심금을 울렸다. 왕들에게 바벨론과의 음행은 일시적이고 부수적인 쾌락에 불과했을는지 몰라도 상인들에게는 존재와 삶 자체였다. 상인들의 무역 활동과 그들이 축적한 부의 근거가 바로 바벨론이었기 때문이다. 가장 기본적이고 핵심적인 무역 체계가 붕괴되었다. 최고의 확실한 고객이 사라졌다. 상인으로서 그들은 설 자리를 완전히 잃었다.

한 번 붕괴된 바벨론의 운명은 회생불능이었기에 상인들은 절망에서 벗어날 길이 없었다. 그들은 그런 자신들의 심정을 짧은 애가에 담아 비통함을 토했다. 왕들의 애곡에는 정치가답게 경제적 손실에 대한 아픔을 노골적으로 표현하지 않았는데 계산적인 상인들은 경제적 손실을 애곡의 이유로 당당히 밝혔다. 상인들이 바벨론을 위해 애곡하는 것은 솔직히 초일류 고객을 잃었다는 슬픔 때문이었다. 한때는 바벨론으로 인해 전 세계 상인들이 떼돈을 벌어들였는데 부의 원천이 붕괴된 것이다.

사치와 영화의 대명사로 불린 바벨론의 패망은 당장 물품 부족 사태를 유발해서 세계 경제에 일대 혼란을 가져왔다. 상인들은 바벨론과의 교역을 통해 물품 사재기와 가격담합을 부를 축적하는 악랄한 수단으로 삼았고 돈을 자신들의 신으로 숭상했다. 바벨론은 세계 경제의 중심이었기에 시장 붕괴로 인한 이득과 고객 상실의 현실 앞에서 그들은 슬피 울 수밖에 없었다. 그뿐만이 아니었다. 그들의 애곡 뒤에는 바벨론이 상징하던 영화와 화려함이 순식간에 사라짐으로 마치 보화를 잃어버린 것 같은 절통함이 있었다.

상인들의 손실은 왕이나 선원들의 것에 비교가 되지 않았다. 무역을 통해 벌어들인 재물은 그들에게 거짓 안전을 제공했고 그들은 그것을 울타리 삼아 탐욕과 허영을 키우며 이웃과의 벽을 높이 쌓았다. 바벨론은 치부의 최고 수단이었다. 바벨론의 멸망은 상인들의 파멸을 의미했다. 그들에게는 바벨론 자신의 멸망을 슬퍼할 여유가 없었다. 파산 선고의 위기 앞에서 그들은 철저히 자신들이 잃게 된 이득의 원천 때문에 울고 또 울었다. 그들은 침묵의 흐느낌이 아니라 복받치는 설움으로 목 놓아 울었다.

애곡의 마지막 주인공은 선원들이었다. 해운업은 예나 지금이나 황금알을 낳는 사업이다. 해난 사고의 위험 부담이 있긴 해도 사업적 안목이 있는 사람들에게는 선호 대상이 된다. 선박 소유주나 선단을 이끄는 대선주의 경우에는 성공적인 항해를 마칠 때마다 재산이 눈덩어리처럼 불어났다. 해상 무역업 종사자들은 바벨론과의 교역이 가져다준 경제적 이득 때문에 바벨론의 비극적 운명을 누구보다 가슴 아파했다.

그들의 애절한 슬픔은 티끌을 자기 머리에 뿌리는 것으로 형상화되었다. 바벨론을 위한 애통을 표현함에 있어 그들은 적극적이고 격렬했다. 그들도 상인들처럼 바벨론 덕분에 막대한 이윤을 남겨 치부했다. 바벨론의 멸망은 선주와 선장, 선원과 직간접으로 각종 해운업에 종사하는 자들의 무더기 실직 사태를 가져왔다.

땅의 왕들은 정치적인 손실을 고려했겠지만 상인들이나 선장과 선주들은 메울 수 없는 경제적 손실 까닭에 깊은 절망감에 빠졌다. 그래서 그들은 약간의 차이가 있긴 해도 거의 비슷한 강도로 울고 애통함으로 바벨론 멸망의 현실에 반응했다. 멀리 서서 울고 애통한 것은 세 부류가 동일했지만 티끌을 머리에 날린 것은 선원들뿐이었다. 이것은 회개의 표식이 아닌 극도의 슬픔을 표현한 것으로 보아야 한다. 바벨론의 패망으로 상인들의 상권이 무너진 것은 무역에 종사하던 해운업 관계자들에게는 직격탄이었다.

바벨론 패망은 두 단계를 거친다. 열 뿔과 짐승이 연대하여 음녀를 파멸에 이르게 하는 자체 분열과 주님의 재림으로 인해 최종적 파멸이 이루어진다. 파멸 과정은 이렇다. 하나님의 이름을 업신여기고 성도들을 죽였던 바벨론에 대한 심판이 선고되고 즉시 형 집행이 이어진다. 바벨론은 깊은 바다에 잠겨 두 번 다시 세상에 그 모습을 드러내지 못한다. 심판의 선고도 막중했지만 형 집행은 철저하고 완벽하게 이루어졌다.

바벨론의 미래는 없다. 재건도 부흥도 불가능하다. 하나님이 심판의 재앙을 철저하고 완벽히 행하셨기 때문이다. 왜 바벨론은 그렇게 무참히 붕괴되었을까? 하늘에 사무친 그들의 죄악 때문이다. 그들에게 티끌만한 미래도 없음은 그들의 과거가 성도들과 사도들과 선지자들의 피에 젖었기 때문이다. 바벨론의 멸망은 죄 때문이다. 돌이키지 않은 죗값의 파국적인 심판 결과는 무섭도록 혹독하다.

주님의 성도들은 세상이 빼앗아 간 삶의 즐거움들로 인해 아무런 인생의 즐거움도 찾을 수 없었다. 바벨론의 박해 때문이었다. 길드 가입을 거절하고 우상숭배의 길을 차단하여 사업 확장도 기대할 수 없었다. 바벨론의 박해 때문이었다. 경제적인 궁핍으로 음식 장만하는 소리도 들을 수 없었다. 바벨론의 박해 때문이었다. 이웃이나 친척들도 기피 인물로 낙인찍힌 신자들과의 접촉을 꺼렸으므로 사람들의 왕래로 인해 등불을 밝힐 일도 없었다. 바벨론의 박해 때문이었다. 출생이나 혼인 같은 집안의 경사에도 공개적으로 축하하지 못했다. 바벨론의 박해 때문이었다. 이제 하나님이 성도들의 빼앗긴 삶을 되찾고 짓눌린 삶을 펴주신다. 바벨론은 자신이 뿌린 재앙의 씨앗을 열매로 거둔다. 이것이 힘센 천사가 보인 비유적 행동의 의미이며 노래의 배경이다.

힘센 천사는 바벨론 멸망의 세 가지 이유를 열거한다. 첫째는 바벨론의 상고들이 땅의 왕족이라는 사실이다. 이제 상인의 주체 세력이 드러났다. 서민 출신인 장사치도 있었지만 바벨론과 더불어 큰 흥정을 주고받았던 실체는 왕들과 끈이 닿은 왕족들이었다. 권력을 이용하여 바벨론과 관계를 맺은 왕족 출신 상인들은 거짓 종교가 제공하는 야릇한 신비감에 도취되고 음녀가 제공하는 각종 음행의 난잡함에 사로잡혀 경제적 부를 탐했다. 가진 자로서 가지지 못한 자들에 대한 최소한의 도덕적 배려도 하지 않았다. 그들은 경제적 폭군이었다. 심판의 철퇴가 가해지지 않을 수 없었다.

바벨론 멸망의 둘째 이유는 바벨론이 경제만이 아니라 종교적 측면에서 행한 죄악 때문이었다. 그들에게는 귀신의 영들이 씌어 있었다. 바벨론은 사악한 영의 힘을 빌려 '복술' 곧 마술을 행했다. 그의 마술은 세계적인 흥행을 이룰 정도로 뛰어났다. 마술을 통해 사람들을 미혹하여 귀신을 섬기고 우상을 섬기고 적그리스도를 섬기고 사탄을 섬기게 했다. 본질적으로 마술은 정죄의 대상이다. 마술사 시몬은 정죄되었다. 에베소의 마술사들은 회심의 증거로 마술 관련 서적들을 공중 앞에서 태웠다.

바벨론 멸망의 마지막 이유는 그들이 순교의 피로 바벨론을 물들였기 때문이다. 옛 바벨론도 이스라엘 사람을 살육하여 그 피로 성을 물들였기에 동일한 심판의 재앙을 당했다. 주변국들과 이스라엘을 압제하여 피를 흘렸던 니느웨 역시 심판의 화를 입었다. 이 땅에는 성도들의 거룩한 피가 물들어 있다. 아직도 세계 도처에서는 알려지지 않은 순교자들의 죽음이 계속되고 있다. 순교자의 거룩한 피가 흐르면 제단 밑에 엎드린 순교자들의 탄원은 속히 이루어진다. 주님의 증인이 되기 위해 흘렸던 그 모든 피가 바벨론의 마지막 파멸을 가져온다.

3. 그리스도의 재림과 승리(19장)

17-18장의 바벨론 심판이 끝나자 이어서 하나님의 공의와 승리를 찬양한 내용이 19장의 서두를 장식한다. 바벨론 심판에서는 왕들과 상인들과 선원들이 자신들의 관점에서 바벨론의 파멸을 받아들이고 애통으로 상실의 고통을 표현했다. 19장 1-5절에서는 허다한 무리와 네 생물과 이십사 장로의 세 그룹이 18장의 세 그룹에 대조적으로 하나님의 공의로우신 심판을 찬양한다. 이들의 찬양은 분위기상 보좌 장면에 나타났던 찬양과 비슷하다. 내용적으로는 일곱째 나팔을 불고 난 뒤에 들린 찬양들과 맥을 같이 한다.

11장에는 심판과 보상이, 19장에는 심판과 신원이 찬양의 주제인데 보상과 신원은 넓은 의미에서 동질의 것이다. 둘 다 주를 경외하는 자를 언급한다(19:2,5/ 11:18). 둘 다 하나님의 의로운 심판을 언급한다(19:2/11:18). 둘 다 하나님의 통치를 선포한다(19:6/11:15-16). 둘 다 뇌성을 언급한다(19:6/11:19). 둘 다 하늘의 큰 음성들을 언급한다(19:1/11:15). 둘 다 이십사 장로의 경배를 언급한다(19:4/11:16).

19-20장은 새로운 국면을 보여 준다. 17-18장의 애곡과 황폐된 도성을 보여 주고 난 후에 19-20장에서 즐거움과 심판이 어우러진 내용을 다룬다. 이곳에는 서론 부분(1-5절)에 이어 일곱 개의 작은 환상들이 나타난다. 그것은 어린양의 혼인 잔치(19:6-10), 백마를 타신 메시아(19:11-16), 적그리스도의 멸망(19:17-21), 사탄의 결박(20:1-3), 천년왕국(20:4-6), 사탄의 멸망(20:7-10), 백보좌 심판(20:11-15)이다.

A. 심판의 찬양(19:1-5)

바벨론 심판에 관한 길고 지루했던 장면이 마침내 종언을 고했다. 17장 1절로부터 시작된 바벨론 멸망의 기사는 19장 5절에 이르러 모든 면에서 완료된다. 19장 1-5절은 새로운 장의 시작에 해당하면서 바벨론 관련 사건을 매듭짓는 찬양이다. 특히 19장 1-10절은 18장 21-24절과 내용, 형식 면에서 '찬가'와 '만가'라는 극단적 대조를 보인다. 19장의 초반부는 일곱째 천사가 나팔을 불 때 하늘의 음성들이 찬양했던 내용들과 상당히 유사하다. 한편 이곳의 찬양은 일곱 재앙이 시작되기 직전에 하늘의 승리자들이 불렀던 '모세의 노래' 곧 '어린양의 노래' 내용과도 비슷하다.

바벨론 파멸의 현장에서 천상의 허다한 무리들이 찬가를 불렀다. "할렐루야"로 시작된 이 짧은 찬가에는 하나님의 신원하심과 공의로운 심판이 칭송되었고 할렐루야로 마감한다. 할렐루야에서 시작하여 할렐루야로 끝나는 찬가는 곧 이십사 장로와 네 생물에게서 아멘, 할렐루야의 화답송을 이끌어낸다.

보좌에서 난 음성이 찬양의 당위성을 선포하자 다시 허다한 무리들의 할렐루야가 어린양의 혼인 사실을 통고하며 찬양의 새로운 국면을 연다. 땅에 살며 땅에 속한 자가 되기를 끝내 거부하고 하늘에 속한 나그네의 외로운 길을 걷던 성도들이 그토록 바라고 꿈꿔왔던 '구원과 영광과 능력'이 오직 하나님께만 있음이 공포됨으로 찬가의 의미를 극대화한다. 할렐루야는 신약 중에서 오직 이곳에서 세 번이나 연거푸 사용되었는데, 이것은 바벨론 파멸이 하나님께나 성도들에게 얼마나 뿌듯한 찬양의 이유가 되는지를 밝혀 준다.

하나님을 찬양해야 할 궁극적인 이유는 오로지 구원과 영광과 능력이 하나님께 있기 때문이다. 찬양의 주체는 하늘의 허다한 무리들이다. 이들은 하나님의 보좌 주위에 있는 천군들이 아니라 하나님께 구속함 받은 모든 성도들이다. 그들이 느끼는 구원과 심판에서의 하나님의 위대한 사역이 그들로 하여금 할렐루야를 외치게 만들었다. 성도들의 첫 할렐루야는 구원과 영광과 능력의 원천인 하나님을 높이고 마지막 할렐루야는 하나님의 통치를 선언한다.

하나님께서 찬양을 받으실 이유는 구원과 영광과 능력이 하나님께 속했을 뿐 아니라 그분이 행하시는 심판의 공정성 때문이다. 하나님의 심판은 결코 이르거나 늦는 법이 없다. 시간의 멀고 가까움은 인간이 느끼는 것이지 하나님 편에서는 언제나 동일하다. 자신이 정하신 때에 맞추어 서두르지도 않고 늑장부리지도 않으신다. 섭리의 시간표에 맞추어 수순을 밟아 진행하신다.

'하나님의 종들'은 특별한 계층의 그룹을 지칭한 말이 아니다. 그들은 하나님을 섬기는 신자 전체를 아우른 표현이다. '그를 경외하는 너희들'과 동격이다. 하나님을 두려움으로 섬기고 그의 말씀을 순종해 받드는 이들은 누구나 하나님의 종이다. 모든 신자가 하나님의 종이다. 하나님을 믿는 자들에게는 그리스도가 저희 주님이요 저희는 그리스도의 종이다. 작은 자나 큰 자, 여자나 남자, 가난한 자나 부요한 자, 유대인이나 이방인, 예나 지금이나 변함없이 하나님을 경외함이 종 된 표식이다.

B. 어린양의 혼인(19:6-10)

환희의 찬가는 어린양의 혼인이 박두했기 때문이다. 주님의 신부인 성도에게 이 순간은 가장 놀라운 축하의 시간이다. 천상에 속한 모든 것이 신부의 지참금이다. '어린양의 혼인'은 주님과 성도들의 관계를 아름답게 묘사한 상징의 하나다. 신랑이신 주님이 통치하는 것을 본 하늘의 무수한 천사들은 많은 물소리 같고 큰 뇌성 같은 소리로 할렐루야를 외쳤다.

모든 적대 세력이 사라진 후에 세워진 의의 왕국에서 왕 중 왕, 주 중 주이신 그리스도께서 통치하심은 그분의 우주적인 통치권을 확연히 드러내 보인다. 주님의 나라는 이루어졌고, 의의 통치와 사랑의 복종만이 새로운 세상을 가득 채운다.

신랑을 맞이할 신부는 빛나고 깨끗한 세마포로 단장한다. 이 순백의 옷은 '성도의 옳은 행실'이다. 옳은 행실은 예수의 증거다. 계시록에서 예수의 증거는 항상 신실한 말과 구체적인 행위와 연관되었다. 예수의 증거를 지님은 결코 쉬운 일이 아니었다. 그것은 바벨론에 대한 충성을 거부하여 그들이 짓는 죄에 참예하지 않음으로 그들이 받을 재앙에서 벗어남이었다.

세상의 박해가 아무리 드세어도 성도들은 어린양과의 기쁜 해후를 맞이하기 위해 말씀에 뿌리내린 자신들의 믿음을 지켜야 했다. 이것처럼 좋은 결혼 선물도 없다. 천사의 결론적 선언은 17장 1절에서 언급했던 음녀에 대한 심판이 이로써 완결되었음을 의미한다.

6-8절은 계시록에서 마지막에 해당하는 찬양으로 결혼 축시다. 결혼 당사자는 제자리에 있고 예식은 곧 시작될 찰나다. 바벨론 심판의 정당성을 선언했던 허다한 무리들처럼 하나님의

통치를 선언하면서 '심판의 완결자'이신 하나님을 암시한다. 음녀는 처단되고 신부는 예비되고 어린양의 결혼식 준비는 무르익었다. 이것은 하나님께서 요한에게 보여 주신 메시아 시대의 아름다움이다. 실제의 혼인 예식은 주님의 재림 때까지 이루어지지 않지만 바벨론의 급속한 파멸에 뒤이어 이제 막 일어난 것처럼 생생히 묘사되었다.

모두가 즐거워할 이유는 어린양의 혼인 기약이 이르렀기 때문이다. 정혼녀로서 기다려오던 긴 시간이 드디어 끝났다. 고난 속에서도 충성을 잃지 않고 순결한 신부가 되어 주님께 영원히 속한 자가 되기 원했던 지상 교회의 오랜 숙원이 드디어 이루어지는 순간이다. 사랑하는 남편이신 어린양 그리스도와 구원과 영광의 경험을 함께 나누는 일치와 연합이 확인되는 순간이다. 즐거워하지 않을 수 없다. 이 하나 됨의 실상이 21-22장에서 다시 세밀하게 묘사되었다.

고통의 날들은 지나고 기쁨의 날이 도래했다. 핍박 속에서 움츠러들고 그 모습이 상했던 주님의 신부가 새롭게 단장을 하여 어린양의 잔치 분위기를 한껏 북돋운다. 오랜 세월을 통해 찌들고 상처 입었던 주님의 신부는 용과 짐승과 거짓 선지자와 바벨론의 불같은 시련을 거쳐 많이 정련되었다. 찌끼는 모조리 제거되고 불순물은 깨끗이 씻겼다. 7절은 초대장이다. '즐거워함'과 '기뻐함'이 함께 결합된 예는 신약에서 마태복음 5장 12절뿐이다. 마땅히 즐거워하고 기뻐하며 그에게 영광을 돌리게 된다. 어떤 상황에서도 영광을 돌리는 것은 하나님께 대한 성도의 영적 책무다. 하나님께 영광을 돌려야 할 이유는 어린양의 혼인 기약이 이르렀고 그 아내가 예비되었기 때문이다.

신부의 단장은 성도의 옳은 행실인 의의 세마포다. 성도가 옳은 행실을 할 수 있는 것은 주님의 기본적인 의가 있기 때문이다. 이 의는 성도가 어떤 선행으로도 이룰 수 없는 절대적인 '하나님의 의'다. 예수 안에서 하나님이 이루신 의(righteousness)다. 우리는 다만 믿음으로 의의 그루터기에 놓인다(justification). 의가 우리를 주관하고 의의 능력이 우리를 장악한다. 한때 우리의 의지와 상관없이 죄의 노예가 되었듯이 이제는 우리의 의지와 상관없이 의의 종이 된다.

이는 전적으로 하나님의 은혜다. 이 하나님의 의는 성도에게 의로운 삶을 살 수 있는 능력을 제공한다. 빛나고 깨끗한 세마포는 성도가 직접 만드는 것이 아니다. 하나님께서 만들어 입혀 주셨다. 하나님이 만들어 주시기에 어린양의 신부 단장용으로 잘 어울린다. 세마포를 깨끗한 상태로 잘 관리하려면 날마다 행실을 깨끗이 하여 옳은 상태를 꾸준히 유지해야 한다. 날마다의 정결만이 아니라 계시록의 정황과 관련시켜 박해 속에서 연단을 받고 정련되어 순금처럼 정결함을 유지시켜야 한다.

옷을 더럽히지 않은 자가 이긴 자의 상급으로 흰옷을 받는다. 살았다 하는 이름은 가졌으나 실상은 죽은 것 같은 '사데 신드롬'을 벗어나 이긴 자가 됨으로 받는다. '빛나고 깨끗한 세마포'는 음녀의 호화찬란한 자주와 붉은 옷과 날카로운 대조를 이룬다.

C. 그리스도의 재림(19:11-16)

혼인의 아름다운 장면이 채 사라지기 전에 주님은 백마 탄 용사가 되어 피를 부르는 전쟁터 한복판에 서서 늠름한 자태를 보이신다. 역사 속에서 역사와 함께 자신의 영원한 계획을 진행하신 하나님께서는 역사의 목표 성취를 향한 마지막 거보를 내디디려 하신다. 주님의 초림으로 구원의 방점을 찍으셨던 하나님께서는 주님의 재림으로 마침표를 찍게 되셨다. 주님의 파루시아(παρουσία)가 없다면 역사는 계속 갈등에서 벗어나지 못할 것이다.

사탄과 적그리스도, 거짓 선지자와 땅의 거주자들을 적절히 다루지 않으면 지상 교회는 고난의 두꺼운 알을 깨고 새롭게 태어나지 못할 것이다. 주님의 재림은 죄와 연루된 이전 세계의 종국적 역사며 새로운 시대의 시작을 알리는 팡파르와 같다. 천년왕국과 인류에 대한 마지막 심판은 두 개의 이질적인 세계를 가르는 분수령이다. 이 모든 사건의 지향점은 새로운 낙원으로서의 새 예루살렘을 향해 있다.

역사상 하나님의 적대자들에 대한 심판과 승리가 이처럼 확실히 나타난 때가 없다. 19장의 전반부는 바벨론 심판에 대한 찬양과 어린양 그리스도의 혼인으로 임박한 최후의 승리를 마무리했다. 19장의 후반부는 주님의 재림과 승리로 모든 초점을 모은다. 주님과 천상의 군대가 강림하며 주님의 승리가 예견된다. 임박한 원수의 멸망이 예언되고 짐승과 거짓 선지자와 그들을 따르던 추종 세력이 파멸에 이른다.

사실 17장에서 19장 서두에 이르기까지 상술된 바벨론 멸망은 아직 완전히 끝나지 않았다. 완전한 승리에 이르려면 짐승과 그의 추종세력이 완전히 파멸되어야 한다. 바벨론의 붕괴처럼 나머지 악의 주체 세력들도 멸절을 당해야 한다. 그래서 짐승과 그를 따르는 세력들을 짓부수는 장면이 19장 19-21절의 핵심이다. 죽임을 당한 어린양 그리스도는 이제 악의 근본 세력을 정복하고 사탄과 짐승의 세력을 철저히 파멸시키는 하나님의 용사로 우뚝 선다. 그가 백마를 타신 정복 왕이시다.

'흰'색은 정결과 승리의 상징인데 '백마'는 정결보다 '승리'를 상징한다. 6장 2절에도 '백마 탄 자'가 나오는데 그는 재앙의 도구로 사용된 존재로서 진정한 승리자를 모방했다. 백마의 기수에게는 '충신과 진실'이란 이름이 있다. 이것은 주님의 속성으로서 그가 어떻게 이 싸움을 이겨왔는지 잘 보여 준다. 예수 그리스도는 '충성되고 참된 증인'이며 충신과 진실 자체이시다. 존재도 '충성된 분, 참되신 분'이요 속성도 충신과 진실이다. 겸손하여 나귀를 타고 와서 이 세상에 화평의 복음을 전하신 예수께서 종말의 때에는 백마를 타신 개선장군으로 적들을 궤멸시킨다.

세상 죄를 지고 가던 하나님의 어린양이 울부짖는 유다 지파의 사자로 임하신다. 주님은 원수들의 세력을 진멸하고 열방 가운데 자신의 왕국을 세우시기 전까지는 돌아오지 않으신다. 메시아와 그의 백성들을 공격하던 짐승과 그의 군대를 격멸한 후에 주님은 오신다. 17장 14절에 예언된 싸움의 승리는 아마겟돈 전쟁에서도 이길 것으로 언급되었다. 주님의 재림은 성도의 소망이 확증되고 실현됨이다.

주님의 싸움은 상식적인 전쟁 개념과 영판 다르다. 이 싸움은 정복을 위한 싸움이 아니요 분쟁과 갈등을 종식시키려는 정치적 동기도 없다. 싸움의 동기와 과정과 목적은 오직 하나님의 공의를 세우기 위함이다. 백마를 타신 주님은 전사인 동시에 심판권을 행사하는 군주다. 충신과 진실이 싸움과 심판의 전투 능력이다. 주님은 약속 성취에 있어 신실하시고 심판 수행에 있어 곧으시다. 주님은 불꽃같은 눈으로 사람의 마음과 뜻을 살피신다. 그 살핌이 심판으로 이어진다. 이한 검과 함께 불꽃 이미지와 검 이미지는 백마 타신 자의 영화로운 모습으로서 그가 곧 마지막 심판을 주재하실 합당한 심판주이심을 의미한다. 이곳의 백마 타신 분은 2-3장에 묘사된 주님의 모습과 비슷하다. 불꽃과 이한 검이 그렇고, 자기만 알 수 있는 이름이 그렇고, 만국을 다스리는 철장 권세가 그렇다.

주님만이 아시는 한 이름은 주님을 가장 주님답게 나타낸다. 그 이름은 빌라델비아 교회의 '이긴 자'에게 주시는 약속의 이름이다. '하나님의 이름과 새 예루살렘의 이름'과 함께 쓰일 이름, 다윗의 열쇠를 가지신 주님의 이름이다. 적그리스도의 머리와 짐승의 머리에는 참람한 이름들로 가득했는데 우리 주님의 머리에는 하나의 이름이 씌어 있다. 대제사장들은 이마에 '여호와께 성결'이란 관을 썼다. 영원한 대제사장이신 주님이 많은 관을 쓰셨다면 그것은 여호와의 영광을 드러내는 어떤 이름이어야 한다.

이스라엘 사람들이 부르기조차 꺼려했던 거룩하신 이름 야훼(YHWH)일지 모른다. 백마를 타신 그리스도는 다리에도 이름을 쓰셨다. 그리고 주님의 피 뿌린 옷은 원수를 진멸할 때에 튀어서 묻은 피다. 심판과 관련된 모습이다. 백마를 타신 그리스도는 정복자로서 원수들을 진노의 포도즙 틀에 집어넣고 사정없이 짓밟으신다. 충신과 진실 외에 한 이름이 더 있으니 '하나님의 말씀'이다.

주님을 따른 이들은 미가엘의 군대가 아니라 어린양 그리스도의 군대다. 이기신 어린양의 이기고 또 이길 군대다. 주님이 승리의 백마를 타듯 그들도 승리의 백마를 탔다. 주님은 피 뿌린 옷을 입고 주님의 군대는 깨끗한 세마포를 입었다. 그들의 옷에는 피가 튀지 않았다. 이 싸움은 어린양 그리스도께서 홀로 싸우시는 싸움이다. 그의 입에서 나오는 이한 검 한 자루만으로 만국을 치시고 맹렬한 진노의 포도주 틀을 밟으신다. 주님의 군대는 다만 그를 따른다. 승리자 주님께서 이기고 또 이기신다.

우리는 주님이 이루신 승리에 참여함으로 승리자가 된다. 장군의 영광이 곧 병사의 영광이다. 천군의 경우도 마찬가지다. 그들은 단지 주님의 심판에 따라 가라지를 뽑아 풀무에 던져 넣을 뿐이다. 그들은 단지 주님이 택하신 자들을 하늘 사방에서 모을 뿐이다. 아버지의 영광으로 그의 천사들과 함께 이 땅에 임하실 때 각 사람의 행위대로 갚으시는 분은 천사들이 아니라 인자이신 어린양이시다.

모든 민족을 자기 앞에서 양과 염소를 분별하듯 하실 분은 오직 주님이시다. 능력의 천사들과 함께 하늘로부터 불꽃 중에 나타나실 때 복음을 복종치 않는 자들에게 형벌을 가하실 분은 오직 주님이시다. 수만의 거룩한 자와 임하실 때 뭇사람을 심판하여 경건치 않음을 정죄하실 분은 오직 주님이시다.

D. 그리스도의 승리(19:17-21)

앞부분에서는 백마를 타신 주님이 천사들과 성도들로 구성된 하늘 군대를 이끄시고 강림하시는 장면을 보여 주었는데, 뒷부분에서는 땅의 장면이 연출된다. 한 천사가 해에 섰다. 요한은 어린양과 그의 군대와 싸우기 위해 오래 전부터 준비된 사탄의 군대를 본다. 용과 짐승과 거짓 선지자의 입에서 나온 세 더러운 영들이 이적을 보여 땅의 임금들을 전능하신 이의 큰 날에 있을 전쟁을 위해 아마겟돈으로 무수히 모았다. 아마겟돈 전쟁이 시작되었다. 팽팽한 접전일 것이라고 믿었던 예상과 달리 전쟁은 초반에 승패가 갈렸다. 어린양의 군대가 이겼다. 사탄의 군대는 힘 한 번 제대로 써보지 못하고 어린양 그리스도에게 격멸되었다. 최후의 전쟁을 위해 공들인 사탄은 무기력하게 전격 체포되었다. 이것은 우발적인 사고가 아니다.

사탄은 대단한 싸움꾼이지만 전쟁에 능한 주님에게 꼼짝없이 당한다. 그것은 만능과 전능의 차이이다. 물 한 방울과 대양이 겨루는 싸움에 비한다 해도 사탄의 무력감과 주님의 능력 충만을 대조하기에는 역부족이다. 주님의 승리는 이미 십자가의 죽으심으로 결정이 났고 천상에서 일어난 미가엘과의 싸움에서도 예시되었다. 싸울아비 즉 무사(武士)로 자처하신 주님의 용력 앞에 사탄은 전적으로 무능하다.

이 전쟁은 천년이 끝난 후에 잠시 풀려난 사탄이 곡과 마곡을 미혹하여 성도들과 벌일 마지막 전투의 일부분에 해당한다. 아마겟돈 전쟁은 발발되었지만 아직 끝은 아니다. 땅의 임금들과 군대들이 모였지만 어린양과 싸울 힘은 그들 자체에서 나오지 않는다. 심지어 적그리스도의 힘도 그 근원은 배후의 사탄에게 있다. 그들이 상대해 싸우려는 대상은 주님과 하늘의 군대다.

사탄의 군대가 백마 탄 자와 하늘의 군대를 선제공격하여 전쟁이 일어난다. 엄밀히 말하면 전쟁은 일어나지 않았다. 주님의 입에서 나온 이한 검에 전쟁 도발자인 짐승과 거짓 선지자가 체포되고 악의 군대는 순식간에 무너졌다. 전쟁은 시작과 동시에 끝났다. 백마를 타신 주님을 따라 전쟁 결의를 다지던 하늘 군대의 역할은 어디서도 볼 수 없다. 요한은 전쟁의 모든 과정을 생략한 듯 보인다. 맹렬한 전쟁이 있었겠지만 요한은 그 장면들을 생략함으로써 왕 중의 왕이요 주 중의 주이신 그리스도의 절대적 우위성을 강조한다. 천상에서 벌어졌던 미가엘과 용의 엄청난 싸움도 얼마나 간략히 묘사했던가!

13장의 묘사에 비추어보면 그렇게 막강하던 두 짐승의 무력함이 신기할 정도다. 바다로부터 나타나 사탄의 하수인으로 온갖 악을 조장하고 세상을 지옥화하려 애쓰던 적그리스도는 주님에 의해 무기력하게 체포되었다. 짐승 앞에서 짐승의 권세를 위임받아 그의 대변인 역할을 하던 거짓 선지자도 역시 함께 잡혔다. '짐승의 표를 받고 그의 우상에게 경배하던 자들을 이적으로 미혹하던 자'인 거짓 선지자는 짐승과 함께 유황불 붙는 못에 던져졌다. 그들의 죄상이 곧 형량 선고였기에 지체 없이 불못에 던져졌다. 그들의 종말은 곧 불못에 떨어질 사탄의 운명을 암시하는 조짐이 되었다.

VIII. 일곱째 환상: 심판과 갱신(20:1-22:5)

심판과 갱신 장면은 가장 극적이요 신비롭고 아름답게 수놓아진 한 폭의 그림 같다. 사탄이 결박되고 천년왕국이 시작되고 사탄이 멸망하고 백보좌 심판이 있다. 신천신지가 열리면서 새 예루살렘이 하늘로부터 내려오며 생명수 강과 생명나무의 실과들이 화면을 가득 채운다. 전체적인 주제는 '심판과 갱신'이다. 옛것의 완전한 소멸이며 새것의 영원한 시작이다.

계시록 20장은 '천년왕국'으로 잘 알려졌다. 전체적으로 사탄의 최후에 관련된 전반부와 마지막 심판을 다룬 후반부로 나뉜다. 전반부는 사탄의 체포, 구금과 재기에 실패한 사탄의 모습을 그린다. 성도의 영원한 원수요 교회의 끈덕진 박해자였던 사탄의 완전 결박이 이루어졌다. 그는 항거할 힘을 잃고 큰 쇠사슬을 든 천사에게 결박되어 바로 무저갱 속으로 던져진다. 성도들이 그리스도와 함께 천년왕국의 황금기를 구가할 동안 사탄은 무저갱에 갇힌다. 타락 이후에 최초로 사탄의 활동에서 자유로운 은총의 시간이 천년왕국의 거주민들에게 주어진다. 새 예루살렘의 도래를 위해 사탄의 체포, 구금은 하나님의 필연이다. 사탄을 불못으로 내던짐은 잠시 유보되었다.

천년왕국에 대한 논쟁은 교회가 출발한 이후부터 약 3백 년간에 걸쳐 활발히 진행되었다. 교부들의 저작에는 그와 같은 흔적이 고스란히 남아 있다. 천년왕국은 일찍이 영지주의 계통의 케린터스가 강력 주창하면서부터 교회의 문자적 해석은 주춤해졌다. 중세 신학에 큰 영향을 끼쳤던 어거스틴이 무천년주의 입장을 고수한 이후로 약 1,200년에 걸쳐 천년왕국 교리는 사장된 듯했다. 18세기에 이르러 경건주의 운동이 활발히 전개되며 천년왕국 교리는 다시 고개를 쳐들었다. 후천년설자들이나 플리머스 형제단 같은 세대주의적 천년설자들도 모두 이 시기에 생겨났다.

1. 사탄의 결박(20:1-3)

무저갱 열쇠와 큰 쇠사슬을 쥔 천사가 하강한다. 그 천사가 하강한 것은 무저갱에 사탄을 감금시키기 위해서다. 천년왕국이 열리려면 무저갱의 문을 잠가야 한다. 사탄이 감금되어야만 주님께서 메시아 왕국의 보좌에서 거룩한 통치를 시작하신다. 9장의 천사는 무저갱을 열었고 20장의 천사는 무저갱을 닫는다. 희대의 적대자, 악의 화신, 흑암의 왕자였던 사탄은 저항 한 번 제대로 하지 못한다.

사탄을 일시에 제압할 만큼 천사가 지닌 초절정의 능력은 그를 붙드신 하나님께로부터 나왔다. 사탄은 진작 쫓겨나고 없이함을 당했다. 더 정확히 표현하면 사탄은 무저갱에 감금되기 전에 이미 주님의 복음 사역으로 인해 결박당하고 하늘에서 떨어졌다. 십자가에서 KO패했다. 영적으로 쫓겨나고 떨어지고 결박당했던 사탄의 운명이 이제 현실로 가시화되었다.

주님의 부활 이후에도 죄는 더욱 창궐하고 세상은 이전보다 악해진 것이 엄연한 현실이다. 이 땅에 죄를 퍼뜨린 사탄이 결박되고 추방되었음에도 세상이 어지럽다면 사탄 결박에는 무슨 의미가 있는가? 사탄의 역사는 예전보다 더욱 악랄하고 기승을 부린다. 사탄의 머리가 부서졌지만 그는 죽지 않았다. 자신의 때가 얼마 남지 않음을 알기에 더욱 악에 받쳐 주어진 시간 동안 사력을 다해 하나님을 대적하고 교회를 공격한다.

하늘 전쟁에서 이기고 적그리스도와 거짓 선지자를 처단하고 배후 조정자인 사탄을 결박함은 종말의 시간표에서 결정적인 사건이다. 사탄은 쫓겨났지만 완전히 추방되지 않았다. 사탄은 완패했지만 아직 항복 문서에 조인하지 않았다. 사탄은 여전히 활동한다. 변장의 명수답게 광명한 천사나 우는 사자로 돌변하며 올무를 놓는다. 공중 권세를 잃어버리고 땅으로 쫓겨났지만 지금 불순종의 아들들 가운데서 역사한다.

그는 믿지 않는 자들의 마음을 혼미케 하여 복음의 빛이 비쳐들지 못하게 한다. 다만 예전 같지 않을 뿐이다. 모든 면에서 제약이 뒤따른다. 하나님의 인 맞은 자들에게 해를 가하지 못함도 이 제약에 속한다.

'용'의 명칭은 '옛 뱀', '마귀', '사탄'으로도 표현되었다. 용은 사탄에게 적용된 첫 이름이다. 용의 명칭은 제각각이나 성격도 같고 능력도 같고 운명도 같다. 천사는 큰 쇠사슬로 사탄을 결박하여 무저갱에 천년 동안 감금시킨다. 나중에 잠시 풀려나 반역을 꾀하다가 결국 불과 유황 못에 영원히 던져진다. 그가 보낼 금고의 세월은 성도들에겐 영광의 통치 기간이다. 그의 감금은 일시적이다. 천년이란 시간이 우리에겐 길게 느껴져도 하나님께는 눈 깜짝 할 사이에 불과하다. 이 사건이 주님의 초림과 재림 사이에 일어난 것이라면 이것은 교회의 강력한 선교 활동을 마귀가 방해하지 못하도록 하나님께서 강권적으로 제약하셨음이다.

베드로는 하루가 천년 같고 천년이 하루 같다고 했는데 이는 하나님의 시간이 인간의 시간과 다름을 뜻한다. 천년이 주님에게는 지나간 어제 같고 밤의 한 경점과 같다. 인간 세상에서의 천년이 하나님께 하루와 같다면 인간 세상의 하루가 하나님께 천년도 될 수 있다. 천년이란 결단코 무의미한 시간이 아니다. 요한은 '잠시 후'라든지 '한참 후'와 같은 모호한 표현을 쓰지 않고 천년이라는 기간을 언급했는데 이는 그냥 지나칠 일이 아니다.

땅에서 완전히 제거되지 않았지만 모든 악의 세력은 그리스도의 왕적 권위에 굴복된다. 일시적으로 사탄이 그리스도의 구속 공동체를 해하여도 인 맞은 공동체의 구원에는 어떤 해악도 끼치지 못한다. 그것은 사탄의 인봉이란 상징으로 분명해졌다. 악은 여전히 준동해도 하나님의 통제 하에 있다.

반대로 하나님이 사탄을 제어해도 그는 여전히 교회와 성도들에게 위협적인 존재다. 완전 파멸은 아니지만 사탄이 이 시점에서 억제 당함은 매우 중요하다. 천년 동안 세상은 미혹에서 자유롭다. 물론 영원하지는 않다. 천년 이후에 무저갱에서 잠깐 풀려난 사탄은 다시 많은 사람들을 미혹하여 하나님을 대적한다.

용을 무저갱에 감금시키고 인봉하는 목적은 오직 하나다. 다시 만국을 미혹하지 못하도록 함이다. 사탄은 미혹하지 못할 뿐 아니라 성도를 하나님 앞에서 참소하지도 못한다. 그는 많은 경우에 '참소자'란 이름으로 불렸다. '인봉'은 누구도 열 수 없고 열어서는 안 될 금단의 영역임을 뜻한다. 천년왕국이 끝나면 사탄은 풀려나지만 다시 영원한 멸망으로 들어가고 하나님과 어린양 그리스도의 보좌가 있는 신천신지가 나타난다.

주님의 십자가는 사탄을 그 권좌에서 물러나게 했다. 그의 하강과 추방을 모든 면에서 완전히 용도 폐기를 당한 것으로 볼 수는 없다. 그는 악의 화신답게 죽어가면서도 끝까지 저항을 포기하지 않는 끈질긴 투사다. 불과 유황 못에 던져져 영원히 고통을 당하기 직전까지 사탄은 천년의 감금 기간을 제외하고는 기세 좋게 영혼들을 유혹하고 사람들이 주님께 접근치 못하도록 모든 수단과 방법을 강구한다.

마지막 승리는 주님에게 속했지만 사탄이 역사하는 한 교회와 성도들은 그의 공격 대상에서 제외되지 않는다. 사탄의 추락과 하강은 세 단계를 거친다. 하늘에서 땅으로, 땅에서 심연으로, 그리고 불못으로다. 가장 높은 곳에 올라 북극 집회의 하나님과 견주려 했던 사탄의 영원한 운명은 가장 낮은 곳이다.

2. 천년왕국(20:4-6)

사탄이 감금된 천년 동안 성도가 주님과 함께 통치하는 천년왕국이 열린다. 주님을 위해 주님의 이름 때문에 고난을 당하다 순교에 이른 신실한 성도들은 다시 살아나 자신들의 주이신 그리스도와 더불어 승리자의 통치권을 행사한다. 천년왕국은 가장 아름다운 지상에서의 삶을 묘사하지만 이에 대한 해석자의 입장은 신학적 견해에 따라 차이가 있다. 성경의 지지 근거를 내세우며 다른 견해를 논박하는 정도가 도에 지나쳐 아름답지 못한 모습을 보임은 부끄러운 일이다. 천년왕국은 성경에 엄연히 존재하는 그림 언어다. 상징적 해석이든 문자적 해석이든 그것이 품은 메시지를 놓치지 말아야 한다. 이미 이루어졌든 아직 이루어지지 않았든 우리의 관심이 천년왕국 자체에 머무른다면 그것만으로는 부족하다. 천년왕국의 통치자이신 주님을 바라볼 수 있어야 한다.

천년왕국의 의의는 만왕의 왕이요 만주의 주이신 그리스도께서 세상 역사에 공의와 사랑이 온전하게 결합된 성령 정권을 수립함에 있다. 이 특별한 시기는 주님의 가르침이 그대로 실현되고 하나님이 자기 백성에게 주신 모든 언약이 성취되는 은혜로운 삶의 역사적 경험이다. 세상 사람들의 눈에는 보이지 않고 믿는 자들의 삶 속에 실재했던 주님의 주권과 통치 능력이 세상에 가시적으로 나타난다.

잠재적이고 이상적인 꿈 정도로 여겼던 인류의 이상향이 성도들의 주가 되신 그리스도에 의해 실현된다. 천년왕국을 통해 스스로 낮아져 십자가의 죽음을 당하셨던 주님이 영광을 얻으신다. 하늘과 땅과 땅 아래 있는 모든 산 자와 죽은 자가 주님 앞에 무릎 꿇고 그분의 주 되심을 고백한다. 천년왕국의 역사적 실현은 하나님이 성도들에게 약속하신 말씀의 진정성을 증명하는 계기가 된다.

천국이 좋은 것은 주님의 현존 때문이기에 주님 없는 천국은 아무 가치가 없다. 마찬가지로 주님의 통치, 성도들의 소망과 믿음이 실현되는 것으로서의 천년왕국이 우리 마음에 자리 잡아야 한다. 천년왕국은 우리의 믿음이요 소망이다. 박해당하는 자기 백성을 위로하신 하나님의 복스러운 약속이다. 신학적 입장이나 해석의 차이와 상관없이 천년왕국은 어떤 형태로든지 약속의 성취라는 측면에서 이루어진다. 각자의 믿음대로 받아들일 것으로, 무수한 설명들이 주어졌지만 아직껏 만족할 만한 해답은 나오지 못했다. 이는 주님께서 재림하시기 전까지는 풀리지 않을 난제에 속한다. 천년왕국에 대해서는 대체적으로 세 가지 견해가 있다.

① 전천년설(Premillenialism)은 주님께서 천년왕국 전에 재림한다는 주장으로 두 가지 입장이 있다. 첫째, 재림 전에 시대적 배교와 휴거와 적그리스도가 통치하는 7년 대환난의 시기가 있다고 믿는 세대주의적 전천년설이다. 둘째, 휴거를 거부하고 환난 통과설을 믿는 역사적 전천년설이다. 사탄의 결박은 주님의 재림 때 이루어진다. 문자적으로 주님은 성도들과 천년 동안 지상에서 통치하신다. 사탄의 잠시 놓임은 악한 자의 부활과 백보좌 심판으로 인해 천년왕국의 절정을 이룬다. 천년왕국 이후에 새 하늘과 새 땅이 창조된다.

② 후천년설(Postmillenialism)은 주님의 나라가 이미 실현되었고 복음 전파를 통해 더욱 확장되는 과정에 있다고 주장한다. 천년왕국은 교회 시대의 말기에 이르러 시작된다. 천년은 문자적일 수도 있고 아닐 수도 있으며 재림 직전에 나타날 영광의 시대로 복음의 영향력이 전 세계에 미친다. 천년왕국이 끝나면 사탄의 마지막 반역이 있고 주님의 재림으로 부활 사

건, 사탄의 멸망, 최후의 심판이 뒤따른다. 사탄의 결박은 복음의 성공적 사역으로 인해 그 영향력이 감소되어 소멸될 것을 뜻한다.

③ 무천년설(Amillenialism)은 문자적인 천년왕국을 거부한다. 계시록 20장 1-3절의 천년은 '완전'과 '장구함'의 상징으로 복음 전파를 통한 교회의 황금 시기, 즉 주님의 초림부터 재림 때까지의 전 기간을 뜻한다. 시대적 배교와 적그리스도의 통치가 절정을 이룰 때 주님이 재림하신다. 부활과 심판이 있고 새 하늘과 새 땅이 이루어진다. 사탄의 결박은 십자가에서 주님이 이루신 사탄에 대한 승리다. 미래에 사탄은 잠시 놓여 교회를 미혹하지만 주님의 재림으로 멸망당한다. 이들의 입장은 '이미 시작된 종말론'이다.

환상의 초점이 심연의 깊음에서 하늘의 높음으로 옮겨진다. 심판의 그늘로부터 통치의 밝은 빛으로 바뀐다. 사탄의 결박은 성도의 위로요 승리다. 그가 감금된 동안 성도들은 주님과 함께 메시아 왕국의 실상을 접한다. 순교자들의 영혼과 짐승의 표를 받지 않은 신실한 주님의 백성이 주님과 함께 보좌에 앉아 천년 통치에 들어간다. 주님을 신실히 따르고 이겼기에 심판의 권세를 지닌 자들로서 보좌에 앉는 영광을 취한다. 이 보좌는 법정에서 재판관이 앉는 자리일 뿐 아니라 통치권을 행사하는 왕좌다. 재판석의 관점에서는 심판권을 행사하고 왕좌의 관점에서는 왕 노릇을 한다.

이긴 자들은 메시아와 함께 철장으로 천년왕국의 거주민을 다스린다. 사실 하나님 자신을 위해서라면 심판의 거추장스런 과정이 필요치 않다. 성도를 위해, 복음을 위해 순교한 영혼들의 신원 때문에 심판을 행하신다. 심판 권세는 성도를 위하여, 성도 때문에, 성도에게 주어졌다. 성도는 심판 권세를 가진 자로서 위엄의 보좌에 앉는다. 천년이 문자적 의미라면 천년왕국은 말 그대로 천년 동안 지속될 영광의 나라다. 만일 상징적인 숫자라면 10일 동안의 환난이 짧고 충분한 환난의 기간을 상징하듯 1000년은 '완전'과 '충족'의 숫자인 '10×10×10'의 형태이니 지복의 상태가 충분히 길다는 의미가 된다. 천년 동안 그리스도의 영광스러운 통치가 세상에 실현된다.

보좌에 앉은 자들은 대관절 누구인가? 그들은 순교자들과 구분되고 짐승의 표를 받지 않은 자들과도 구분된다. 4절에 나온 신자 그룹은 둘이다. 첫째는 보좌에 앉아 심판권을 행사하는 이들로서 모든 성도요, 둘째는 나머지 그룹으로서 목 베임 받은 자의 영혼들이다. 보좌에 앉아 열두 지파를 심판할 권세는 주님을 따른 제자들의 몫이다. 세상과 천사를 판단하는 것은 주님을 섬긴 성도의 몫이다. 그들은 부활하여 심판 권세를 행사한다. 첫째 부활의 참여자가 복된 이유가 있다.

첫째, 둘째 사망은 그들을 다스리지 못한다. 그들은 죽기까지 충성함으로 이긴 자가 되었기에 둘째 사망의 해를 받지 않는다. 그들은 보좌에 앉은 왕권으로 둘째 사망을 다스린다. 부활의 생명이 둘째 사망 위에 있다. 둘째 사망에게 다스림을 받는 자들은 하나님의 영원한 생명에서 격리되어 무서운 고통을 겪는다. 둘째 사망 위에 있는 자들은 거룩하다. 하나님과 그리스도의 제사장이기 때문이다. 그들은 복되고 거룩하다. 천년 동안 주님과 함께 왕권과 제사장권을 행사하며 살 수 있기 때문이다. 영원한 대제사장이신 주님과 더불어 그분의 아버지이신 하나님의 제사장이 되어 하나님 앞에서 하나님을 섬긴다.

둘째, 하나님과 그리스도의 제사장이 된다. 성도는 주님 안에서 하나님과 그리스도의 나라와 제사장이 되었다. 제사장권과 왕권은 한정적인 시간 내에 행사되는 것이므로 매우 특별하다. 그것은 영원 전부터 이루어진 하나님의 계획이다. 교회가 받을 이런 복은 이스라엘 백성을 향한 하나님의 약속에서 시사되었다. 요한의 환상에서도 144,000은 하나님의 보좌 앞에 있으며 하나님의 성전에서 주야로 하나님을 섬긴다. 그들은 이런 특권 까닭에 하나님의 계명을 성실하게 준수해야 한다. 두려움으로 인해 끝까지 신실치 못한 자들은 왕국에서의 삶에 참예하지 못하고 대신 불과 유황 못에 참예한다.

셋째, 천년 동안 주님과 함께 왕 노릇 한다. 주님의 제사장직에 따라 신실한 제사장이었던 성도는 주님의 왕권 행사에 일종의 분봉왕으로 통치권을 행사한다. 하나님의 백성답게 살았던 성도들은 천년왕국에 이르러서 과연 왕다운 면모를 보일 것이다. 지상에서 하나님의 제사장으로 섬기며 살았던 성도들은 천상에서 주님의 분봉왕이 되어 주님과 함께 주님이 나눠준 권세에 따라 통치권을 행사하며 왕으로서 누리는 삶을 산다.

3. 사탄의 멸망(20:7-10)

성도의 끈질긴 원수요 두려운 적대자였던 사탄이 드디어 파국에 이르렀다. 사탄의 풀려남, 미혹과 마지막 전쟁을 위한 사방 백성의 소집, 하나님의 백성들을 포위함, 하늘에서 내린 불이 사방 백성을 태움, 사탄을 불못에 내던짐처럼 다섯 장면이 뚜렷하다. 이원론적인 구도를 보이나 비할 수 없는 하나님의 능력에 사탄은 애당초 적수가 되지 않는다. 하나님의 주권과 승리는 압도적이다. 배경은 곡과 마곡의 전쟁에 근거한다. 최후의 종말적 전쟁이란 주제는 기본적으로 유대주의 묵시록에 바탕을 둔다. 3막 중에서 2막에 해당하며 악이 영원히 근절되는 이 부분은 새 하늘과 새 땅의 도래를 위한 준비 단계다.

요한은 곡과 마곡의 지리적 의미에 별 관심이 없다. 그들의 정체는 '땅의 사방 백성'이란 표현을 통해 알 수 있듯이 하나님과 그의 백성에게 적대적인 세속 체계를 나타낸다. 모든 세기, 모든 곳에 하나님을 거역하며 교회와 성도들에게 적대적인 세력이 있다. 최후의 전쟁을 위한 이 모임은 17장 14절과 19장 19절의 모임과 구별하기 위해 천년 이후로 묘사한다. 실제로 마지막 전쟁이다.

천년왕국을 거쳤으나 사탄의 미혹에 연루되어 하나님께 반란을 도모함에서 인간의 죄는 환경의 산물이나 사탄의 꼬드김에 의한 것이 아니라 내면에 뿌리박힌 것임을 알게 한다. 하나님께 반역하는 의지의 근원은 인간 내면에 있다. 사탄은 자신의 운명을 알면서도 존재 자체가 하나님께 대항하고 반역하게끔 똘똘 뭉쳐졌기에 스스로 어찌할 수 없다. 악과 혼돈과 흑암의 세력은 비록 강해도 하나님께서 세우신 창조 질서보다 약하다.

사탄은 천년이 차기까지 풀려나지 않는다. 천년의 단 한순간이라도 사탄이 끼어들어올 틈은 없다. 하나님께서 사람들을 미혹하지 못하도록 사탄을 금고시키는 천년은 무천년설을 주장하는 이들에겐 부담스러운 구절이다. 계시록이 누차 강조하는 바는 사탄이 결코 전능한 존재가 아니요 성도들을 압살할 수 없고 단지 미혹할 수 있을 뿐이라는 점이다. 사탄이 행사하는 권세는 한정적이고 부분적이다.

그가 지닌 모든 '권세'의 출처는 하나님이고 그 권세의 행사까지도 하나님에 의해 철저히 통제된다. 천상에서 지상으로 쫓겨난 그의 힘이 작용하는 반경은 오직 지상에만 국한되며 전능하신 주 하나님의 권세에는 절대 비교 불가다. 거짓 선생들을 통해 미혹하고 천하를 꾀던 사탄이 영원한 형벌에 들어가기 전에 스스로 미혹의 챔피언으로 역사한다.

풀려난 사탄의 마지막 발악은 싸움을 위해 땅의 사방 백성인 곡(북방왕)과 마곡(곡의 땅)을 미혹하여 결집시키는 것이다. 결국 사탄은 하나님의 사랑하는 성도들과 싸우기 위해 땅의 사방 백성을 모으고 그들을 모으기 위해 미혹했다. 소집된 최강의 군대는 그 숫자가 바다의 모래처럼 허다한 최대 규모였다. 에스겔 38-39장에 수록된 예언이 역사의 벼랑 끝에서 성취된다. 북방 왕 곡이 약탈을 위해 염려 없이 평안히 거하던 백성을 침공한다. 북방 왕은 여러 민족들과 제휴하여 구름이 땅을 뒤덮음같이 엄청난 군세로 쳐들어간다.

하나님께서는 열국에게 하나님만이 홀로 여호와이심을 알리고자 이 모든 과정을 허락하시고 통제하신다. 이는 미래의 어느 날인 말년에 발생하며 그때가 되면 하늘과 땅에서 여러 징조가 보인다. 미래의 작정된 시간이 도래하면 마지막 전쟁이 일어나고 그날에 예언의 말씀이 성취된다. 하나님의 의도는 제 민족들의 제휴를 와해시키고 자기 백성을 회복시켜 만백성에게 그분만이 하나님이심을 깨닫게 하신다. 여기에서 나오는 곡과 마곡이 서로 결탁해 하나님과 그의 신실한 백성, 그리스도와 그의 충성스런 추종자들을 대적하려는 세력을 상징한다. 곡은 19장에서 짐승과 제휴하고 20장에서 사탄과 제휴한다.

천년왕국이 끝났다. 사탄도 '옥에서' 놓여났다. 사탄은 가석방 상태에 있다. 사탄은 천년 동안 무저갱의 깊은 감옥에 갇혀 있었다. 그의 풀려남은 좋은 소식이면서 나쁜 소식이다. 영원한 불못으로 가기 위해 풀려났기에 좋은 소식이다. 반면에 세상을 반역의 소용돌이 속으로 휘몰아 넣을 것이기에 나쁜 소식이다. 그의 석방은 하나님의 필연적 의지며 그의 풀려남은 영원한 형벌을 위한 수순이다. 사탄은 무죄 방면되지 않았다.

집행 유예 상태에서 잠시 풀려났음에도 사탄은 천년 동안 캄캄하고 침침한 감옥, 밑이 없는 구덩이에서 절치부심하며 계획했던 마지막 카드를 꺼내들었다. 천년왕국을 거치면서 메시아 왕국의 영광을 목격했던 사람들도 사탄의 올무에 걸려들었다. 구원받지 못한 영혼들은 별 저항 없이 사탄의 미끼를 덥석 물었다.

천년왕국은 성도와 악인이 거룩한 성령 정권 하에서 함께 공존하며 살던 시기였다. 사탄의 전쟁 음모에 가담하지 않고 백마 타신 주님의 칼날을 모면한 자들은 자연히 천년왕국의 체제 안에서 '주님과 함께' 하고 '사탄의 속임 없는' 낙원의 삶을 경험했다. 그러나 하나님의 영이 없는 그들에게 천년왕국이 끝나자마자 다가온 사탄의 미혹은 죽어가던 고기가 물을 만난 격이었다. 주님은 끝까지 그들의 목자가 될 수 없었다.

그들이 전심으로 따를 수 있는 주인은 사탄뿐이었다. 그것은 악을 좇는 무리들로서는 어쩔 수 없는 일이었다. 주님이 통치하시던 천년왕국의 꿈결 같던 세월도 모두 잊어버리고 그들은 사탄의 울타리에 들었다. 그들은 타락의 습성을 이기지 못하고 반란에 적극 가담함으로 영원한 멸망 외에는 어떤 운명도 불가능한 결과를 초래하게 되었다.

사탄의 천년 수감은 여러 목적이 있었지만 가장 중요한 것은 만국을 미혹하지 못하게 함이었다. 사탄은 풀려나는 즉시 미혹하는 영으로 돌아와 땅의 사방 백성인 곡과 마곡을 미혹했다. 미혹에 걸려든 자들의 수는 바다의 모래 같았다. 세상에는 갓 천년왕국의 영광스런 삶을 끝낸 성도들이 있었지만 그들은 반역의 무리에 비해 소수였다. 미혹 곧 속임은 사탄과 적그리스도와 거짓 선지자의 본질적 속성으로서 계시록에 확연히 그려졌다.

에스겔 38장 2-3절에는 하나님이 파멸로 이끈 로스와 메섹과 두발이 나온다. 홀 린제이는 이를 현대의 북방 도시인 러시아와 모스크바와 토볼스크로 적용했으나 이것은 환상이다. 곡과 마곡은 마지막 시대에 하나님께 적대적인 온 세상의 사악 집단을 상징한다. 미혹하는 자인 사탄은 자신의 속성을 마지막 순간까지 최대한 활용한다. 하나님께서 천년 동안 그의 활동을 막으셨다가 옥에서 풀어주자마자 사탄이 수행한 일은 전격적이고 대대적인 미혹 작전이었다. 그의 미혹은 성공작이었다. 그의 꾐에 빠져 반역의 패당이 된 숫자가 바다 모래 같았다.

사탄은 무수한 반란군들에게 성도들의 진과 주님께서 사랑하시는 성을 겹겹이 포위하고 마지막 공격을 준비시켰다. 아마겟돈 전쟁에서 대패하여 전멸당한 과거에서 사탄은 아무 교훈도 얻지 못했다. 천년왕국 직전의 아마겟돈 전쟁 준비 상황과 천년왕국 직후의 전쟁 준비 상황은 본질적으로 달라진 게 없었다.

'바다 모래 같음'은 광대함의 상징으로 성경에 자주 나오는 표현이다. 아브라함에게 약속된 자손이 '바다 모래' 같았다. 요셉이 기근을 준비했던 곡물이 '바다 모래' 같았다. 여호수아와 싸우기 위해 끌어 모은 가나안의 군대가 '바다 모래' 같았다. 기드온에게 패한 미디안 군대가 '바다 모래' 같았다. 이스라엘과 싸우려던 블레셋 군대가 '바다 모래' 같았다. 후새가 압살롬에게 준 모략에서 백성을 '바다 모래'같이 모을 것을 권했다. 솔로몬이 받은 지혜가 '바다 모래' 같았다.

곡의 무수한 군대는 진과 성을 에워싸기 위해 땅의 사방에서 벌떼처럼 몰려들었다. 천년왕국의 수도인 세상의 중앙으로 곡의 군대들이 메뚜기 떼처럼 뒤덮어왔다. 하늘에서 내린 불이 그들을 소멸했다. 적대자 마곡의 군대를 멸하시듯, 악한 왕 아하시야의 군대를 멸하시듯 하나님께서 마지막 반역의 무리를 불로 심판하셨다. 불은 배역하는 무리들에 대한 하나님의 심판을 상징하는 것으로 아모스의 예언에 반복적으로 등장한다.

숱한 영혼을 지옥으로 끌고 간 지옥의 마왕이 산채로 잡혔다. 이제는 일시적 감금이 아니라 영원한 형벌을 당한다. 그의 양팔 노릇을 하던 적그리스도와 거짓 선지자는 이미 불못에서 고통당하는데 사탄도 불과 유황 못에 던져진다. 종말의 때에 하나님을 대적한 악의 삼총사가 이제 지옥불의 뜨거운 고통 속에서 재회한다. 불과 유황 못에 마귀를 던짐은 악을 영원히 멸하기 위한 세 단계 중 두 번째에 해당한다.

첫 번째는 짐승과 거짓 선지자가 백마를 타신 주님께 체포되자 즉결 처분되어 유황불 붙는 못에 던져졌다. 세 번째는 사망과 음부가 불못에 던져졌다. '유황 불 붙는 못', '불과 유황 못', '불못'처럼 약간씩 다른 표현을 사용했으나 모두 '지옥'을 가리킨다. 사탄과 짐승과 거짓 선지자는 산채로, 사망과 음부는 있는 모습 그대로 불못에 던져져 영원한 고통을 당한다. 악이 이렇게 영원히 격리되어야 하는 것은 새 하늘과 새 땅의 도래를 위해 불가피하다.

4. 백보좌 심판(20:11-15)

사탄과 그의 추종자들을 처단한 후에 백보좌 심판이 거행된다. 살아 날뛰던 악의 삼총사가 처형되고 이제 남은 것은 죽은 자들에 대한 심판이다. 성도들의 영원한 시작이 목전에 있다. 하나님의 집에서 심판이 시작되는 때다. 최후의 심판은 죄로 얼룩진 세상 역사가 마감되는 순간이다. '백보좌 심판'이라 부르는 것은 심판주가 흰 보좌에 앉아 심판하시기 때문이다.

심판의 수렁을 통과해야 새로운 세상이 열린다. 인간 세계에서 죄가 척결되기 전까지 영원한 시대의 문빗장은 열리지 않는다. 마지막 심판과 신천신지의 도래는 옛 세상의 사라짐으로 이루어지기에 둘은 동시적이다. 백보좌 심판의 첫 장면은 간단해도 생생하기 이를 데 없다. 조금 전까지 존재하던 천지가 사라졌다. 심판주를 대면할 자신이 없어 '피하여' 도주한 것이다.

주님은 공평무사하고 의로우시기에 심판은 공정하고 의롭다. 생명책의 언급은 이것이 마지막 심판이며 모든 인류에게 해당됨을 암시한다. 누구도 마지막 심판에서 면제될 수 없고 심판도 일방적으로 진행되지 않는다. 행위록과 생명책이 심판

기준이다. 모든 사람은 선악의 동기와 그들이 하나님 편에 섰는지 아닌지에 따라 정확히 판가름 난다. 이것은 선행과 악행으로 저울질함이 아니다. 은총과 믿음, 그리고 자기 의와 불신의 저울추다. 누구나 아버지의 뜻을 행하고 어린양의 생명책에 녹명된 자는 행위록에 믿음의 선행이 수록된다. 설혹 악행을 저질렀어도 회개와 주님의 피로 인해 삭제된다.

최후의 심판 내용은 너무 간략해도 쉽게 넘겨버릴 게 아니다. 단 다섯 줄의 짤막한 구절 속에 인류와 역사, 모든 죽은 자와 산 자의 영원한 운명이 담겼다. 악은 징치되고 불의는 정죄를 당한다. 역사상의 숱한 심판들은 모두 이 최종 심판을 위한 예행연습이었다.

보좌에 앉으신 심판자의 모습과 장중한 분위기는 가히 인류 역사를 통해 일어난 대사건들을 무색하게 한다. 역사의 완성과 구속의 성취를 목전에 둔 상황에서 사려 깊은 요한은 독자들에게 하나님의 엄정하신 심판을 대두시켜 악과 죄는 결코 용납되지 않음을 경고한다. 요한이 심판 자체를 그림처럼 묘사하기는 이곳이 처음이자 마지막이다. 초월적인 실재를 그림처럼 그려가며 색깔을 입히는 요한의 필체가 예사롭지 않다. 그의 심판 묘사는 심판대 앞에 놓인 인간 각자의 모습을 보게 한다.

창조주 하나님과 어린양 그리스도가 심판자다. 백보좌에 앉으신 분은 아버지와 아들이시다. 본질적으로 백보좌 심판은 그리스도 안에서 하나님께서 행하신다. 보좌에 앉으신 이가 누가 되셨든 그분이 심판을 행할 권세를 지니셨다. 이 보좌는 하늘의 보좌가 아니다. 악한 자들이 심판을 위해 보좌 앞에 모였는데 악인이 근접할 수 없는 하늘 보좌일 리가 없다.

흰 색깔은 심판자의 거룩하심과 승리를 상징한다. 악의 수괴로서 사탄이 심판을 받고 그의 추종자들도 심판을 받는다. 모든 이들이 심판을 받는다. 더 이상의 심판은 없다. 마지막 심판이다. 이 마지막 심판은 철저하고 완벽하게 진행된다.

옛 하늘과 옛 땅 때문에 새 하늘과 새 땅이 도래하지 못한 것이 아니다. 새 하늘과 새 땅의 도래 앞에 옛 하늘과 옛 땅이 버티지 못하고 사라졌다. 옛 하늘은 연기같이 소멸되고 옛 땅은 의복처럼 해어지고 낡아서 바꾸었다. 하늘들이 두루마리처럼 말려 큰 소리로 떠나갔다. 하늘이 진동하고 땅이 떠나갔다. 진동치 않을 것을 영존케 하고자 옛 하늘과 옛 땅을 변동시키셨다. 피조물들이 그토록 탄식하며 기다리던 만물 회복의 때가 이르렀다. 죄로 인해 부패해진 옛 세상을 물로 새롭게 하셨듯이 이제는 불로 정결케 하셨다. 죄가 자라고 죄로 뒤덮였던 옛 세상은 하나님과 주님의 낯을 피해 도주했다.

죽은 자들의 대거 출현은 이미 악한 자와 선한 자의 부활이 이루어졌음을 암시한다. '책들'은 멸망 받을 자들의 악한 행위를 기록한 심판의 책이다(단 7:10; 계 11:18). '다른 책'은 신실한 자기 백성을 구원하실 생명책이다(13:8; 17:8). 책은 펴지고 심판이 선고된다. 자기 행위를 따라 심판을 받는 자 중에 구원의 대상은 없다. 자기 행위에 의한 구원은 원천적으로 불가능하다. 하나님의 기억 속에 조금의 오차도 없이 그들의 악한 말과 악한 생각과 악한 행위가 모두 기록되었다. 각 사람의 행위대로 심판하신다.

다니엘 7장 10절과 말라기 3장 16절에 의하면 인간의 선행과 악행이 기록되지만, 이사야 65장 6절에 따르자면 악행만 기록된다. '자기 행위'는 선행과 악행 모두를 포함하는 것으로 보는 것이 자연스럽다. 생명책에 녹명된 자들에게 행위록은 무의미하다.

설혹 행위록이 모든 인간의 행위를 기록해서 신자들의 죄상이 기록되었다고 해도 그리스도의 보혈이 모든 악행을 도말하였기 때문에 심판의 대상이 되지 않는다. 성도는 마지막 심판의 순간에도 그리스도의 보혈을 의지한다. 영원한 구원은 인간의 선행이나 악행에 좌우되지 않는다. 구속의 원천은 오직 그리스도의 사랑과 희생에 있다. 신자의 모든 악행은 이미 주님의 보혈로 말미암아 하나님 앞에서 은혜로 지워졌다. 그러기에 구원을 받은 자로서 성도는 악행에서 벗어나 선한 열매를 맺는다. 선행에 힘쓴다. 선행이 성도의 구원을 이룰 수는 없지만 구원을 얻고 난 이후의 선행은 성도의 구원을 완성함에 있어서 중요하다. 이것이 성경이 가르치는 바요 신앙의 요체다.

불의한 자들에 대한 심판이 끝났다. 죽은 자들로 가득 찼던 사망과 음부는 그들을 모두 내어 주는 바람에 텅 비었다. 더 이상 죽음이 없는 새 세상에서 사망과 음부의 존재 이유가 사라졌다. 그들은 불못에 던져졌다. 바울이 '맨 나중에 멸망 받을 원수는 사망'이라 말했던 그대로다. 불못은 둘째 사망인데 실제적인 죽음으로서 영원한 소멸이다. 육체적 죽음처럼 실제적 '없음'이다. 인간을 괴롭히고 성도를 억압했던 죽음의 권세가 영원히 파멸된다. 다시 사망이 없다. 생명이 사망을 삼켰다. 사망이 없으니 음부도 없다.

생명책에 이름이 누락되었음은 최악의 형벌이다. 하나님께서 누락시키신 것이 아니라 불신과 반역의 결과다. 생명책에 기록되지 못한 자는 불신으로 행위록에 따라 심판을 받는다. 심판의 결과로 영원한 불못에 떨어진다. 그것이 '둘째 사망'이다. 첫 죽음과 비교될 수 없는 저주의 죽음이다. 육체의 첫 죽음과 달리 이것은 영혼과 육신이 함께 멸망당하는 전체적이고 완벽한 죽음이다. 불못은 끝없이 계속되는 고통의 상태로서 이곳에 떨어진 자들은 뚜렷한 의식 속에 고통을 느낀다.

지옥불은 영원히 꺼지지 않는다. 감금 장소인 음부의 고통도 대단한데 영원한 불못의 고통은 참으로 상상을 초월한다. 불못이 더욱 고통스러움은 생명의 원천이신 하나님과 격리되기에 그렇다.

5. 새 하늘과 새 땅(21:1-8)

이 부분은 19장 11절부터 21장 8절의 환상에 대한 결론이요 21장 9절부터 22장 5절의 서론이다. 천상과 지상 장면을 연결하면서 둘은 하나가 된다. 성경에서 하늘과 땅은 불가분리의 관계이므로 우주 갱신에는 둘 다 포함된다. 옛 창조와 새 창조간 차이는 질적인 것이다. 이는 이사야의 배경으로 인해 더욱 확실하다. 이사야는 바벨론 포로라는 이전의 혹독한 참상과 회복된 예루살렘에서의 새 하늘과 새 땅의 기쁨이라는 관점을 극명하게 대조했다. 요한은 새 하늘과 새 땅을 연이어 나타난 새 예루살렘의 하강 장면과 자연스럽게 연결시킨다.

하나님은 파괴되고 사라질 임시방편이 아니라 인간의 영구한 처소로 세상을 창조하셨다. 그런데 인간의 죄가 세상을 들끓는 가마솥처럼 변질시켰다. 죄로 인해 죽음이 들어오자 세상은 반역과 저주의 장소로 돌변했다. 인간의 관리 대상이었던 세상은 사탄의 영토로 귀속되어 주인인 인간이 곁방살이하듯 사탄의 눈치를 살피며 숨죽여 살게 되었다. 그래서 만물이 기대하는 바는 이런 속박과 굴레로부터 벗어나는 구속이며 이 때문에 지금껏 탄식한다.

요한이 환상에서 본 것은 뒤집혀진 세상이 똑바로 세워지는 정도가 아니라 변질되지 않는 새 세상의 출현이다. 그가 바라본 세상은 악한 짐승이 없고 바다가 없는 곳이다. 바다가 없음은 악이 존재하지 않음을 뜻한다. 밧모 섬의 바다는 자신과 사랑하는 성도들이 있던 소아시아 지역의 교회들을 격리시키는 장애물이었다. 바다가 없는 새 하늘과 새 땅은 하나님의 선물이었다.

옛 하늘과 옛 땅이 물러가고 '새 하늘과 새 땅'이 열린다. 21장 전체의 주제는 새롭게 갱신된 창조다. 새 예루살렘이 새 하늘로부터 새 땅에 임한다. 보좌에서 들린 음성은 구약의 소망이 성취되고 성도들에게서 고난이 제거되는 의미를 되새긴다. 이어 하나님이 직접 여섯 사실에 대해 세부적으로 말씀하신다.

만물의 갱신, 계시의 신실성, 성취의 선언, 역사의 주권자, 목마른 자에 대한 생명수 약속, 이기는 자와 패할 자에 대한 묘사다. 음녀 바벨론이 사라진 자리에 어린양의 신부인 거룩한 성 새 예루살렘이 하늘로부터 임한다. 사탄이 거세된 자리에 하나님과 어린양 그리스도가 임재하신다. 불완전했던 세상이 물러나고 완전한 세계가 펼쳐진다.

사탄은 패하고 어린양 그리스도가 영원한 승리를 쟁취하셨다. 요한의 독자들은 이로 인해 위로를 받고 힘든 박해 환경을 믿음으로 견디며 주님께 끝까지 신실할 것을 다짐한다. 주님이 걸으신 길을 말없이 따르는 순명과 성결의 삶은 다가오는 영광의 나라에서 그리스도와 함께 참예키 위함이다.

요한은 새 세상을 응시한다. 이스라엘 백성이 그토록 기다렸던 메시아 왕국도 끝나고 하나님의 의가 통치하는 새로운 질서가 새 하늘과 새 땅의 도래로 시작된다. 신천신지는 도덕적이거나 영적인 갱신만이 아니라 완연히 새롭게 탈바꿈한 우주의 체계다. 그것은 시공의 제약을 받지 않는 4차원의 세계를 넘어선다. 과학자들이 250차원 이상의 우주를 컴퓨터에 담을 수 있을 정도니 영원한 질서의 세계는 실로 엄청난 다차원의 영역일 것이다.

부활체가 부활 이전의 육체와 다르면서 육체의 모습을 갖추듯 부활된 우주의 모습 또한 완전히 새롭고 결점 없이 갱신된 형태이면서 현재의 모습을 보일 것이다. 설명할 길은 없지만 같으면서 완전히 다르다. 다시는 기억나지 않고 생각나지 않을 만큼 새롭다. '무'에서의 창조가 아니라 '유'에서 만물을 새롭게 하심이다. 존재하지 않았던 것이 존재하는 것 같은 새로움이 아니라 성질이나 본질의 변화다.

순간적으로 창조 이전의 '없음'을 새롭고 완전한 '있음'의 상태로 채웠다. 옛 하늘과 옛 땅은 더 이상 존재하지 않는다. 순전한 창조 작업은 너무도 완벽해서 이전 것은 기억되거나 마음에 생각나지 않는다. 영원한 현실 속에 항상 새 하늘과 새 땅만 있다. 옛 하늘과 옛 땅이 사라질 때 바다도 사라졌다. 20장 13절에서도 옛 창조에 속한 질서의 사라짐을 이야기하며 굳이 바다를 거론한다. 왜일까? 이 바다는 우리가 바라보는 그런 바다

일까?

계시록에는 하늘과 땅에 대응하는 자연계의 일부로 바다를 언급한다. 동시에 '악의 영역'이란 의미로도 사용되었다. 이곳의 바다는 두 가지 의미를 다 내포한다. 새로운 세계 질서에는 나라 사이를 경계 짓던 바다란 없다. 영토, 영해, 영공이니 하는 개념 자체가 없다. 언어도 통합되고 다툼과 경쟁이 전혀 필요 없는 진정한 의미에서의 신정 정치가 구현된다. 한 나라, 한 통치가 이루어진다. 하나의 '거대한 호수'는 남을 것이다. 불못이라 불리는 호수는 악을 이기신 하나님의 승리, 성도들의 영웅적인 믿음을 기리는 기념비로 기억될 것이다.

옛 하늘과 옛 땅이 새 하늘과 새 땅으로 교체되었지만 새로운 우주는 아직 비었다. 하나님의 충만함만 존재한다. 바로 이곳에 새 예루살렘 성이 내려온다. 그 장엄한 광경을 어찌 필설로 표현하겠는가! 새 예루살렘의 존재 가치는 무한하다. 새 예루살렘은 성도들의 영원한 거소다. 하나님께서 자기 백성 가운데 거하시는 성막이다. 영적으로는 이미 주님의 부활로 말미암아 옛것과 새것의 교체 작업이 이루어졌지만 실제로 완성된 교체와 채움이 이제 이루어진다. 새 예루살렘의 특징은 거룩함에 있다. 그 기원은 새 하늘이다. 그리고 그 존재 의의는 신부가 남편을 위해 단장한 것 같음에 있다.

하나님께서 인간의 몸을 입고 성육신하신 것처럼 거룩한 성 새 예루살렘이 새로운 하나님의 백성을 위해 새 땅으로 내려온다. 새 예루살렘은 안팎이 온통 거룩하다. 성도 거룩하고 성 안의 등이신 하나님과 어린양도 거룩하고 성 안의 거주민도 온전히 거룩하다. 성의 이런 속성 때문에 새 예루살렘을 '거룩한 성'

이라고 부른다.

한때는 지상의 예루살렘도 '거룩한' 성이라 불렸다. 그러나 하나님을 거역하고 불순종함으로 이내 죄악의 도성이 되었다. 이것이 하늘에서 내려오는 성을 '새 예루살렘'이라 부르는 이유다. 옛 땅에 세워진 예루살렘은 사라졌지만 새롭고 거룩한 예루살렘은 영존한다.

남편을 위한 신부의 단장! 그 절묘한 아름다움의 최절정에 새 예루살렘이 있다. 새 예루살렘 성의 아름다움과 무한한 가치를 이처럼 잘 표현할 수 없다. 신부는 아름답게 단장하였다. 누가 단장을 시켜주었는가? 신랑의 아버지다. 인간이 단장할 수 없다. 구원과 의는 오직 하나님에게서 비롯된다. 오직 '하나님의 구원'이요 오직 '하나님의 의'다. 새 예루살렘은 하나님의 구원과 의로 충만하다.

새 예루살렘의 성도들은 이제 '쁄라의 헵시바'라 불린다. 구원과 의로 성곽을 쌓았지만 이는 외부의 적을 방비함이 아니요 거룩한 구별의 상징이다. 어디에도 적은 없다. 단장한 신부처럼 구속함 받은 성도들의 새롭고 완전한 처소로서 새 예루살렘은 주님의 약속을 실현한다.

한 하나님과 많은 백성이 하나의 장막에 머무른다. 하나님의 장막이 지상의 그 어느 시기보다 인간 가까이에 영구히 계신다. 에덴동산의 생명나무보다, 성막이나 성전보다, 심지어 성육신으로 장막을 치고 거하시던 때보다, 교회의 머리가 되어 임재하셨던 때보다 더욱 안전하고 결점 없이 하나님의 장막은 인간을 품고 인간과 함께 영원히 있다.

죄로 인해 숨고 피하던 인간이 이제는 기쁨으로 하나님 곁에 머문다. 새 예루살렘이 성도들에게 제공하는 온갖 좋은 것들 중에 최고의 보상은 하나님과 맺어진 새로운 관계다. 그들은 하나님의 백성이 되고 하나님은 그들 가운데 거해 그들의 하나님이 되신다. 그것은 자기 백성에게 하신 약속의 성취다. 하나님께서 인간과 함께 하심은 하나님께서 주도권을 쥐신 신성한 친교로 갈등의 소지가 없다.

일체의 아픈 것들이 사라졌다. 주야로 눈물로 양식을 삼았던 성도들, 그들의 눈물을 병에 담으시던 주님께서 이제 성도들의 모든 눈물을 닦아 주신다. 더 이상 눈물이 없고 고통이나 사망도 없다. 죽음은 죄로 인한 저주였는데 이제 저주에서 풀려났다. 처음 세계, 옛 질서에 속한 모든 것이 사라졌다. 슬픔과 고통이 없으니 영영한 희락만 있다. 타락 이전의 세계, 에덴동산의 영원했어야 할 그 삶이 결국 하나님께서 새롭게 만드시는 갱신의 핵심이다. 실낙원을 단순히 복락원으로 만드시는 정도가 아니다. 완전히 새롭게 하신다.

'이기는 자'가 받을 기업이 묘사되었다. 생명수 샘물과 친밀한 관계가 승리자의 포상이다. 특히 순교자들의 경우에는 그 이김이 확실하다. 세상적인 기준에서 보면 죽음이란 패배의 마지막 길이다. 순교자들은 예수의 증거와 하나님의 말씀을 지키기 위해 비참한 죽음을 맞았지만 위대한 승리를 일궈냈다. 새 예루살렘에서 얻을 유업이 일곱 편지에서 이긴 자에게 주신 약속에 반영되었다.

하나님의 낙원에 있는 생명나무의 실과(2:7/ 22:2), 새 성전(3:12/ 21:22-23), 새 예루살렘(3:12/ 21:2,10), 하나님의 이름(3:12/ 22:4), 생명책에 녹명된 이름(3:5/ 21:27), 빛나는 세마포(3:5/ 21:2,9-11), 빛나는 돌과 광채(2:17,28/ 21:11,18-21,23, 22:5,16), 그리스도와의 통치(2:26-27, 3:21/ 22:5), 둘째 사망과 무관함(2:11/ 21:7-8)이다.

6. 새 예루살렘(21:9-27)

새 예루살렘 모습은 에스겔의 성전 환상에 연관되었다. 에스겔의 환상은 성전이 중심인데 여기서는 성전이 없고 하나님의 성이 성전 자체다. 천사는 하나님의 도성의 아름다움을 보여 주며 문들과 기초석으로 차츰 시선을 옮긴다. 성의 전체적인 척량, 재료로 사용된 보석들, 내부의 거룩함과 성의 영광을 보여준다. 새 예루살렘의 정경은 매우 세밀하다. 사악한 삼위일체도 제거되고 마지막 심판도 끝나고 새 하늘과 새 땅도 열렸으며 새 예루살렘 성도 하늘에서 내려왔다. 모든 것은 해피엔딩의 일사천리로 진행되어야 한다.

그러나 요한의 독자 중에는 여전히 성에 들어가지 못할 자들이 남았다. 지복의 해석 천사가 왜 마지막 재앙의 사역을 수행했던 천사인지를 이로써 설명할 수 있다.

구속 받은 하나님의 백성들이 '신부' 곧 어린양 그리스도의 '아내'로 소개된다. 그들은 죽기까지 그리스도께 신실했고 정절을 지켰다. 정결한 아내는 17장 1-5절에 묘사된 음란한 여자와 여러 면에서 비교된다. 새 예루살렘의 환상은 요한이 성령의 이끌림을 받아 높은 산으로 갔으나 음녀의 환상은 요한이 성령의 이끌림을 받아 광야로 갔다.

두 여자는 새 예루살렘과 바벨론 성으로 비유되었다. 둘 다진귀한 보석들로 치장했다. 새 예루살렘의 단장은 하나님께서 어린양을 위해 준비하셨다. 그것은 성도들의 신실함에 대한 영광의 보상이었다. 이에 비해 음녀의 치장은 땅의 임금들을 유혹해 짐승의 하수인으로서 하나님을 대적하기 위함이었다.

하나님의 백성인 교회는 주님의 신부이며 정혼한 아내다. 구약에 따르면 전능하신 하나님은 자기 백성의 남편이다. 신약에는 혼인 잔치의 비유가 있고 주님은 자신을 신랑이라 밝히셨고 세례 요한도 그렇게 불렀다. 바울은 한 남편인 그리스도께 성도들을 중매하는 자신의 사역을 언급했다. 바울은 주님의 희생이 교회의 영광을 위함이라 밝혔다. 하나님의 영광으로 단장된 새 예루살렘은 빛나는 보석들로 찬란했다.

요한은 하나님의 영광을 진기한 보석의 광채와 벽옥과 수정의 투명함에 견주었다. 성곽은 매우 크고 높다. 열두 문이 있고 문마다 천사가 하나씩 서 있다. 문들 위에는 열두 지파의 이름이 씌어 있다. 새 예루살렘은 정사각형 모습에 동서남북으로 각각 세 개의 문이 있다. 에스겔의 문은 북, 동, 남, 서의 순서였는데 요한의 문은 동, 북, 남, 서의 순으로 언급하여 북쪽 문과 동쪽 문이 바뀌었다. 새 예루살렘에는 열두 개의 '기초석'이 있다. 그 기초석 위에 열두 사도들의 이름이 새겨졌다. 열두 사도는 주님의 교회를 상징한다. 교회는 열둘이요 집합적 개체로서 하나다. 이것은 시험한 돌이요 귀하고 견고한 돌로서 하나님이 거룩한 성 예루살렘의 기초를 삼으셨다. 교회는 사도들과 선지자들의 터 위에 세워졌다.

열두 지파와 열두 사도는 구약과 신약의 계약 백성을 대표한다. 옛 언약의 제사장 백성 된 이스라엘과 새 언약의 제사장 된 열두 사도는 선민과 이방인으로 구성된 새로운 구속 공동체다. 구약 성도는 신약 성도가 없으면 불완전하다. 한 건물 안에 서로는 연결되었다. 열두 지파가 문의 본질을 이루듯 열두 사도는 기초의 본질을 이룬다. 기초석은 건물을 지탱시키는 핵심적 하부 구조물로 견고함이 핵심이다.

예루살렘 성전도 크고 귀한 돌로 기초석을 삼았다. 언약은 이스라엘에서 출발했지만 성취는 교회를 통해서다. 성곽의 기초석에는 열두 지파가 아니라 열두 사도의 이름이 씌었다. 기초석이 없으면 문은 쓸모없다. 열두 지파가 주님을 출입구로 한 작은 문들이라면 열두 사도는 주님을 모퉁잇돌로 한 '터'다. 열두 기초석과 열두 문은 상호 보완의 관계다. 구약과 신약이 상호 보완의 관계임과 같은 원리다.

성곽 척량의 환상은 에스겔이 본 환상과 비슷하다. 악도 없고 침입자도 없고 지진도 없고 붕괴의 위험도 없는데 벽과 기초석이 있다. 벽은 외침으로부터의 영원한 안전을, 기초석은 자체 붕괴에서의 영원한 안전을 상징한다. '성곽 척량'은 새 예루살렘 거주자들의 영원한 안전과 성결을 의미한다. 3.15m의 작은 금갈대를 이용해 정금으로 된 성과 진주로 만들어진 문과 벽옥으로 쌓인 거대 성곽을 척량함은 신비롭다. 천사는 실제로 성과 성곽을 척량했으나 문들은 척량하지 않았는데, 문들은 성벽에 포함되었을 수 있다.

성곽의 형체는 네모반듯하다. '일만 이천 스다디온'은 오늘의 1500마일에 해당한다. 장광고(長廣高)가 1500마일인 입방체는 문자적 의미보다 상징적으로 취함이 편하다. 실제 크기라 해도 놀랄 일은 아니다. 천상적 관점에서 본다면 이 정도 크기는 크기도 아닐 것이다. 어쨌든 척량 수치를 상징으로 보아도 성은 크기와 구조와 주거 환경 면에서 완전하고 모든 시대를 통틀어 구원받은 하나님의 백성이 거하기에 충분히 넓다. 벽의 길이는 144규빗이다. 한 규빗이 사람의 팔뚝 길이로서 46~56cm이니 144규빗이라 해보아야 66m~80m에 불과하다. 1500마일 높이 건물에 성곽 길이는 너무 짧다.

새 예루살렘의 성곽 척량이 끝나자 이내 성곽과 문의 재료를 상세히 언급한다. 새 예루살렘이 구속받은 하나님의 백성과 어린양 그리스도가 나누는 친교의 영역이라면 성곽과 벽은 영원한 안전을 상징한다. 영원한 안전을 자신할 만큼 충분하게 길고(장) 충분하게 넓고(광) 충분하게 높다(고). 벽은 온통 벽옥이며 성 자체는 모두 정금이다. 이는 하나님의 거룩함과 영광을 상징한다.

벽옥은 순수한 녹색에서 우러나오는 기묘한 투명함을 지녔다. 녹색은 생명을 상징하며 하나님과 어린양 그리스도의 무궁한 생명력을 반영한다. 불순물이 완벽히 제거된 정금은 하나님의 비길 데 없는 영광을 나타낸다. 정금이 되기까지 정련 과정처럼 고난 속에서 영글어 고귀한 영광에 이른다. 이는 어린양 그리스도의 십자가를 통한 부활의 영광을 상징한다.

생명의 영광과 승리의 영광이 새 예루살렘의 성곽을 둘러싸고 성을 뒤덮었다. 보석의 색은 달라도 보석이 내뿜는 투명함은 같다. 모든 보석이 본연의 색을 유지하며 눈부신 빛을 비친다. 색은 다양하나 빛은 하나다. 그 투명함은 빛나고 흰 세마포를 연상시키는데 이것은 하나님과 어린양 그리스도의 거룩함을 상징한다. 새 예루살렘은 하나님의 영광과 거룩함으로 충만하다.

보석마다 영적인 의미를 부여하려는 노력은 부질없다.

요한은 단지 하나님의 다채로운 영광의 풍성함을 강조하려 했다. 성을 지탱시키는 열두 기초석 중 첫 번째도 벽옥으로 되어 있다. 하나님의 영광과 거룩함이 새 예루살렘의 기초 중의 기초다. 열두 기초석은 대제사장의 판결 흉패에 박힌 열두 보석을 연상시킨다. 흉배의 열두 보석에는 열두 지파의 이름이 새겨졌지만 열두 기초석의 보석은 열두 사도에게 속했다.

흉배를 걸친 대제사장만 지성소의 하나님께 나아갈 수 있었는데 이제 영광의 하나님께 나아가는 길은 구속함 받은 모든 성도에게 열려 있다. 그들 자신이 사도적 신앙고백 위에서 주님을 모퉁잇돌로 해 '신령한 집' 곧 새 예루살렘의 건물을 이루는 산 돌로 세워졌다.

이스라엘의 궁극적인 소망은 새로운 성전에 대한 열망이었다. 파괴된 성전이 복구되고 더 완벽하고 아름다운 성전을 갖는 게 꿈이었다. 예언자들의 메시지는 이러한 열망을 반영하여 새로 세워질 성전에 대한 비전으로 가득 찼다. 새 성전 터는 세계의 중심이 된다. 에스겔의 환상은 그 대표적인 사례다. 종말론적 성전은 언제나 구속 공동체의 중심을 이룬다.

요한은 성전의 복구 차원을 넘어 완전히 독창적인 성전을 소개한다. 이스라엘이 꿈꾸던 성전은 없다. 새 예루살렘에 성전이 없다 함은 에스겔의 성전을 잘 알고 있던 독자들의 관점에서 상당히 충격적인 선언이다. 성전은 반드시 예루살렘 안에 있었듯이 새 예루살렘에는 새 성전이 있어야 마땅하다.

에스겔 성전뿐만 아니라 성경에서 성전의 우선적 의의는 하나님의 거하심이다. 에스겔 성전의 결론은 그래서 "여호와께서 거기 계시다"(여호와 삼마)라는 새 이름으로 매듭짓는다. 성전을 거룩하게 하는 것은 성전 자체나 성전 기구들이 아니라 하나님의 임재, 세키나의 영광이다. 영적으로 임재하시는 하나님께서 새 하늘과 새 땅의 환경에서는 실제로 그 백성 가운데 거하신다. 성소와 지성소의 구분이 없고 하나님이 성전 자체이시다.

요한은 '주 하나님과 어린양이 성전'이라 결론 내린다. 어린양 그리스도가 성전임은 주님 자신의 지상 사역을 통해서도 증거되었다. 신약 곳곳에는 주님께서 모퉁잇돌에 비유되어 성전 이미지를 나타내셨다. 새 예루살렘이 구속함 받은 성도들의 집합체라면 거기 성전 된 하나님과 어린양 그리스도가 계심은 당연하다.

성도들은 이미 주님의 영을 모심으로 성령의 전 곧 하나님의 성전이 되었다. 예루살렘 성전 안에 성전이 있었듯 성도들의 몸이 하나님의 성령이 거하시는 성전이듯 이제 새 예루살렘 안에 하나님과 어린양 그리스도가 성전으로 계신다. 이기는 자는 그 성전의 기둥이 된다. 성도들은 새 예루살렘에서 성전을 모실 뿐 아니라 성전의 기둥으로서 그 일부가 된다.

해와 달의 비췸이 쓸데없음은 밤이 없기 때문이다. 옛 우주 질서는 사라졌다. 새로운 우주 체계는 해와 달과 별들이 필요 없다. 광명의 원천인 해가 없으니 자연 달도 없다. 별들도 전도자의 영광으로 대체된다. '하나님의 영광'이 빛이요 어린양 그리스도가 '등불'이다. 강조점은 해와 달의 유무가 아니라 하나님과 그리스도의 더할 수 없는 영광이요 그 영광에서 우러나오는 빛이다. 빛의 창조자요 빛의 영광이신 하나님과 그리스도의 존재 자체가 광명의 원천이다. 이것이 더 다른 광명을 필요로

하지 않는 이유다.

하나님과 어린양의 빛은 너무 밝고 강렬해서 만국이 그 가운데로 다닌다. 하나님을 거스르던 나라들은 사라지고 하나님을 섬기고 사랑하는 만국 체제가 든든히 제자리를 잡았다. 하나님은 만국의 돌이킴과 소성을 위해 일찍부터 '영원한 복음'을 만국에 전하셨다. 일곱 인과 일곱 나팔과 일곱 대접의 모든 재앙은 만국이 자신들의 죄를 깨닫고 빛들의 아버지이신 하나님께로 돌이키게 하기 위함이었다. 대부분은 복음을 거절하고 죄에 머물기를 고집했으나 일부는 돌이켜 하나님을 찾았다. 만국의 회복은 짐승과 그의 우상과 그의 이름의 수를 이기고 벗어난 자들이 불렀던 어린양의 노래에서 확실히 드러났다.

7. 생명수 강과 생명나무(22:1-5)

잃었던 낙원을 되찾았다. 새 예루살렘은 에덴동산과 에스겔이 환상에서 본 미래의 성전이 완벽히 결합된 형태다. 새 예루살렘의 영광은 에덴동산의 영광을 훨씬 넘어선다. 선악을 알게 하는 나무는 없다. 사탄은 이미 불못에 던져졌다. 악은 제거되고 영원한 안전과 복락이 거룩한 처소에 충만하다. 이곳의 배경은 에덴동산과 성전에서 흐르던 물이다. 동향한 성전의 제단 문지방 밑에서 흘러나온 물은 동으로 흐르다 남편으로 흐른다. 동향한 바깥문의 우편에서도 물이 스미어 나온다. 작은 물줄기로 시작한 물은 창일한 강이 되어 강가 좌우편에 흐르며 나무를 무성케 한다. 동방을 향해 흐르던 강물은 어느새 바다에 이르고 바닷물도 소생시킨다. 강물이 이르는 곳마다 모든 생물이 살고 어족이 풍부해진다.

에덴동산에서 발원한 강물처럼 생명수 강물이 보좌로부터 흘러나오고 갱신된 성전의 제단에서 흘러나온 물처럼 생명수 강이신 하나님과 어린양이 자기 백성 가운데 임재하시며 풍성한 생명을 공급하신다. 부활하여 영광을 받으신 주님은 '생명을 주시는 영'이시기 때문이다.

생명수 강과 생명나무는 새 예루살렘 거주자들을 위한 음료와 양식이다. 하나님과 어린양의 보좌로부터 흘러내린 강수는 보는 이들의 마음을 즐겁게 하고 마시는 이들의 영혼을 새롭게 한다. 도성의 주도로 중앙을 관통하는 강은 사람들에게 매우 친숙하다. 좌우 강둑에는 생명나무들이 보기 좋게 열을 지어 서 있다. 생명수의 강은 새 예루살렘 성 '길 가운데로' 흐른다. 맑은 유리 같은 정금으로 포장된 이 길은 새 예루살렘에서 좌우사방으로 확 트였다.

이 길은 두 가지 관점에서 해석될 수 있다. '길 가운데로 흐름'이란 묘사를 1절과 연결시키면 생명수 강은 길의 중심 아래로 흐르는 모습이 된다. '길 가운데로 흐름'을 2절에 연결시키면 성 길의 중앙, 생명나무들이 자라나는 강둑의 양쪽 편이 된다. 두 가지 시나리오가 가능하다. 즉 강과 길은 그들 사이에 있는 생명나무들을 따라 한 방향으로 나 있다. 아니면 길 중앙에 오직 한 그루의 생명나무만 있고 두 가지가 강의 측면으로 뻗었다. '길 가운데로 흐름'은 1절에 연결시키는 것이 자연스럽다. 죄로 인해 인간은 에덴동산에서 추방되었고 생명나무는 더 이상 접근이 허용되지 않는 금단의 열매가 되었다. 두루 도는 화염검으로 생명나무에서 멀어진 인간에게 생명나무가 되어 다가오신 분이 주님이시다. 주님이 성육신하여 나무에 달려 돌아가심으로 저주의 나무를 생명나무가 되게 하셨다. 생명나무는 곧 주님이시다.

에스겔의 생수가 지닌 치유의 효력처럼 새 예루살렘의 강둑에 심긴 생명나무 잎사귀도 효능이 탁월하다. 다시는 눈물이나 사망이나 애통이나 통곡이나 아픔이 전혀 없는 이곳에서 치료용으로 쓰일 리는 만무다. 생명나무 잎사귀는 만국 소성용이다. 생명나무의 잎사귀는 죄로 상한 마음과 육체를 치유시키는 복음의 능력을 암시한다. 나무 잎사귀의 효능은 주님의 대속적 생명을 상기시킨다. 새 하늘과 새 땅에는 다시 저주가 없다. 이 저주는 에덴동산에서 생명나무의 실과를 차단당했던 사실을 상기시킨다.

사망의 저주보다 더 지독한 것은 두루 도는 화염검으로 인해 생명나무로의 접근이 불가능했던 점이다. 그것이 최대의 저주였다. 이제 더 이상 저주가 없다는 포고는 두루 도는 화염검이 철수되어 원하기만 하면 언제든지 생명나무 실과를 마음껏 따먹을 수 있게 되었다는 말이다. 저주는 완전히 해체되고 소멸되었다.

요한의 강조점은 하나님과 어린양의 동일한 권세와 주권에 있다. 하나님과 어린양이 동일한 보좌를 차지하신다. 보좌 외에는 성전도 없고 빛마저 없다. 하나님 곧 전능하신 이와 어린양이 성전이요 빛이다. 성도들은 성 안에서 절대적인 안전을 누린다. 이 모든 것은 자기 백성 가운데 거하시는 하나님과 어린양으로 말미암는다. 구속함 받은 모든 성도들은 하나님과 어린양의 거룩한 제사장이 되어 항상 그들을 섬긴다. '여호와의 제사장'이 되어 섬기고 '하나님의 봉사자'가 되어 섬긴다.

왕이요 영원한 제사장이 계시기에 그분을 섬기며 예배함은 성도의 당연한 의무다. 구속하는 의무가 아니라 은혜로운 특권이다. 하나님과 어린양 그리스도의 영광이 스며들지 않는 곳이 없고 통치가 미치지 않는 곳이 없다. 보좌는 둘이 아니라 하나다. 한 보좌에 둘이 함께 있다. 아버지 보좌에 아들이 아버지와 함께 좌정하신다.

IX. 결론(22:6-21)

결론은 모든 예언과 환상의 출처가 하나님이심을 강조한다. 하나님의 계시이기에 주님의 재림은 확실하며 그런 만큼 박해 중에 있는 성도들은 배역의 위기를 극복하고 담대함으로 예수의 증거와 하나님의 말씀을 지켜야 한다. 요한은 분명한 어조로 교훈하고 경고하며 격려한다. 결론은 증언들 그리고 약속과 인사로 되어 있다. 본서의 서론과 결론을 대조하면 다음과 같다.

① 계시는 하나님으로부터 왔다(1:1/ 22:6).

② 계시는 예수에게서 왔다(1:1/ 22:6).

③ 계시는 천사를 통해 왔다(1:1/ 22:6,16).

④ 참된 예언의 말씀이다(1:3/ 22:6,9,10,18-19).

⑤ 요한은 잘 알려진 인물이다(1:1,4,9/ 22:8).

⑥ 요한의 자기소개(1:1,9-11/ 22:8-9).

⑦ 교회에게 읽혀야 할 내용이다(1:1,9-11/ 22:8-9,10).

⑧ 보상의 약속으로 격려한다(1:3/ 22:7,12,14).

⑨ 불신자, 불충자에 대한 경고(1:7/ 22:11-12,18-19).

⑩ 임박한 주의 재림(1:3/ 22:7,10,12,20).

⑪ 역사적 예수, 영광의 그리스도(1:5,7/ 22:12-13,16).

1. 증언(22:6-19)

증언하시는 분은 승리자 그리스도다. 이 부분은 계시록만이 아니라 성경 전체에 대한 결론인데 서론에서 언급된 주요 논점들이 술회되었다. 증언자 요한(1:2=22:8), 예언의 말씀인 계시(1:3=22:18), 반드시 속히 될 일(11=22:6), 축복(1:3=22:7), 예언의 말씀(1:3= 22:7, 10), 기록된 말씀을 지킴(1:3=22:7), 임박한 파루시아(1:3, 7=22:7,12,20), 신실한 자들을 향한 도전(1:3,6=22:7,9,11,14,17), 알파와 오메가(1:8=22:13) 등이다.

서문에서는 계시의 말씀을 읽는 자와 듣는 자들과 지키는 자들에 대한 축복을 언급했으나 결론에서는 계시의 말씀을 지키지 않는 자들에 대한 저주를 피력했다. 계시의 말씀은 읽고 듣고 반드시 지켜야만 저주를 면한다.

마지막 15절의 절반가량인 여덟 절은 복종에 대한 권면, 거룩한 삶에 대한 축복의 약속, 거룩한 삶을 살지 못함에 대한 심판의 경고로 이루어졌다. 반복해서 성결한 삶을 권면함은 주님의 오심과 때의 가까움 때문이다. 요한은 예언의 책이 지닌 신적 권위를 밝히며 임박한 재림을 강조한다. 모든 환상과 계시의 목적은 이를 깨우치기 위함이다.

주님의 재림은 예언의 말씀에 복종하는 삶을 요구한다. 순종하면 축복이나 거역하면 심판을 면치 못한다. 천사는 신실하고 참된 메시지를 인증하며 예언의 메시지가 곧 일어날 일들을 자기 종들에게 알릴 목적으로 주어졌음을 밝힌다. 주님의 오심은 확실하고 말씀 준수가 복이므로 말씀 준수에 대한 실천 의지를 굳혀야 한다.

A. 성결의 첫째 권면(22:6-7)

첫째 권면의 내용은 1장과 많은 유사점을 지녔다. 하나님 자신과 주님에게서 계시가 나온다(1:1/ 22:6). 예언된 일들은 신속히 일어난다(1:1/ 22:6). 소통의 수단으로 천사와 요한을 사용하신다(1:1/ 22:6,8). 저자는 요한이다(1:1,4,9/ 22:8). 메시지는 진실한 예언이다(1:3/ 22:6,7,9,10,18-19). 전달의 사명이 주어졌는데(1:1,11/ 22:6,10) 이는 자신의 종들에게 보이기 위함이다(1:1/ 22:6). 교회에서 읽히기 위함이다(1:3,11/ 22:16,18).

말씀을 지키는 자에게는 보상이 약속되었다(1:3/ 22:7,12,14). 불의한 자들에게는 임박한 형벌을 경고한다(1:7/ 22:11,12,18-19). 메시지의 중심에 주님이 있다(1:2,5,9/ 22:16,18,20). 알파와 오메가, 처음과 나중이란 표현이 나온다(1:17/ 22:13). 주님이 환상의 중심에 계신다(1:5,7/ 22:12,13,16). 주님은 속히 오신다(1:3,7/ 22:7,10,12,20).

B. 성결의 둘째 권면(22:8-10)

두 번째 권면은 경배에 관한 문제다. 헛된 경배를 경계하며 오로지 한 분 하나님께 경배토록 권장한다. 바른 경배는 성결에 이르는 또 하나의 길이다. 이 책을 인봉치 못하게 하는 이유 중의 하나도 바른 경배의 길과 그 이유를 보여 주기 위함이다. 천사는 자신의 위치를 분명히 함으로 하나님 앞에서 요한과 영적으로 대등한 종임을 밝힌다. 천사는 예언의 말씀을 지키는 성도들과 자신을 동등시한다. 그는 특별난 종이 아니라 '함께 된 종'이다. 이 부분에서 천사는 하나님 한 분께 대한 경배의 중심성과 종말의 임박성을 다시 한 번 깨우친다. 사탄은 주님에게 나타나 거짓 경배와 만국의 영광을 바꾸자고 제안할 만큼 왜곡된 경배를 추구한다. 이에 비해 천사는 요한의 경배를 단호히 배격했다. 이것이 천사가 사탄과 구별되는 점이다.

C. 성결의 셋째 권면(22:11-12)

세 번째 권면은 경건한 삶으로의 초대다. 주님의 재림은 성도들이 세상의 더러움을 피하고 의와 거룩함을 추구하도록 요구한다. 악한 무리들은 심판받을 형량을 쌓아도 의인은 상급을 쌓는다. 회개하지 않으면 자신이 뿌린 씨의 열매를 거두게 된다. 그래도 변화의 가능성은 없다. 자신이 걸어온 길에는 자신만의 발자국을 남긴다.

얼핏 보아 11절은 운명론 같지만 아니다. 아직도 돌이킬 기회는 충분하다. 주님이 오시기 전까지, 자신이 죽기 전까지 계속 하나님께로 돌이킬 수 있고 어그러진 삶의 방향을 돌릴 수 있다. 11절의 말씀이 갖는 의미는 '회개의 돌이킴'을 촉구하는 진술이다. 이 사실은 본서 '최후의 초청'이라 할 수 있는 마지막 부름에서 목마른 자와 원하는 자는 누구나 와서 값없이 조건 없이 생명수를 받을 것을 선포함에서 알 수 있다.

D. 성결의 넷째 권면(22:13-17)

네 번째 권면은 궁극적인 축복의 소유자 됨이다. 핵심적인 강조는 앞 절의 보상에 근거해 올바른 삶을 사는 데 있다.

14-15절에 묘사된 성에 들어갈 자와 성 밖에 버려질 자에 대한 언급은 요한의 독자들에게 더러움을 벗어나 정결한 삶을 살도록 이끈다. 알파와 오메가요 처음과 나중이며 시작과 끝인 주님께서 자기 사자를 파송하여 이 메시지를 전하게 하신 의도다. 주님의 증거를 받은 이들은 누구나 경계해야 할 삶을 조심하고 예수의 증거를 붙들며 거룩한 성도의 길을 걸어야 한다. 이것이 새 예루살렘의 중앙로를 따라 흐르는 생명수 강과 강둑을 따라 즐비하게 심겨진 생명나무의 축복을 얻게 한다.

E. 성결의 다섯째 권면(22:18-19)

마지막 권면은 축복과 약속의 언급 없이 조건적인 재앙을 선포한다. 이는 새로운 구속 공동체를 위한 법전의 요약이다. 경고 대상은 예언의 말씀을 듣고 읽은 성도들이다. 우상숭배를 경계하고 오직 하나님만 섬기며 계시의 말씀을 따라 믿음을 지켜야 한다. 말씀 그대로 믿고 행함이 재앙을 피하는 길이다. 말씀에 뭔가를 더하면 재앙이 더해지고 제하면 축복이 제해진다. 이 역설적 진술은 구약의 심판 속성인 '눈에는 눈'을 상징적으로 표현한 것이다. 죗값에 따른 형벌은 반드시 뒤따른다.

2. 약속과 인사(22:20-21)

계시록은 임박한 재림 약속과 요한의 인사로 장엄한 막을 내린다. 세 번째 반복된 "속히 오리라!"에 요한은 "아멘 주 예수여 오시옵소서!"로 화답했다. 얼마나 '속히'인가? 우리가 연대기적 관점에서 늦고 빠름을 따지면 재림이 실현되지 않아 낙심하기 쉽다. 신약의 모든 가르침과 구약의 예언 전통에서 파루시아(παρουσία)와 연관된 말씀은 늘 때의 긴박함을 다룬다. 하나님의 시간은 태양력에 따라 측정되지 않는다. 수백 만 년에 1초의 오차도 없는 원자시계의 초침이 어느 한순간을 가리켜도 하나님의 때를 잡아내기에는 역부족이다.

요한은 어떤 몽환경에 빠진 경험을 서술한 것이 아니다. 그가 조심스레 언어의 껍질을 입혀 내놓은 계시는 성령의 이끄심 속에 영원 세계를 접촉하여 놀랍도록 생생하다. 쏜살처럼 흐르는 인간 역사와 달리 그 속에 내재하며 초월하여 역사하시는 하나님의 구속 역사를 독수리처럼 높은 곳에서 아우르며 보았다.

'과거-현재-미래'라는 도식이 아니라 영원의 관점에서 수학적이고 물리적인 시간계를 응시했다. 아직 주님은 재림하지 않으셨다. 임박한 재림 약속은 지금 우리에게 매우 요긴하다. 하루를 살아도 오늘이 마지막인 것처럼, 순간을 살아도 영원을 살 것처럼 그렇게 현실에 충실하며 미래를 은혜 안에서 기대하며 살아야 한다. 우리는 종말의 끄트머리에 살고 있다.

간추린 요한계시록 해설
숨겨진 실화

2014년 8월 25일 인쇄
2014년 8월 30일 발행

지은이 | 한명철
발행인 | 이형규
발행처 | 쿰란출판사

주소 | 서울시 종로구 이화장길6
TEL | 745-1007, 745-1301~2, 747-1212, 743-1300
영업부 | 747-1004, FAX/745-8490
본사평생전화번호 | 0502-756-1004
홈페이지 | http://www.qumran.co.kr
E-mail | qrbooks@daum.net
qrbooks@gmail.com
한글인터넷주소 | 쿰란, 쿰란출판사

등록 | 제1-670호(1988.2.27)

책임교열 | 최찬미·오완

값 12,000원

ISBN 978-89-6562-653-4 93230